福沢諭吉の教育論と女性論

「誤読」による〈福沢神話〉の虚妄を砕く

安川寿之輔

高文研

はじめに

福沢諭吉研究の私の最初の著作『日本近代教育の思想構造—福沢諭吉の教育思想研究』（新評論、以下『旧著』と略称）を出版したのは一九七〇年、そのあと福沢研究で二冊目となる『福沢諭吉のアジア認識』（以後、すべて高文研）を出したのが二〇〇〇年であった。

三〇年ものブランクをへて、私が再度、福沢諭吉にとりくんだのは、教科書検定による福沢の「脱亜論」削除等の是非をめぐって高嶋伸欣（当時、筑波大付属高校教諭、のち琉球大学教授）が提起した「高嶋（横浜）教科書訴訟」において、原告側証言を依頼されたことが直接の契機であった。

しかしより深い理由は、アジア太平洋戦争の日本の戦争責任やそれ以前からの植民地支配責任をきびしく批判・告発する一九九〇年代のアジア諸国民の声に応えて、自分の過去の福沢研究を見直す必要性を、私自身も認識していたからである。

戦後民主主義時代の丸山眞男を筆頭とする数多《あまた》の先行研究によって、近代日本の「民主主義」思想の偉大な先駆者ともっぱら称賛・美化されてきた福沢が、実は日本のアジア侵略とアジア蔑視思想の先導者であったという事実を、『福沢諭吉全集』の福沢自身の言説によって実証・解明したこの『福沢諭吉のアジア認識』は、多くの読者に衝撃を与えた。たとえば、松山市でのＮＨＫ「坂の上の雲」批判の講演会で出会った高校の社会科教諭の女性は、この本を読んで、「まるで私は今まで何を学んできたのかと、自己嫌悪に陥ってしまった」という感想をよせてくれた。とりわけ福沢のあからさまなアジア蔑視発言には「ショックの連続……聞くに耐えないほどの下劣な表現には〝百年の恋〟も……消え失せ」たという。そして「戦前の人々がお上からのお達しはすべて正しいと信じ込み戦争へと邁進していったのと、(戦後民主主義思想を象徴する福沢諭吉神話を信奉してきた) 私たちは変わらないのではないかと、深く反省」したとも述べていた。

こうした感想に接して私は、福沢がこれだけアジアを蔑視し、その野蛮や遅れを口実にして侵略を合理化し先導した事実が解明されたのだから、同じ福沢が、国内の政治について「典型的な市民的自由主義」や「民主主義」を構想・主張するはずのないことは、おのずと明らかになるものと楽観していた。

ところが、そうした私の甘い期待は簡単に裏切られることになった。

『福沢諭吉のアジア認識』刊行の翌二〇〇一年は二一世紀元年となるが、同時に福沢の没後百年でもあった。『朝日新聞』ののちに主筆となる船橋洋一の、日本は「新しい世紀を福沢諭吉の思想・精神で迎えよう」という五段抜きの「オピニオン」に始まり、丸山眞男に主導されてつくりあげられた「福沢諭吉神話」＝「丸山諭吉」神話は、彼の「学問的権威」にも支えられて、微動さえしない気配であった。福沢の命日（二月三日）にちなんだ『朝日新聞』の「天声人語」、『日本経済新聞』の「春秋」などの全国紙、さらには『赤旗』の「潮流」までが、一面コラムに福沢賛美の文章を掲載したのは、まさにその見本であった。

こうした状況に直面して、私の問題意識は、「福沢諭吉神話」をいかに突き崩すかということに向かわざるを得なかった。この「神話」に日本人の意識が支配されている限り、福沢諭吉の実像、ひいては（丸山の〈明治前期の「健全なナショナリズム」対昭和前期の「超国家主義」〉の二項対立史観をわかりやすく表現した）「国民作家」・司馬遼太郎の〈「明るい明治」と「暗い昭和」〉の分断史観に代表される、日本近代史の全体像の本当の姿も見えてこないからである。したがって、以後の私の著作は、いずれもその問題意識を副題でうたうことになった。

『福沢諭吉と丸山眞男―「丸山諭吉」神話を解体する』（二〇〇三年）
『福沢諭吉の戦争論と天皇制論―新たな福沢美化論を批判する』（二〇〇六年）

以上の新たな三著から本書の出版まで七年の年月がたつが、その期間の福沢研究にかかわる私の身辺の報告をしておこう。二〇〇九年から三年間にわたるNHK「坂の上の雲」放映に対抗する全国ネットの市民運動に参加した私は、とりわけ「韓国強制併合・大逆事件」百年が重なった二〇一〇年は、北海道から四国・九州まで平均月三回余の講演に追い立てられ、以後三年の間に私の福沢論の講演に耳を傾ける三千人をこす聴衆と出会うことになった。二〇一〇年の社会科教員の集まりである「歴史教育者協議会」全国大会の基調講演に私が起用された事実は、なお福沢神話の支配下にある日本の社会科の授業にも、いささかの変化の生じる可能性を示唆しているものと期待している。

この間に、私の『福沢諭吉のアジア認識』の中国語訳（『福沢諭吉的亜洲観』香港社会科学出版社、〇四年）と韓国語訳（『福沢諭吉のアジア侵略思想を問う』歴史批評社、一一年）が刊行され、とりわけ韓国ではマスコミの爆発的な反応・反響があった。また私は、二〇一〇年刊の中塚明・安川・醍醐聡『ＮＨＫ「坂の上の雲」の歴史認識を問う』（高文研）の共著執筆に参加した。同年の『週刊金曜日』第八一二号に掲載された〈虚構の「福沢諭吉」論と「明るい明治」論を撃つ〉の私のインタビュー記事は、同誌社長の佐高信（『福沢諭吉伝説』〈角川学芸出版〉の著者）の安川批判とそれへの雁屋哲の反論をふくむ七件の後続記事を生み出した。

さらに、「丸山諭吉」神話の圧倒的な影響下にある日本のマスコミでは珍しい出来事として、同じ二〇一〇年四月の『朝日新聞』に、安川福沢論をおおむね肯定的に紹介する「司馬史観への疑問」という論説委員の記事が載り、一三年一月には、同じ『朝日』の「文化の扉／歴史篇　福沢諭吉」という欄で、定説的な福沢像とほぼ対等な扱いで、異端的少数派の安川の福沢論が対置され、

「一身独立して一国独立す」等の周知の「福沢語録」と並んで、福沢のアジア蔑視発言、天皇への忠死を説く戦争論、男女同権反対発言が紹介された。

新たな福沢研究の動向として、杉田聡『福沢諭吉―朝鮮・中国・台湾論集』(明石書店)に続いて、一億冊のベストセラー漫画『美味しんぼ』原作者の雁屋哲が、「福沢こそが日本を一九四五年の破綻に追い込んだ元凶」と主張する『二年C組特別授業―福沢諭吉』(遊幻舎)を刊行すると聞いている。以上のような近年の動向は、最高額面紙幣の肖像からの福沢の引退が実現する、遠くかすかな可能性を示唆しているものと期待している。

そして今回、この『福沢諭吉の教育論と女性論――「誤読」による〈福沢神話〉の虚妄を砕く』の発刊となるが、本書については、旧四著との関係で、お断りしておかなければならないことがある。

最初の著作(『旧著』)は「福沢諭吉の教育思想研究」という副題から理解できるように、福沢の教育論を詳細に考察し、その本質を解明したものである。また、一九七九年の増補版で「女子教育論」も追加した。したがって、基本的な部分については、本書はそれに重なることとなる。

ただし今回の本は、その後に知り得たことや新たな認識もふまえて、その教育論・女性論を再構成した。たとえば『旧著』では、私は、福沢が「教育勅語」の制定とその内容に反対せず、内村鑑三の「不敬事件」に端を発した「宗教と教育の衝突論争」にも参加せず、そうすることで〈大日本帝国憲法＝教育勅語〉体制を支えていった、としていた。ところがその後、福沢が教育勅語を積極的に支持・賛同する社説を書かせていた事実をつきとめ、「宗教と教育の衝突論争」に参加しなかったマイナスの思想的道のりも解明できたことにより、私の『旧著』批判者を含めて、「丸山諭吉」神話に追従して、〈福沢諭吉が教育勅語に賛成するはずがない〉という、福沢先行研究者の虚妄の定説的理解にとどめを刺すことができた。

もう一つも、「福沢神話」に関することである。丸山眞男を筆頭に、羽仁五郎、遠山茂樹、服部之総、（一時期の）家永三郎、井上清、武田清子、ひろたまさき、河野健二、堀孝彦、（私と同じ教育学関係者では）堀尾輝久、山住正己、佐藤秀夫など、戦後民主主義時代の日本の社会科学の学問を代表する著名なこれらの研究者は、福沢が帝国憲法＝教育勅語体制の積極的支持者であったという重要な基本的事実さえ解明できないまま、福沢諭吉神話の創作・存続に加担し、アジア蔑視と侵略の先導者の福沢諭吉を日本の最高額面紙幣の肖像におし出す役割を果たしてきた。

したがって本書では、あくまで福沢諭吉研究という限定された視座からであるが、これだけ多数の研究者がそろってなぜ福沢研究を誤ったのかという、戦後日本の社会科学・歴史学研究総体のあり方への批判をさけることはできない。むしろ、その点が本書の積極的で新たな存在意義であると考えて、この重い課題の解明に努めた。

本書において、前掲の私の四著をすでにお読みいただいている読者は、部分的に重複する記述に出会われるであろうが、それは、本書が半世紀近い私のこれまでの福沢研究の総まとめの著作でもあるという観点から、ご寛恕いただくようお願いしたい。

なお、前四著と同様に、あきらかな差別語をふくめて、福沢の不適切な語句や表現は歴史用語としてそのままとした。

※本書で紹介した福沢諭吉の文章は、『福沢諭吉全集』全二一巻（岩波書店）から引用し、典拠の表示を（『全集』＋巻数＋執筆年）とした。
※福沢諭吉の文章の引用にあたって、長文の場合、実線で囲み、読みやすさを考慮して、筆者がルビ・傍線・傍点・ゴシック体を適宜付した。

【目次】

Ⅳ 福沢諭吉の「独立自尊」を検証する

装丁＝商業デザインセンター・松田　礼一

I

戦後「福沢諭吉研究」を問い直す

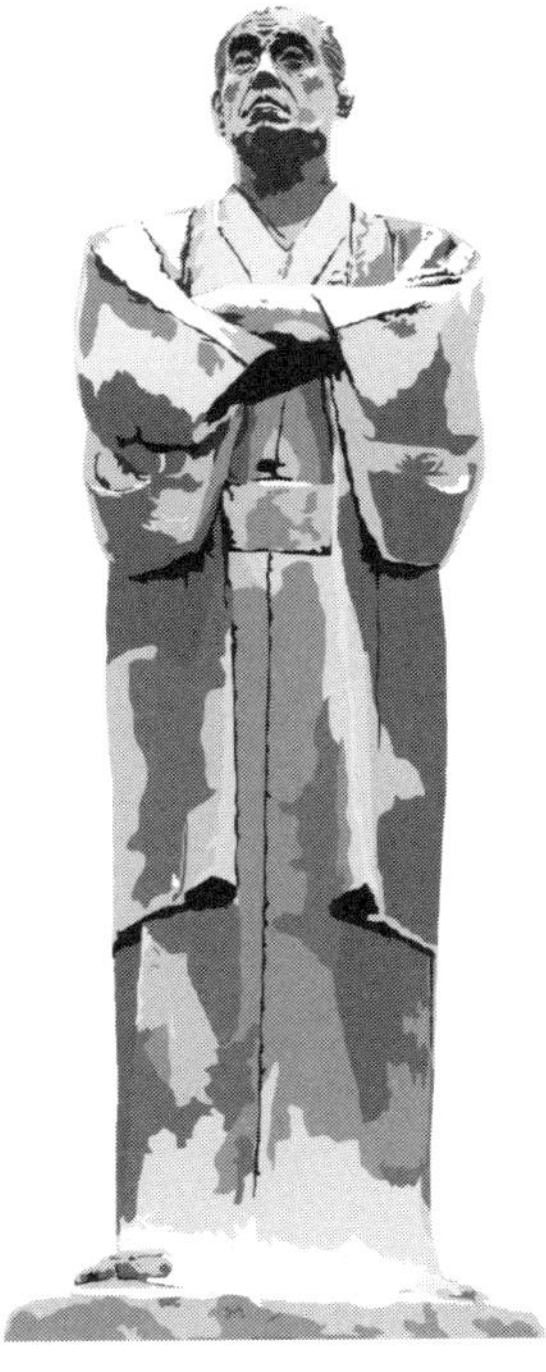

1 福沢諭吉の教育論「定説」を批判する

(1) 堀尾輝久『現代教育の思想と構造』他の誤謬

丸山眞男の門下生の一人である堀尾輝久は、主著『現代教育の思想と構造』(岩波書店、七一年、以下『思想と構造』)によって、戦後日本の教育学研究の学問的水準の向上に大きく寄与した研究者である。その後の日本教育学会会長、日本教育法学会会長、民主教育研究所代表という履歴からみても、彼が戦後日本の教育学研究を代表する第一人者的存在であることは明らかである。

『思想と構造』に収載された中でも著名な『思想』掲載論文「国民教育における「中立性」の問題」において堀尾は、次の福沢の論説「国民の教育」(『全集』⑪、一八八七年)を引用して、およそ的外れの評価をした。堀尾は一三〇〇篇をこす多数の福沢の教育論の中からこの一篇のみを引用して、福沢の教育論についての総括的な結論的評価を下した。ここでは、堀尾の引用以上に詳しく福沢の論説を引用しておこう。

……抑《そもそ》も子を教《おしう》るは父母の責任にして、子を思ふの私情に出るものなり。……左《さ》れば一国の政府たる者は公共の資金を費して国民の**私の教育**を補助するの義務ある可きや否やと尋ぬれば、鄙見《ひけん》に於ては是《こ》れなしと答へざるを得ず……

……縦令《たと》へ教育の事は私の目的なるにもせよ、暫《しばら》く公共の金を出して貧人に憐愍《れんびん》を垂るゝの権道も大切なりとの議論あり……「人民が私の目的にする其教育に公けの金を使用するは正則にあらず」との格言、犯す可《べか》らざる者と知るべし。

……又一方に国民無教育の弊悪を考ふる時は、勢ひ捨置かれざるの情実……詰《つま》り公共の損害を致す可きが故に、社会全体の安寧を計りたらば、国民に多少の教育を与ふるの必要を看出《みいだ》すならん……我輩は唯その無教育の弊悪を救治するの程度を限りて、仮りに政府の干渉を容《い》るゝ者なり……政府より費用を出して人民**私の教育**を世話するの限界は、これをして普通に読み普通に書き又聊《いささ》か算術の心得あらしむるを以て足れりとするもの……


堀尾は、この論説から最初の傍線を付した三行の文章を引用して、次のように評価した。

「福沢のこの意見は、当時の義務教育制度反対を代表するものとされるが、しかし、この思想は、明らかに、人間の教育を市民の私事として、国家つまり政治権力が教育に干渉してはならないという教育の中立性の古典的な思想に連《つら》なるものということができる。また、福沢は一歩をゆずって、貧しいために自ら教育することのできない多数の国民のために、国民教育の制度を設けることにあえて反対しなかったが、しかしそのばあいにも」

と書いて、途中の数行を飛ばし、末尾の傍線の二行の文章を引用して、その福沢教育論の評価を次のように結んだ。

「一方では「安あがり」の教育という産業資本家的要求を現わすものともいえるが、またそこに、教育《エデュケーション》と教授《インストラクション》の区別にもとづいて、明白で単純な知識や技術の訓練だけが、政府の世話すべき事項だという主張をみることができる。ここには、明らかに市民社会の古典的原則が承認されている」(『思想と構造』四〇六～四〇七頁)

堀尾『思想と構造』が解明した(ヨーロッパ教育思想から導き出した)「近代の教育原則」は、「近代社会の理念から論理内在的にみちびかれる教育理念」のことであり、その中身は、1．子どもの学習権ないし教育を受ける権利、2．教育(人間の内面形成、徳育)と知育を区別し、公教育の任務は知育に限定、3．人間の内面形成にかかわる問題に国家権力は干渉してはならないという「教育の私事性」の原則、4．無償教育と就学の非強制、5．子どもの自発性の尊重、などとされた。では、福沢の教育論に「明らかに市民社会の古典的原則が承認されている」という堀尾の結論は、なぜ、的外れの誤った結論なのか。以下、八点にわたって指摘したい。

《1》堀尾は、福沢の文中の「私の教育」という表現に飛びつき、それが「教育の私事性」を意味するものと勝手に読みこみ、この思想は、「人間の教育を市民の私事として、国家つまり政治権力が教育に干渉してはならないという教育の中立性の古典的な思想に連るもの」と結論した。

しかし、「教育勅語」の発布に賛同し、「全国公私の学校生徒」に「仁義孝悌忠君愛国の精神」を貫徹させることを主張した社説「教育に関する勅語」を書かせた福沢には、そもそも「教育の中立性」の思想・発想自体が無縁であった。

また、福沢の「私の教育」という言葉の意味は、その前後にある「子を思ふの私情」や「私の目的にする其教育」という表現から明らかなように、「親の私情にかかわる教育」という以上の意味はない。

《2》同様にして堀尾は、論説の末尾に政府が「人民**私の教育**を世話するの限界は、これをして普通に読み普通に書き又聊か算術の心得……」という文章があることから、これを「教育《エデュケーション》と教授《インストラクション》の区別にもとづいて、明白で単純な知識や技術の訓練だけが、政府の世話すべき事項」という主張であると、また勝手に読みこんだのである（政府の関与は初等レベルの教育で十分というのが福沢の文意）。つまり堀尾は、ここでの公教育に「徳育」が含まれていないことから、「知育」のみの公教育の主張と誤読した（しかし『学問のすゝめ』で福沢が説いている「人間普通日用に近き実学」には「修身学」が含まれ、「学制」の教育内容も「脩身学」を予定していた）。

以上の二点は、上記の堀尾の五点の「近代の教育原則」のうち、2．公教育の知育限定と3．「教育の私事性」の原則が、明らかに福沢にはないことを示している。しかし、本書第II章で改めて論証するように、もともと福沢教育論には、堀尾のいう五点の「近代の教育原則」なるものはすべて成立していない。そのことを、あらかじめ結論的に指摘しておこう。

《3》一三〇〇篇をこす福沢の教育論には、同時代の自由民権運動の陣営に見られた「子どもの教育を受ける権利」や国民の教育権を主張する論説は、一篇もない。

《4》子どもの学習権の欠落に対応して、福沢には「無償教育と就学の非強制」の主張もない。『学問のすゝめ』初編で「人たる者は貴賤上下の区別なく皆悉《ことごと》くたしなむべき心得」と彼が主張した公教育は、「(専制) 政府の権威」にもとづく「強迫教育」のことであり、福沢は「余輩断じて云ふ」と書いて、その有償制の強制義務教育は「仮令《たと》ひ人の身に苦楚《くそ》疼痛《とうつう》を覚へしむるとも、必ず之《これ》を行はざる可《べか》らず」と断言していた。

《5》「子どもの自発性の尊重」の原則も福沢には無縁であった。福沢は「幼い子どもが独立自尊などと……は以《もっ》ての外」と言い、子どもは「唯《ただ》父母の教訓に従って進退す可きのみ」と主張していた。

《6》堀尾が福沢の数多の教育論の中から一論説だけをつまみ食い的に分析対象にして、いきなり西欧流の「近代の教育原則」の主張を結論した手法は、「丸山先生」流である。福沢の政治論が「典型的な市民的自由主義」という定説化した丸山の結論は、彼が福沢の帝国憲法 (と教育勅語) 評価をなんら考察しないまま、基本的に「安寧策」という論説のみを分析対象にして、それも作為的な引用によって出した誤った結論であった (『福沢諭吉と丸山眞男』第Ⅰ章「はじめに」)。もともと堀尾の、国家が「教育に干渉してはならないという教育の中立性」の思想自体が、丸山の「典型的な市民的自由主義」論の機械的な踏襲にすぎない。

《7》堀尾の福沢「国民の教育」解釈に無理があるのは、彼が先の引用でとばした部分「国民無教育の弊悪……は……公共の損害を致す可きが故に、社会全体の安寧を計りたらば……その無教育の弊悪を救治するの程度を限りて……政府の干渉を容るゝ」という福沢の重要な立論、つまり論説全体の論旨を無視したことによる。言いかえれば、「国民無教育の弊悪」防止のための国民教育への「政府の干渉」云々という記述から、第一に、この論説が「政治権力が教育に干渉してはならない」という思想を重要な課題として立論していないことは自明である。また、「国民無教育の弊悪」に対する教育介入という立論から、第二に、その教育内容への「人間の内面形成、徳育」の権力的介入が当然予想されるし、第三に「就学の非強制」の原則も外《はず》れることになる。

福沢にとっては、これは『西洋事情』での（異例の）自己主張以来の、彼のフランス革命認識に起因する一貫した重要な議論であった。「仏蘭西《フランス》騒乱のときに恐る可き暴行を為せし輩《やから》は、皆無学文盲放盪無頼《ほうとうぶらい》」の者という認識を前提にして、福沢は、ヨーロッパでは「国民をして強ひて其子弟を教育せしめんとするは……宜《よろ》しきを得るものに非らず」という就学非強制の考えのあることを紹介しながら、「然《しか》れども此説甚だ非なり」と断言していた。なぜなら「罪人を罰するの法も……人の私事を妨《さまたぐ》るより他ならず」と指摘して、福沢は「政府若《も》し人を罰するの権あらば、亦《また》人を教ゆる権なかる可《べか》らず」という強引な論理を立てて、就学の強制は「仮令《たと》ひ人の身に苦楚疼痛《くそとうつう》を覚へしむるとも、必ず之を行はざる可らず」と結んでいたのである。

《8》『学問のすゝめ』初編で福沢が「皆悉《ことごと》くたしなむべき」とした教育内容には「身の行《おこない》を脩《おさ》め人に交《まじわ》り此世を渡るべき天然の道理」を学ぶ「脩身学《しゅうしん》」も入っていた。だから、福沢の「国民の教育」論が知育（教授《インストラクション》）に限定という解釈は、もともと成り立たないのである。

以上によって、福沢の教育論には堀尾のいう西欧的な「近代の教育原則」の主張は皆無であり、彼の解釈が的はずれの誤った結論であることは明らかである。

『思想と構造』の後、教育権問題を中心に一〇冊近い著述を書き進めてきた堀尾は、八七年の『天皇制国家と教育―近代日本教育思想史研究』（青木書店）において、直接、日本の近代教育思想の解明と向き合った。前著と異なり、同書の第一章では二〇篇近い福沢の教育論（ただし福沢が天皇制思想を確立する以前の、つまり『文明論之概略』第九章迄の福沢の論稿のみ）に目を通し、「福沢諭吉の学問・教育思想」という節を立てて福沢を論じている。しかし同書には致命的な欠陥がある。なぜなら、『天皇制国家と教育』を主題としているのに、天皇制国家主義教育と天皇制軍国主義教育の思想の確立に巨大な役割を果たした福沢の数多《あまた》の天皇制教育論にはほとんどなにも論及していないからである（一度だけ、「『皇学者流の国体論』をしりぞけ」という誤った言及があるだけ）。

天皇制教育思想の確立・推進に最大の寄与をした福沢の教育論のどれひとつも対象にしないで、『天皇制国家と教育』や「福沢の学問・教育論」を解明できるはずはない。その意味で同書はお粗末の域をこえており、問題にしようがない。なお、福沢が近代の日本人にとって巨大な教育者であったという意味は、1．多数の著述による啓蒙思想家として役割と、2．私学の雄・慶應義塾の創設とその教育実践を担った者という意味と、3．『時事新報』紙の論説主幹・社主として、日本人の意識形成に巨大な影響を及ぼした言論人として、という三重の意味においてである。

(2) そろって福沢『学問之独立』を誤読

福沢＝「典型的な市民的自由主義」者という丸山眞男の謬説に「惑溺」し、自立できないまま、堀尾輝久は福沢が西欧の「近代の教育原則」の主張者であると思いこんだ。そのため堀尾『天皇制国家と教育』は自由民権運動期の福沢の著書『学問之独立』（『全集』⑤、一八八三年）に飛びつき、これこそ福沢が「学問の政治からの独立」、「学問・教育の政治から（の）自立性」を主張した「近代の教育原則」の証左とした。福沢が学問・教育の政治からの独立と自由を主張したという理解は、ひとり堀尾の誤りだけではない。信じがたい事実であるが、福沢＝「典型的な市民的自由主義」者にほとんどの研究者が無批判に追従した結果、むしろそれは福沢の学問・教育論についての定説に近い把握となった。

羽仁五郎は、丸山眞男に先行して、「学問教育と政治との関係に於いて福沢諭吉の最大の寄与は寧ろ学問教育の独立の要求主張」（『白石・諭吉』岩波書店、三七年）と把握し、武田清子も、福沢が自由な「純然たる学者社会」を確保することで「本当の学問の独立・自由を確立しようと目ざしていた」ととらえ、福沢の〈学問・教育独立論〉を「今日でもなおおおいに有効性を持つもの」と高く評価した（『天皇制思想と教育』明治図書、六四年）。

河野健二になると、「この福沢の学問論はきわめて高度なもの……むしろ、われわれの不幸は、いまもって福沢のこの識見を生かしえていない点」として、日本人を咎《とが》めだててきた（『福沢諭吉』講談社現代新書、六七年）。このほか牧野吉五郎、田中克佳、門田見昌明など教育学関係者がそろって「教育の政治的絶対中立の主張」云々と、同様に福沢の〈学問・教育独立論〉を賛美しているが、それらについての批判は、堀尾をその代表格として俎上《そじょう》にあげることで十分であろう。

なお、石田雄『明治政治思想史研究』（未来社、五四年）の場合は、福沢の〈学問・教育独立論〉は、「天皇制が非政治的要素と権力的要素との分ちがたい相互浸透の関係を内包」しており、「体制のシンボル的な存在としての帝室を武器として、学問の独立をかちえようとすることは、極めて大きな危険をはらんでいる」と書いて、福沢の構想のもつ問題点を一定程度指摘していた。しかしその石田も、福沢の「学事会」構想や「私立学校論」自体のもつ問題点については、それ以上の追求をしていない。

以上のように、戦後の福沢研究においては、丸山を筆頭に、羽仁五郎、武田清子、河野健二、山住正己、堀尾輝久、石田雄等々の研究者がそろって『学問之独立』を誤読したままである。この事情を勘案して、同書の内容を四段落に区切って、丁寧に紹介しながら、堀尾を代表格として、その誤りを分析しよう。

1．学問と政治とは全く之を分離して相互に混同するを得せしめざること、社会全面の便利にして其雙方《そうほう》の本人の為にも亦《また》幸福ならん……我輩は今の日本の政治より……学問を分離せしめんことを祈る者なり。即ち文部省及び工部省直轄の学校を本省より離別することなり。……徳川の儒臣林大学頭《はやしだいがくのかみ》は世々《よよ》大学頭にして、其身分は老中若年寄の次にして旗下《はたもと》の上席なれども、徳川の施政上に釐毫《りごう》の権力を持たず……唯顧問に止まるのみ。……学者をして政事に参与せしむるは国の大害にして、徳川の制度慣行こそ当を得たるものと信ずるなり……林家《りんけ》及び其他の儒流……曾《かつ》て幕政に関せずして却《かえっ》て時として大に政機を助けたるは決して偶然に非ざるなり。……全国の学校は其時の政府の文部省に附属し、教場の教員に至るまでも政府の官吏にして、政府の針路一変すれば学風も亦《また》一変するが如き有様にては、天下文運の不幸これより大なるはなし。……元来学問は……全く政治に関係を持たず……唯其学術を教授するの技量ある者にさへあれば教員として妨《さまたげ》なき筈なるに……。

2．我輩の持論は、今の文部省又は工部省の学校を本省より分離して一旦《いったん》帝室の御有《ぎょゆう》と為《な》し、更に之を民間の有志有識者に附与して共同私有私立学校の体《てい》を成さしめ、帝室より一時巨額の金円を下附せられて永世保存の基本を立る歟《か》……二様《よう》の内如何様《いかよう》にも……一時下附の法も甚だ難事に非《あら》ず。……是《ここ》に於て尚《なお》全国の碩学《せきがく》にして才識徳望ある人物を集めて常に学事の会議を開き、学問社会の中央局と定めて、文書学芸の全権を授け、教育の方法を議し、著書の良否を審査し、古事を探索し、新説を研究し……百般の文事を一手に統轄《とうかつ》し、一切《いっさい》政府の干渉を許さずして恰《あたか》も文権の本局たる可し。……幸《さいわい》にして学事会の設立もあらば、其権力は昔日の林家《りんけ》の如くならんこと我輩の祈る所なり。又学事会なる者が斯《か》く文事《ぶんじ》の一方に就て全権を有する其代《そのかわ》りには、之をして断じて政事《せいじ》に関するを得せしめず、……政権より見れば学者は所謂長袖《いわゆるながそで》の身分……学問を以て政事の針路に干渉せず、政事を以て学問の方向を妨げず……

3．文部省は全く廃するに非《あら》ず……学校の管理に関する部分の事は文部省の政権に非《あら》ざれば能《よ》くす可《べか》らず。況《いわん》や強迫教育法の如き必ず政府の権威に由《より》て始《はじめ》て行はる可《べ》きのみ……其学問の風《ふう》を斯《かく》の如くして其教授の書籍は何を用ひ……などなど……教授法にまで命令を下すが如きは、亦《また》事の宜《よろ》しからざるものと信ず。之《これ》を要するに、学問上の事は一切学者の集会たる学事会に任し、学校の監督報告等の事は文部省に任して……相互《あいたがい》に分離し又相互に依頼して始めて事の全面に美を致《いた》す可きなり……

4．学者の栄誉を表するが為《た》めに位階勲章を賜《たま》はるは誠に尋常の事にして……帝室は……望むところは、天下の学者を撰《えらび》て之《これ》に特別の栄誉と年金とを与へて其《その》好むところの学芸を修《おさ》めしむる事なり。……然《しか》るに近日世間の風潮を観《み》るに……其教員生徒にして政《まつりごと》の主義を彼れ是れと評論して自《おのず》から好悪《こうお》する……今の少年は不遜《ふそん》なり軽躁《けいそう》なり、漫《みだり》に政治を談じて身の程を知らざる者なりとて之を咎《とがむ》る者あれども……其原因とは何ぞや。学生にして学問社会に身を寄す可きの地位なきもの即是《すなわちこれ》なり。……故に今帝室の保護を以て私学校を維持せしめて兼て又学者を優待するの先例を示されたらば……学問社会を以て畢生《ひっせい》安心の地と覚悟して政壇の波瀾に動揺することなきを得べし……大火消防の法は水を灌《そそ》ぐよりも其燃焼の材料を除くに若《し》かずと。蓋《けだ》し学者の為に安身の地を作《つくり》て其政談に走るを留《とどむ》るは亦《また》燃料を除く一法なり。

堀尾は他の研究者と同様に、第2段落から「全国の碩学にして才識徳望ある人物を集めて常に学事の会議を開き、学問社会の中央局と定めて、文書学芸の全権を授け……百般の文事を一手に統轄し、一切政府の干渉を許さずして恰も文権の本局たる可し」を引用して、「この一種のアカデミー構想は教権独立論にほかならない」と断定している。ところがこの第2段落は、堀尾の引用文の後で、ここでの「学事会」構想について、「其権力は昔日の林家の如くならんこと我輩の祈る所なり。又学事会なる者が斯く文事の一方に就て全権を有する其代りには、之をして断じて政事に関するを得せしめず……政権より見れば学者は所謂長袖（僧侶や公家の蔑称）の身分……之を要するに、学問を以て政事の針路に干渉せず」と続いており、この構想のポイントが学問を「断じて政事に関するを得せしめず」にあることが示唆されている（自説の立論に不都合な部分は引用しないという全体の文脈無視を私は「丸山流」と呼んでいる）。この私の解釈が『学問之独立』に即した妥当な解釈であることを、以下六点にわたり論証しよう。

第一に、第1段落の「徳川の儒臣林大学頭は世々大学頭にして……徳川の施政上に釐毫《りごう》の権力を持たず……学者をして政事に参与せしむるは国の大害にして、徳川の制度慣行こそ当を得たるもの」を見れば、福沢の学事会構想は「徳川の施政上に釐毫《りごう》の権力を持た」ない「昔日の林家」の制度慣行をモデルにしていることは明らかである。この「徳川の制度慣行」のもとでは学問・教育の独立が確保できないことは、福沢自身が『文明論之概略』（『全集』④、一八七五年）第九章で封建社会の「専制偏重の政府」の支配下で「学問も皆治者流の内に籠絡《ろうらく》せられて嘗《かつ》て自立することを得ず」と批判していた事実から、明白である。

　第二に、福沢の学事会構想の狙いが、「学問を以て政事の針路に干渉せず」という、学問の政治批判の封殺にあることは、この論説が自由民権運動のさなかに書かれたという事情と、第4段落の文章によって裏付けられている。第4段落の最後に書いているように、福沢の学事会構想のポイントは、学生や学者が「政壇の波瀾に動揺」したり、「政談に走るを留《とど》る」ための「大火消防の法」であることは明らかである。福沢は「憂世家の手段」（『全集』⑨、一八八三年）において表明しているように、「動《やや》もすれば過激の説を吐き又粗暴の行を」する民権運動を「絶たんと思ふ」「憂世家」の立場から学事会構想を立論しており、彼は「其議論の最も喧《かまびす》しき者を抜《ぬき》て方向を他に転じ……其閑《かん》を偸《ぬすみ》て自家の政略を逞《たくまし》うせんとするの策」を政府に勧《すす》めていた（「貧富論」『全集』⑩、一八八四年）。

第三に、さらに福沢は、彼の構想が学問の政治批判を封殺し、政権が「自家の政略を逞うせん」ための「徳川政治の妙処」に着想を得た構想であることを、四か月後の論説「社会の秩序は紊乱《ぶんらん》の中に却《かえっ》て……」（『全集』⑧、一八八三年）において、もっとあけすけに語っていた。「旧幕政府の眼目とする所は、唯日本全国の政権を一処に集めて其権柄《けんぺい》を一手に握り、唯政権さへ自由自在にして意の如くするときは……商売の事は町人に任し、学問の事は学者に任し、宗教は僧侶に……自家の政権に事実の妨《さまたげ》を為さざるの限りは、之を容るゝの趣旨……方今世の中に政治論は随分喧《かまびす》しく……天下の人心を他方に誘導するの策はなきやと工夫の折柄、図らずも徳川政府の有様を思起《おもいおこ》し」と。

つまり、彼の「学問・教育独立論」は、あくまで「政談の波を鎮静」化し、政権が「自由自在に」その「自家の政略を逞うせん」ことを目的とする経世策に過ぎなかった。そのことは、民権運動の最終的な敗北のうえに〈大日本帝国憲法＝教育勅語〉体制が確立する一八九〇年を過ぎると、彼がこの学問の「独立」論の主張を放棄する事実によって裏付けられている。逆に福沢は、その直後の「思想、良心、信教の自由」と「学問の自由」をめぐる大事件（内村鑑三事件・久米邦武事件）に対して、むしろその弾圧・蹂躙に不作為の加担をしたのである。

「学問の自由」弾圧の久米の「神道は祭天の古俗」事件に対して、同時代の田口卯吉が「余は固く信ず、日本人民は随意に古史を研究する自由を有することを」云々と、「明治の学問史上特筆」される堂々たる「学問の自由」論を展開していたのに対し、福沢は沈黙を続けるのみであった。また内村鑑三教育勅語拝礼忌避事件における「思想、良心、信教の自由」圧殺に加担した福沢の行為は、突出した今日の東京都政下や大阪における暴力的な「日の丸・君が代」強制に象徴される、今なお精神的な「一身独立」、「思想、良心、信教の自由」を確立できない現代日本の過剰集団同調の精神的風土に大きく道をひらいた福沢の先駆的罪業ではないかと、と私は考えている。

なお、福沢の学事会が「文書学芸の全権……等、百般の文事を一手に統括し、一切政府の干渉を許さずして恰《あたか》も文権の本局たる可《べ》し」とあるので、福沢の学事会が「一切政府の干渉を許さ」ぬ「文権の本局」構想ではないのか、と堀尾や羽仁五郎らが、なおその構想の進歩性に固執する可能性が懸念される。

そこで第四の問題点として、その可能性を福沢自身が封殺していることを確認しておこう。

『学問之独立』と同年の論説「文部省直轄の学校をして独立……」（『全集』⑨、一八八三年）では、「学事会」が「学問の会議所」となっており、この「会議所」は「学識名望高き人物」に「諸学校中年長の学士」が加わる組織であり、「学則の綱領、教育の針路を定めて之を国中の学校に示」す会議所となっている。しかし「全く政事に離れて人民に命令するの権を有せず……文部省と協議の上に」という組織であり、この「学問の会議所」も「一切政府の干渉を許さ」ぬ「文権の本局」という構想ではないのである。

(3) 福沢の私立学校構想なるもの

『学問之独立』の第五の問題点として、堀尾と並んで福沢の「学問・教育独立論」を評価する先行研究者たちは、官立学校を私立学校へ改編せよという福沢の主張に、学問や教育の「独立」や「自由」の確保の構想を勝手に読みこんでいるが、福沢の私立学校構想に関する限り、第Ⅱ章の「7　「報国致死」の私学の「建学精神」と私学経費三分の一論」で解明するように、それは端《はな》から幻想である。

福沢が自負した慶應義塾の「建学の精神」が「報国致死」であったように、義塾は創立当初から「必ず国家の為め鴻益《こうえき》を」もたらす国権主義的な教育機関であった。福沢によれば、1．官学より経費が安く済む点で、私学はまず国家財政に寄与する機関であり、2．官学と私学の教育内容にはもともと差異はなく、3．私学の教員や学生が不遜で「国害を為す」懸念があれば、政府との間に「特別の約条」を結べばよいし、それでも不安なら「文部の教員」が平生「私塾ノ教員ト共ニ生徒ヲ教《おしう》ルモ可ナリ」と考えていた。さらに、4．「今の世」で「最も恐るべきは貧にして智ある者」と真剣に考えていた福沢は、官学が安い経費で「貧家の子弟と雖《いえど》も之に入ること」を許容している事実が社会体制の批判・動揺につながるとして、低学費の官学を廃止して、中・高等教育機関が「専ら富豪の子弟を教るの門」になるよう、くり返し持論的に主張していた。

以上の福沢の私学構想を見る限り、官学の私学への改編によって「学問・教育の独立や自由」の確立をはかることを、福沢が期待していないことは明らかであろう。

第六に、ほんらい「近代の教育原則」が「学問・教育の独立」を問題にするのは、学問・教育の政治や権力からの独立が「学問の自由」と「教育の自由」を保障することによって、学問及び教育の自律的発展をはかるためである。また、学問・教育が、自由に「権力」や「社会体制」を批判の対象とすることによって、政治の進歩や社会の変革に寄与することが期待されている。ところが福沢には、次のように、そもそも「学問の自由」や「教育の自由」についての原理的な理解そのものがなかった。

1.「教育の法は区々《まちまち》にして各々好む処を従はしむる」という福沢の「教育の自由」論は、「唯国学者流漢学者流の教育を禁ずるを限りとし」という条件つきの自由論に過ぎなかった。「儒教主義……を除かざれば真の実学思想」が発達しないと考える彼にとっては、これは大真面目な議論である。しかしそれは、堀尾が推奨するフランス革命期のコンドルセの「現行法律の根拠として採用されている思想と矛盾するものはこれを教授するを許さぬ」というのは「教育の自由」に反するという「近代の教育原則」とは、およそ無縁の原理である。

2.したがって、福沢は、教科書の国定化には反対したものの、「有害」「不都合な図書」は文部省による教科書検定によって排除してよいというのが、彼の持論であった。

3．また、「文明開化」の中核となる「フヒジカルサイヤンス」教育に奮闘していた福沢が、慶應義塾の学生が漢「詩文集」を出版した時、「何者の馬鹿が右様のタワケを企てたるか」と激怒して、その没収を指示したことも当然であった。福沢にはそもそもブルジョア民主主義の原則についての原理的な理解がなかったのである。

(4)「典型的な市民的自由主義」者の「ブルジョア民主主義」理解

1．「馬鹿と片輪に宗教、丁度よき取合《とりあわせ》ならん」と言い、生涯で百篇をこす宗教教化論や宗教振興論を書いた福沢は、「信仰の自由」を「洋学者の空論」とあざ笑い（『時事小言』『全集』⑤）、キリスト教は「国の為にするの気力」を阻害するとして、「耶蘇《やそ》退治の演説会」を開催させたり、特定宗派（真宗）の信仰を奨励した。とりわけ日清戦争に際しては、「西本願寺の法主《ほっす》」が「兵営所在の地を巡回して……国家の為めに身を致すは宗教の本旨なる旨」を説いた時には、「是ぞ法運回復の……千載一遇の好機会」と、福沢は僧侶を叱咤激励した。内村鑑三が福沢を名指して「自身宗教を信ぜざるに之を国家或は社会の用具として利用せん」とする「宗教の大敵」と非難したように、彼にとって、宗教は生涯一貫して「経世の要具」でしかなかった。

2．福沢にとって、「言論集会の自由」には「政府の政権の正味に影響せざる限りは」という大きな限定がついていた。『時事新報』紙が発禁処分を受けると、「我輩は決して今の新聞条例を非する者に非《あら》ず」という福沢は、「政府の所見こそ日本の法律の所見なれば……厘毛《りんもう》の不平あることなし」という意向を表明した。また、福沢が讒謗律《ざんぼうりつ》よりも「人望を収むるの策」が望ましいと議論している場合も、「事実政府を害し人を讒毀《ざんき》する者あらば直に之を捕縛して可なり」ということは自明の前提であった。

3．「新聞条例」に対する福沢の評価を知れば、一八八七年末の「保安条例」によって集会が禁止され、政府が三千人を拘引したうえで、中江兆民、尾崎行雄、片岡健吉、樽井藤吉など五七〇人の民権論者を皇居から三里外に追放した強権的措置についても、「政府の施政に妨《さまたげ》となる者を遠ざけたるに過ぎず。至極尤なる出来事」と評価したことも、驚くにあたらないであろう。しかし丸山らによって作られた神話では、福沢は「個人の権利の不可侵性、したがって総じて政府権力への抵抗の論理としてのリベラリズムにおいては原則性を貫いた」という評価になるのである。

4．貝原益軒（作とされている）『女大学』の儒教主義思想が「現に其《その》害毒を逞《たくまし》うしつゝある」と認識する福沢が、条約改正によって「外国人を内地に雑居せしむる場合に、斯《かか》る有様を其儘にして国の恥辱を世界に暴露せしむるは断じて忍ぶ可《べか》らず」という判断から、「女大学を始めとして凡《およ》そ此種類の著書は政府に於て須《すべか》らく其発行を禁止す可きもの」と主張したことも当然の行為である。つまり福沢にとっては、自分が支持・推進する政治課題（「内地雑居」）にとって好ましくないと判断する図書を、発禁処分にすることは何ら問題にならないことであった。

これまでの記述ですでに十分明らかなように、福沢は断じて（丸山眞男によって創作・定説化された）「典型的な市民的自由主義」者ではなく、「出版の自由」と限らず、「思想、良心、信教の自由」「学問・教育の自由」「言論・集会・結社・表現の自由」などのブルジョア民主主義のすべての自由権に対する恣意的な制約を当然視していた。したがって、「政府の所見こそ日本の法律の所見」と考える福沢にとって、その「施政に妨《さまたげ》となる」ものの排除は当然で、「国学者流漢学者流の教育」を禁止し、「有害」「不都合な」教科書を検定で排除し、「施政に妨となる」民権論者を追放したりすることは当然であり、「日本の国情に合わない」内村鑑三らのキリスト教徒が弾圧されたり、神道の国教化政策に不都合な「神道は祭天の古俗」事件の久米邦武教授の大学追放も十分黙認できる問題であった。

(5)「実体をこえた読みこみ」「読みかえ」の思想史研究

以上の考察によって、福沢が「典型的な市民的自由主義」者という丸山の福沢研究が壮大な虚構であり、神話そのものであることは明らかである。次の問題は、戦後日本の福沢研究がその神話に圧倒的な影響を受け、羽仁五郎、武田清子、石田雄、河野健二、堀尾輝久、山住正己ら、戦後日本を代表する社会科学者がそろって、例えば福沢の『学問之独立』を誤読し、丸山の「典型的な市民的自由主義」者福沢像に追従し、福沢を最高額面紙幣の肖像にまで押し上げたのはなぜか、という重要な疑問である。

ここでは、それを堀尾輝久と安川の思想史研究の方法論の違いの問題として考察しておこう。二人は、季刊『現代と思想』誌創刊号（青木書店、七〇年）の誌上シンポジウムで同席した。

そのさい安川は、家永教科書訴訟において、原告側が福沢の論説「教科書の編纂検定」（『全集』⑮、一八九七年）を法廷に提出した事実を、政治主義的な作為として批判した。これは、福沢が「幾多の児童をして悉《ことごと》く忠臣孝子たらしめ又《また》悉く英雄豪傑たらしめんとて非常に多《おおく》を望むが如きは、恰《あたか》も稲の穂に牡丹《ぼたん》の花を咲かせんとするに異ならず」と、教科書国定化の弊害を指摘している部分だけを原告側が引用し、法廷に提出した事実を、安川は作為的と批判したのである。

なぜか。理由は単純明快である。家永教科書訴訟で争われていたのは、文部省による教科書検定そのものの是非である。この論説で、福沢は、文部省による教科書検定を当然視していた。ところが原告側は、論説中の福沢が文部省による教科書検定を容認している発言の部分は伏せて、（国定化のような）教科書の極端な統制に反対していた部分だけを引用して、法廷に提出したのである。それを安川は、批判したのである。

この短い論説において、福沢は、「文部省が検定規則を設けて一応の検定を為すは妨《さまたげ》な」し、「只《ただ》文部省にて検定を行ひ不都合の図書」の排除をするは「差支《さしつかえ》なき」こと、「文部省の検定は只その有害を認めたるものを排斥するに止《とど》めて」、「古学者流の著述に係る頑陋《がんろう》苛烈の事……若《も》しくは……真実有害と認むるものに限りて之を排斥し」と四回にもわたって、「不都合の図書」、「有害を認めたるもの」、「古学者流の……頑陋苛烈」、「真実有害と認むるもの」は、文部省の教科書検定によって排除してよいと主張していた。このように福沢は文部省検定による教科書統制に同意の意向をくり返し表明しているのに、原告側は、その部分（論説中の主要な論点）を隠蔽する作為的な引用をしたのである。

つまり、原告側が自分たちの主張にとって都合よさそうなものはなんでも利用するという政治的発想で、この準備書面を提出した措置は、〈教科書検定の是非〉が争われている法廷において、「典型的な市民的自由主義」者の福沢でさえ、文部省の教科書検定を「差支な」しと主張していることが直ぐに露呈する文書史料をわざわざ法廷に提出することであり、その行為は、（すぐに露呈する）作為的な引用史料の提出という自らの失点に加えて、明らかに国側の「敵に糧《かて》」を齎《もたら》すお粗末な自殺行為といわざるを得ない。

以上の私のシンポ発言に対して、堀尾は、準備書面の作為と「敵に糧」を齎すことの是非には何も応えず、「私は、日本の過去の歴史のなかに、なにほどかの自分たちの依拠すべき思想的な支えというか……日本の民主主義的な伝統をどう考えてゆくかということのなかで、福沢の教育思想の歴史的位置づけがなされなければならないと思う」と答え、さらに研究の方法論として、彼は「全体の思想がどうだったかという問いと同時に、われわれは過去にあるあらゆるポジティブなものを、自分の思想を構築する素材として利用することができる……そのわずかな積極面をも自分の思想の構築のために利用することも必要だろうと思う」と主張した。

この発言の中に、本書の冒頭で私が指摘した堀尾の研究方法上の問題点が明らかに示唆されている。すなわち、「民主主義的な伝統」を探り、「あらゆるポジティブなものを……利用する」という堀尾のこの積極的な姿勢が、『現代教育の思想と構造』の場合は、論説全体の論旨や文脈とは関係なく、(西欧「近代の教育原則」の)「教育の私事性」に類似した「私の教育」という一語彙に飛びついて勝手な読みこみをするという粗雑な手法で、福沢における「近代の教育原則」の成立というとんでもない結論をひき出す結果をまねいたのである。

以上のように、日本の「民主主義的な伝統」や「ポジティブなもの」を利用・解明しようとして、結果として空振りだらけの福沢論を展開した堀尾の思想史研究の方法をどう評価するか。私の批判的評価を対置しなくても、そんな手法の思想史研究をくり返し戒めていた「丸山先生」の言葉が沢山あるので、それを紹介しよう(ただし、丸山自身は、その自らの戒めを無視して壮大な福沢神話を創作した張本人である)。

『福沢諭吉と丸山眞男』第Ⅲ章の１で紹介したように、丸山は思想史研究の大家として、１．「歴史離れをするにはあまりに謙虚」な姿勢とか、２．「思想史はやはり史料的考証によって厳密に裏づけされなければ」とか、３．「学者……を内面的に導くものはつねに真理価値」であり「希望や意欲による認識のくもりを不断に警戒」とか、４．研究者は自らの研究を「政治勢力の奴婢《ぬひ》と化し、それに政治的意欲、希望、好悪が入ることを「禁欲」しなければ」とか、５．「熾烈《しれつ》な政治的関心と意欲をもつものほど、自己の存在拘束性を自覚しているために、より客観的でありうる」とか、６．「悪人の方が善人よりもむしろ弥陀《みだ》の救いに近くたっているという親鸞のパラドックスに似た関係」などという魅力的な表現で、門下生に限らぬ戦後日本の社会科学系の研究者の政治主義的な研究をきびしく戒めてきた先達である。

つまり堀尾の「近代の教育原則に連なるもの」らしきものをひたすら探索する善意の福沢研究は、丸山の評価では、一貫して「史料的考証」や「真理価値」を軽視し、「禁欲」すべき「希望や意欲」「政治的意欲」を混入することによって、「認識のくもり」を必然的に招いた「弥陀の救い」には近づきえない「善人」の研究手法である。

それにしても、私はなぜこれほど堀尾の福沢研究の手法にこだわるのか？　それは、私が批判する丸山流の建て前のみの研究方法論が、ひとり堀尾の問題ではなく、戦後日本の社会科学の福沢研究に共通する欠陥ではないか、と懸念しているからである。

遠山茂樹は、『福沢諭吉』（東京大学出版会、七〇年）終章において、「彼（福沢）は近代民主主義者ではなかった。アジアの諸民族の平等と独立との主張者ではなかった。この点の指摘をあいまいにすることはできない。しかし彼の（融通無碍《むげ》に変説を重ねた矛盾だらけの）著作は、（つまみ食い的な読み方をすれば）本人の意図をこえた役割を、当時に在っても、後代にたいしてもはたした」（括弧内はすべて安川）と書いて、同書の最後を「福沢の著作を国民の古典たらしめたものは、自由・平等・独立への国民の自覚にもとづく読みかえ、彼の実体をこえた読みこみの力であった」と書いて、同書を結んでいた。

これに対して山住正己も同様に、『福沢諭吉教育論集』（岩波文庫）の「解説」論文の最後でこの遠山の文章を引用して、「いまでも遠山のこの結論に同感である」と書いていた。

しかし、「平和と民主主義」を「偉大なる祈りの言葉」（ジョン・ダワー）としてきた戦後日本の形容矛盾の「天皇制民主主義」が、ふたたび戦争国家に帰着しつつある（「九条」改憲を目ざす安倍内閣誕生に象徴される）二一世紀初頭の保守化・右傾化した無残な今日の日本社会の現実は、こうした遠山、山住、丸山、堀尾らの許容する「実体をこえた読みこみ」「読みかえ」という戦後日本の安易で安直な政治主義的な「研究」に、根源的な反省と自己批判を迫っている事態ではないのか——。これが私の端的な問題意識である。まず、最初の事実認識として、「自由・平等・独立」への国民の自覚が、一体いつ福沢をどのように「読みかえ」「実体をこえた読みこみ」をして、国民的な古典に仕上げたという事実があるのかを、私は問い返したいのである。

『学問のすゝめ』冒頭の「天は……」の句と『学問のすゝめ』の内容が思想的に乖離している事実を自覚して、福沢が学者的誠実さでもって「と云へり」と、あえてインパクトの弱くなる「伝聞態」で表現している重要な思想史的問題を一切検討しないまま、丸山「福沢諭吉の哲学」（『丸山眞男集』第三巻）が、いきなり「「天は……」の句が「学問のすゝめ」全体（当初、二編以降の執筆は予定外）の精神の圧縮的表現」、「福沢イズムの合言葉」という虚偽の「読みこみ」をしたのは、戦後日本の始まったばかりの一九四七年九月の『国家学会雑誌』においてである。その前年の雑誌『世界』五月号の「超国家主義の論理と心理」によって丸山が一躍「論壇の寵児」になったという事実を背景にして、この福沢神話が圧倒的な影響を及ぼし、およそ戦争責任意識の希薄な「戦後民主主義」の日本社会では、この安易な神話が簡単に定着することになった。

　門下生の堀尾の一連の無理な福沢研究が、その神話の存続と補強の役割を果たし、教育学研究の世界で、福沢の膨大な天皇制論を基本的に無視することによって、近代日本の『天皇制国家と教育』研究に混迷をもちこんだ事実については、既述した。山住正己編集の『福沢諭吉教育論集』も、教育を子どもや国民の権利と把握する論説が福沢に一篇もないことさえ問題にせず、とりわけ福沢が教育勅語に賛同していたという重大な事実一つさえ解明できないまま、いい加減な福沢教育論の「解説」を書き並べていたのである。

　以上のように、明治の同時代人のきびしい福沢評価と異なり、福沢思想の「実体をこえた読みこみ」「読みかえ」を行って福沢を一万円札の肖像になるまでに美化してきたのは、遠山のいう「自由・平等・独立への国民の自覚」などの類ではなく、丸山を筆頭とする、社会科学系の「戦後民主主義」時代の日本の知識人・学者たちの、作為的で政治主義的な「読みこみ」の力であった。そのことを、遠山の場合に即して考察してみよう。

　遠山が先の「福沢の著作を国民の古典たらしめたものは……」と書いた時、遠山の脳裏《のうり》には、かつて彼自身も、全面講和論を主張する平和問題談話会の動き、日本戦没学生記念会や「総評」の結成、イールズ事件、レッドパージ反対闘争などが続いた一九五〇年という激動の時代を背景にして、雑誌『世界』（五一年二月号）に、西郷隆盛の士族反乱についての福沢の「丁丑公論《ていちゅう》」を誤ってたかく評価して、「日本国民抵抗の精神」と書いた体験のことがあったのではないか、と私は推測している。じっさい、この論稿については、遠山自身が前掲書で「私はかつてこの『丁丑公論』に、権力への抵抗の思想を読みとることができるとのべた。しかしこの評価は誤っている」と自己批判をしている。

つまり、福沢の「丁丑公論」について「実体をこえた読みこみ」をしたのは、丸山らと同様の、遠山自身の作為的で政治主義的な「読みこみ」の研究労働であった。

それにしても、丸山や遠山らは、なぜ福沢に対して作為的で政治主義的な「読みこみ」を続けたのか。戦前日本の社会では、たしかに学問・教育が政治の手段に貶《おとし》められ、政治によって長年支配・蹂躙されてきた。その裏返しとして、とりわけ「進歩派」の学問・研究の側も、戦後、そうした日本の国家と社会のあり方を変革したいという、真っ当な「希望や意欲」といささか性急な問題意識のために、安易で政治主義的な研究を繰り返してきたのではないか。しかし、「実体をこえた読みこみ」や「読みかえ」の作為的な学問で、当該社会を現実に変革することはできない。そういう安易で政治主義的な歴史学研究や社会科学系の学問研究のあり方も、やわな「戦後民主主義」の破綻と崩壊の一因ではないのか、などと私は懸念している。

その裏返しの事象とまで言うつもりはないが、近年、気づいたこととして、『福沢諭吉と丸山眞男』以降の私の研究のパートナーとなった「異色の数学講師」川村利秋を筆頭に、安川の福沢研究を珍しく肯定・評価する者に理系の人間が多いという事実は、とりあえず興味ある事象である。

①最初に念頭に浮かぶのは、川村利秋をふくむ三人の数学教員である。三重大学の教員は私を招いて、その福沢論を数学科の学生に聴講させた。『資本論』理解とかかわって共産党の志位委員長の中央委員会報告を修正させたと自慢している元中学の数学教員は、私を国分寺市に呼んで一日二回もの講演をさせ、懇親会など、ほぼ一二時間引き回した（彼は『季論21』誌が誌上シンポで堀尾輝久、宮地正人、吉田傑俊の三人に福沢諭吉を語らせた企画にも、電話や文書で執拗に抗議）。

広く知られた理系の人物では、私の『福沢諭吉のアジア認識』執筆の直接の契機は、「はじめに」で書いたように「高嶋（横浜）教科書訴訟」の横浜地裁証言（九七年九月）であるが、それを依頼した原告・高嶋伸欣は、理学部の出身である。

③東日本大震災の原発問題で目下脚光をあびている安斎育郎（放射線防護学）は、『福沢諭吉のアジア認識』刊行よりもはるかに早い九四年五月の『朝日新聞』（大阪本社）の六段ぬきの連載コラムに「紙幣の顔―日本の偉人も他国では敵に」と題して、安川の福沢論を詳しく肯定的に紹介した（安川を講演や講義にも招いた）。

④同じ原発問題で、二〇一一年一一月二〇日の『中日新聞』（『東京新聞』）のスクープ記事「反原発追跡・エネ庁過敏」の中で「漫画原作者ら憤り」の小見出しで「人気グルメ漫画『美味しんぼ』原作者として登場した雁屋哲も同様の理系出身（量子力学）である。

これだけ多数の理系の人間がそろって安川の福沢論に着目したことに、意味がないはずはないように思われる。たしかめたわけではないが、「実体をこえた読みこみ」による安易で政治主義的な戦後日本の社会科学系の研究への不信と反発が、事実と論理のみに基づいて論証を進める安川の福沢研究への共感を呼んだのではないか、という気がする。

《第1節＝補記》

本書の初稿では「(6) 丸山眞男と戦争責任問題」と「(7) 家永三郎への着目」の二項を設定して、戦後日本社会の福沢研究が「丸山諭吉」神話的な福沢美化の研究に止《とど》まった深部の原因として、戦後日本社会の戦争責任意識の遅れを問題にした。日本の戦争責任資料センターが設立され、季刊『戦争責任研究』刊行が始まったのが漸く一九九三年である事実に象徴されるように、「戦後民主主義」とそれを支える自国中心主義的な戦後日本の学問が、占領軍主導の目先の民主化の追求に追われ、日清戦争以来の侵略と植民地支配の日本の戦争責任の問題を、長年にわたり放置・忘却してきた。だからこそ、アジアへの蔑視・偏見を垂れ流し、侵略と台湾植民地支配を先導した福沢を、民主化啓蒙のモデルやチャンピオンに仕立てあげる安易な結果となったのではないか。

『福沢諭吉全集』全二一巻(岩波書店)を繙《ひもと》けば否応なく明らかになる福沢のアジア蔑視と侵略の先導の事実が、なぜ丸山の福沢研究の基本的視野に入らなかったのか。あるいは、福沢が「帝国主義者に転向」したことは認めながら、丸山はなぜ、その原因を「思春期に達した子供が非常に悪い環境に育ったために性的な方面で、他と不均合にませてしまった様なもの」(『丸山眞男集』第四巻)という杜撰な説明しかできないのか、という疑問である。もちろん政治思想史の先達として、丸山は戦争責任問題にしばしば論及し、例えば、日本共産党の戦争責任を（外部から超越的に）論じた発言は、論壇の注目を集めた。

ところが他方で、戦時中、「学徒出陣」政策とかかわる論稿「福沢に於ける秩序と人間」において、学徒出陣を余儀なくされた「わだつみ学徒兵」に向けて、丸山は「一人一人が主体的に祖国の運命を担う」、「個人個人の自発的な決断」を呼びかけた。つまり「教え子」を戦場に送り出した自らの主体的な戦争責任に、丸山が戦後どう向き合ったのかを、私は問題にした。その際、家永三郎が「私は、戦争中何一つ抵抗らしいこともできず、空しく祖国の破滅を傍観し、多くの同世代の同胞の死を見送るほかなかった意気地のない人間であった」という「心の傷」をふまえて、教科書検定訴訟をたたかった戦後の生き方と対比して、二人の戦争責任問題への向き合い方を考察した。

その内容は、別稿「戦後日本社会における福沢諭吉研究の批判的総括」（社会思想史学会年報『社会思想史研究』No.37、藤原書店、二〇一三年九月）に転載したので、参照されたい（入手方法については本書「あとがき」参照）。

2　福沢諭吉の女性論「定説」を批判する

(1)　壮大な虚構の福沢女性論評価
――「くもった眼」と「透徹した眼」

最初に、私が目にした限りでの先行の福沢女性論評価を、時代順に列挙しよう。

1．井上清「福沢は一生市民的な男女平等のためにふんとうした」（一九六七年『新版日本女性史』三一書房）

2．伊藤正雄「実に明治時代における女権論者のナンバー・ワンともいふべき人」（六八年『「学問のすすめ」講説』風間書房）

3．村上信彦〈『学問のすすめ』第八編の「男も人なり女も人なり」の見出しの表題をつかって、これを「男女の同権を鮮烈に表現」したものと評価〉（六九年『明治女性史』上巻、理論社）

4．遠山茂樹〈福沢の「国内政治論が後退して生彩を失い」、対外的にはアジア侵略の道を歩んでいる時期に、その女性論は「男女同権論」「急激なる革新論」を構成し、「なお改革者としての意

気込みを回復」していた〉（七〇年『福沢諭吉』東京大学出版会）
5．ひろたまさき「晩年の女性論は、彼が政治、経済、社会、学問の分野で節操をまげ現実主義の世俗にまみれることを強いられ続けたなかで、唯一の、節操を貫きとおした分野」「最後まで女性の解放を説き続けた」（七六年『福沢諭吉』朝日新聞社）
6．武田清子「日本におけるウーマン・リヴの先駆」「死ぬ直前に至るまで、終始一貫して婦人解放の問題を考えていた」（八五年『婦人解放の道標』ドメス出版）
7．丸山眞男「福沢の説は後年になって保守化してくるものもありますが、この婦人隷属の打破という点だけは、維新直後から前面に出て、しかも終生変わらない……福沢の社会批判のなかでも最も一貫しているものの一つです」（八六年『「文明論之概略」を読む』上、岩波新書）
8．中村敏子〈男性と女性は、「生殖の機関」の違いにもかかわらず、まったく対等であると福沢は考えた〉（九九年『福沢諭吉家族論集』解説、岩波文庫）
9．『福沢諭吉著作集』第10巻（日本婦人論・日本男子論）（慶應義塾大学出版会、二〇〇三年、解説西澤直子）のオビ＝「いよいよ光彩を放つ、福沢諭吉の女性論……現代的課題にも直結する、先進性あふれる福沢の女性論集」
10．河合敦「彼が男女平等を強く主張したのは意外と知られていない。／女性は経済的に自立し、大いに外出して男女交際を楽しみ、結婚は自分の意思で相手を選び……／実際、諭吉は、妻の錦や子供たちに家父長的な威風を吹かせることはなかったし……とてもすてきなマイホームパパだった

のだ」(『朝日新聞』〇九年九月九日〈はみ出し　歴史ファイル〉)
11．西澤直子「すべての基本は精神的かつ経済的な一身独立にあり……主体的に国家を支える……そこに男女の別は存在しない。男女は軽重の差なく対等であり……国の相談相手となり共有寄合の国を支える」「男女は完全に等しい存在」(一一年、『福沢諭吉と女性』慶應義塾大学出版会)

1福沢は生涯「市民的な男女平等」に奮闘という井上清の評価に始まって、2明治の「女権論者のナンバー・ワン」、3『学問のすゝめ』は「男女の同権を鮮烈に表現」、4「男女同権論」、5「最後まで女性の解放を説き続けた」、6「ウーマン・リヴの先駆」、7終生「婦人隷属の打破」を主張、8男女は「まったく対等」、9「現代的課題にも直結する」先進性、10「男女平等、経済的自立、恋愛結婚」を主張した「マイホームパパ」、11「国の相談相手として、男女は完全に等しい存在」などと、福沢が生涯「男女の同権」や「女性の解放」を説き続けた「男女平等」論者であるというのが、いまだに続く定説的な福沢女性論評価である。

しかし、これらは壮大な虚構の福沢女性論評価である。遅まきながら女性の自立と自由の基礎としての「労働権の確立」と、長年疑われなかった(近代社会の性差別事象の象徴である)「性別役割分業」の打破という「静かで長い革命」としての「女性革命の時代」＝(役所の表現では)「男女共同参画社会」の時代(安川『女性差別はなぜ存続するのか』明石書店、九六年、Ⅱの1)を迎えて、日本でも福沢諭吉に代表される家父長制的な差別的女性論は、すべて過去のものになろうとしている。

確認のために第Ⅲ章で踏み込んで考察する福沢女性論の主要な内容をあらかじめ列挙しておこう。

1. 女性が家事・育児を「天職」として、「家政参与の権」を認められ、「男子を助けて居家処世の務《つとめ》に」つく性別役割分業観。
2. 女性の参政権と労働権の欠落。
3. 日本資本主義の対外進出のための娼婦の海外「出稼ぎ」を含む、積極的な公娼制度必要論。
4. 「温和良淑」「優美」「柔順」という日本女性「固有」の「美徳」養成のための女子特性教育論。
5. 女子の郷里を離れての「遊学」反対。
6. 「西洋流の自撰結婚」＝恋愛結婚反対論と、「離婚の自由」否定の「偕老同穴」論。
7. 明治民法を「世道《せどう》人心の革命」と擁護。
8. 結婚の際の夫妻の姓とは異なる新苗字創出のアイデア。

一九七九年一二月国連総会の「女子に対するあらゆる形態の差別の撤廃に関する条約」採択の外圧におされて（日本政府の批准は、八五年まで遅れる）、二〇年後の九九年六月に「男女共同参画社会基本法」（注）がともかく成立した日本では、以上の福沢の女性論の1から7の内容のすべてが博物館入りの時代を迎えていることは、明らかである。

【注】The Basic Law for a Gender-equal Society という法律は、国連の性差別撤廃条約の理念からいえば、男女平等社会基本法か男女平等参画社会基本法のはずであるが、保守派の反対で国内向けに誤って「男女共同参画社会基本法」と呼ばれている。「共同参画社会」と「平等参画社会」では天

地の違いがある。福沢の1の性別役割分業観は、「居家処世の務」という表現に見られるように社会への一種の「共同参画」を示しており、福沢の1の女性観は、21世紀日本の「男女共同参画」の先取りである、という誤った保守的な解釈はありうる。

以上のうち唯一、いまなお福沢の男女平等的センスを示すものといえなくもない8の新苗字創出のアイデアも、九六年の法制審議会の「選択的夫婦別姓」の提言によって、かげの薄い存在に変わろうとしている。自民党以外の全政党（当時）が夫婦別姓の法制化を支持しているのに、自民党保守派の強固な反対に加えて、九〇年代末からの「平成不況」の深まりに対応する日本社会の深刻な保守化・右傾化と、それをバックにする女性解放（男女平等参画）への大規模なバックラッシュ（典型は日本軍性奴隷問題を否認する歴史修正主義的言説）が始まり、〇九年に民主党政権が成立し、法制審答申が「この間、実現しなかったことの方が異常」と語る千葉景子法相の誕生があったにもかかわらず、夫妻別姓の制度化は遅れている。また、別姓法制化に反対する新しい政党も登場するようになり、バックラッシュはなお続いている。しかし、世論調査でも別姓制度導入自体は賛成が反対を上回っており、福沢のように新苗字を創出してでも、夫妻は是非同一の姓でなければならないという考え方自体は、もはや日本社会の常識ではなくなろうとしている。

その意味で、福沢の家父長制的な差別的女性論は、すべて過去のものとして博物館入りしようとしていると私が書くと、そういう評価は、「歴史内在的な視点」を欠いた、戦後民主主義の時代の価値観や、「女性革命の時代」の価値観で、福沢を評価、「裁断」、「断罪」、「告発」する行為であるという類の反発が寄せられることがある。しかし、歴史を学ぶとは、保守的な「新しい歴史教科書をつくる会」が主張するように、過去の時代には「それぞれの時代に特有の善悪があり、特有の幸福があった」という事実を学ぶことではない。

歴史とは、他の教科と同様に、やはり私たちが今日、明日をどう生きていくかを学ぶための教科である。それぞれの時代に「特有の善悪があり、特有の幸福があった」ことを学ぶだけでは、これからの生き方を模索することはできない。「時代の人」として、過去の時代の歴史や教育や社会風潮によってつくられ、多くの場合、流されっぱなしであった圧倒的多数者の人間の余儀ない人生の実態・実情を学ぶとともに、同じ時代に、新しい時代・社会を夢見ながら敗北していった少数者(例えば自由民権運動や大正デモクラシー）への着目や注目こそが必要となる。

福沢が性別役割分業や公娼制度を当然視し、女性の参政権・労働権や恋愛結婚・離婚の自由に反対し、男女共学・女性の高等教育・男女共通教育などに反対していた事実を、私たちが批判的に考察するのは、売春禁止法が成立し、女性の参政権・労働権が認められ、男女共学が実施され、「ジェンダー・フリー」の教育が展開されるようになった後世＝現代の価値観で、福沢を批判・告発することではない。

のちに第Ⅲ章で見るように、福沢に身近な存在であった明治の同時代人が、少数ではあっても、廃娼論、女性参政権、男女共学、女子の高等教育などを主張し運動を展開していたのに、「偉大な民主主義の先駆者」「日本最大の啓蒙思想家」とされる福沢が、それらの主張や運動に一貫して背を向けていたのはなぜなのか、また、そういう福沢のマイナスの思想と生き方が近代日本の社会にどういう問題を刻印することになったのか、という歴史の学習を通して、私たちはこれからの生き方を学び模索するのである。

歴史をどう切るのか。内田義彦『社会認識の歩み』（岩波新書）にならえば、これは「同時代人のくもった眼」と「のちの時代の人間の透徹した眼」という二つの眼をどう統一するのかという難しい問題である。それは、「同時代人のくもった眼」で歴史に内在化するのが出発点で、次に「後の時代の人間の透徹した眼」による批判的な考察が終点であるという意味ではない。出発点の作業をするときに、すでに終点を見通した姿勢をもって、その作業が行われなければならない。つまり、福沢を「客観的にその時代の中に位置付け」る研究労働自体に、当然、歴史研究者の姿勢・思想・問題意識が問われ、反映されるのである。

福沢の女性論を集めた『福沢諭吉選集』（八〇年代版、岩波書店）第九巻の「解説」論文において鹿野政直は、福沢が死去した際に寄せられた「無名の婦人」からの「諸神仏にまして尊く有難く御《お》したひ申上《もうしあげ》」、「日本婦人の為め先生が御高説を拝見致し、乍失礼《しつれいながら》私共の好《よ》き友とかげながら有難く」、「昨日《きのう》まで世にもたのもしと思ひたる君ははかなく失《う》せにけるかな」などという弔辞や歌を紹介している。もちろん慎重な鹿野政直は、これらに「福沢幻想とでもいうべきものも含まれていたこと」を指摘し、「福沢がどんなに頼みがいのある……男性思想家とみられていたかを推測する」ための、あくまで同時代人の福沢評価の資料として、紹介していることは事実である。

しかし、この「解説」論文全体は、後で私が批判するひろたまさきの誤った評価を肯定的なニュアンスで紹介している事実を含めて、「同時代人のくもった眼」の福沢評価を紹介することで、よくあるように、福沢女性論の肯定的な解釈と評価を代替させているという印象をぬぐえないのである。「同時代人のくもった眼」の評価をどれだけ多数並べてみても、それは歴史研究の評価にはならない。

後述する西澤直子『福沢諭吉と女性』は、「わずか一〇歳」の山川菊栄が福沢『新女大学』を読んで「よくわからぬながら」「胸の晴れる思いをしました」の引用を手始めとして、「福沢諭吉はどう読まれたか」という章を設定して、「福沢の女性論は、むしろ社会主義者たちに受け入れられることになっていった」。そして「(下田歌子や陸軍将校などの)体制側、政府側から常に批判され続けた」ことを紹介することによって、福沢は「男女は完全に等しい存在」と主張したという同書の(誤った)評価を補強している。しかしながら、「同時代人のくもった眼」の評価をどれだけ列挙しても、やはりそれは歴史研究の評価にはならない。

「くもった眼」と「透徹した眼」をどう統一するのか。私が福沢の女性論と向き合う場合には、たとえば、「女性革命の時代」を迎えながら、「平成不況」の深まりを背景にして、むしろ「男女共同参画社会基本法」の成立を引き金にして、なぜ女性解放へのバックラッシュの時代が始まったのか、「先進国」日本の国会議員や大学教員の女性比率がなぜ今なお異常に低いのか、なぜ日本の社会は今頃「セクハラ」や「DV」問題などで騒ぐのか、つまり「先進国」日本社会では女性差別がなぜにかくも一貫して深刻なのか——世界経済フォーラムによる二〇〇九年の日本の女性進出度（男女格差指数）は、七五位（G7では最下位）、女性国会議員比率一〇五位、高等教育への進学率九八位、賃金格差九九位、就業率格差八三位である。国連女性差別撤廃委員会は、同年八月に日本の女性差別の現状について、四八項目の懸念・勧告を含む「総括所見」を公表した——という事実を解明したいという切実な問題意識が自明の前提となる。

その切実な問題意識があれば、福沢が『学問のすゝめ』初編において、女には女としての「分限」があると書いているのを忘れて、第八編の「男も人なり女も人なり」という文章を見て、村上信彦のように、これが「男女の同権を鮮烈に表現」したものと軽率に評価したり、また武田清子のように、福沢を「日本におけるウーマン・リブの先駆」などと軽々しく書いて、リブ女性の名誉を傷つける気持ちにはとてもなれない。さらに、中村敏子のように、この「男も人なり女も人なり」は、福沢が「女も男も共に人間と考える徹底した人権思想をもち得たこと」の証左である、などという大胆だが理解不能な解釈をすることも、できない。

二〇一一年末刊行という点で、福沢女性論についての最新のまとまった研究書である西澤直子『福沢諭吉と女性』も、同書「はじめに」で、「福沢の女性論の根本は、『男も人なり女も人なり』に集約される」と書いている。ところが同書によると、〈今泉定介著『教育勅語衍義《えんぎ》』（一八九一年）は、「男も人なれバ、女もまた人なり。その人たるに於てハ、男も女も何の差別かこれあらん」としながらも、（教育勅語の）「夫婦相和シ」の解釈は「妻ハ夫に順《したが》ふを以て、和の本《もと》とせり」としている〉とある。福沢同様に「男も女も同じ人間」と主張している今泉が、妻の夫への従属を自明視しているのである。つまりこれは、「男も人なり女も人なり」という抽象的な表現だけでは、後に第Ⅲ章の「2　福沢の男女「平等」論の抽象性」で解明するように、それが男女の「同権」や「徹底した人権思想」や「完全平等」を表明する定式と解釈できないことを端的に示している。その意味から見て、西澤が「福沢の女性論の根本は、「男も人なり女も人なり」に集約される」と書くのは、そもそも福沢女性論評価になっておらず、自らの研究を貶《おとし》める表現となっている。

日本社会の女性差別の異常な深刻さを自覚・認識する研究者ならば、「男も人なり女も人なり」という程度の文章で（主観的には男女の「同等性」を示唆する表現であると、好意的に解釈することは許されようが）、福沢にたぶらかされてはならない。ほんの少し冷静になれば、「男も人間であり、女も人間である」ということ自体は、ごく当たり前の事実に過ぎない。教育論の場合と同様に、福沢諭吉の女性論の研究になると、途端にこのような勝手な読みこみが横行するのである。

(2)「実体をこえた読みこみ」「読みかえ」の思想史研究
——女性論研究でも

次に掲げるのは、福沢最晩年の女性論の『新女大学』（『全集』⑥、一八九九年）からの引用である。息子の一太郎の解説によると、「内地雑居の事は日既《すで》に迫れり……此機に乗じ蹶起《けっき》して男尊女卑の陋習《ろうしゅう》を退治するに非《あら》ざれば、我日本の国光に永く一大汚点を遺《のこ》すの憾《うらみ》あらんとす」という問題意識で、江戸前期の儒学者、貝原益軒作とされている「女大学」に対する批判（『女大学評論』『全集』⑥、一八九九年）をふまえて、それに代わる福沢自らの「新女大学」を提示したものである。

> 扨《さて》学問の教育に至りては女子も男子も相違あることなし。第一物理学を土台にして夫《そ》れより諸科専門の研究に及ぶ可し。……極端を論ずれば兵学の外に女子に限りて無用の学なしと云ふ可き程の次第なれども、其《その》勉学の程度に至りては大《おおい》に注意す可きものあり。第一女子は家の内事《ないじ》を司《つかさ》どるの務《つとめ》あるが故に学事勉強の暇《いとま》少なし。……女子の身体、男子に異《こと》なるものありて、月に心身の自由を妨げらるゝのみならず……時を失ふこと多ければ、学問上に男子と併行《へいこう》す可《べか》らざるは自然の約束……
>
> 女性は最も優美を貴ぶが故に、学問を勉強すればとて、男書生の如く朴訥《ぼくとつ》なる可《べか》らず、無遠慮なる可らず、不行儀《ふぎょうぎ》なる可らず、差出《さしで》がましく生意気なる可らず……
>
> 一　既に優美を貴ぶと云へば、遊芸は自《おのず》から女子社会の専有にして、音楽は勿論《もちろん》、茶の湯、插花《いけばな》、歌、俳諧、書画等の稽古は、家計の許す限り等閑《なおざり》にす可《べか》らず。……

『学問のすゝめ』初編の場合と同様のいつものスタイルで、読者の関心を惹き寄せるために、冒頭で「扨学問の教育に至りては女子も男子も相違あることなし……極端を論ずれば兵学の外に女子に限りて無用の学なし」というラディカルなテーゼを提示する。すると先行研究者たちは、「天は……」の冒頭句と『学問のすゝめ』の内容との乖離《かいり》などおよそ気にしなかった丸山流に、冒頭のテーゼに飛びつくのである。例えば、ひろたまさき『福沢諭吉』は、『新女大学』のこの部分のひとつながりの文章を勝手に途中で切断して引用するという作為をほどこし、「学問の教育に至りては女子も男子も相違あることなし」と、福沢が主張したものと解釈することによって、「啓蒙思想家のなかで福沢のみが、最後まで女性の解放を説き続けた」という類の結論を出すのである。

ところが、右記の文章は、誰が見ても「学問の教育に至りては女子も男子も相違あることなし……女子に限りて無用の学なしと云ふ可き程の次第なれども、其勉学の程度に至りては大に注意す可きものあり」と続いており、その後「女子は家の内事を司どるの務……女子の身体、男子に異なるものありて……学問上に男子と併行す可らざるは自然の約束」という、ひろたの解釈とは逆の主張を福沢は展開しているのである。事実、この後の福沢が、日本女性の「優美」という「固有の美風」育成のため、茶の湯や生け花等の差別的な女子特性教育論を展開していることは明らかである。

このように、「先進国」に学んで得た学識を生かして、冒頭にラディカルなテーゼを置いて読者をひきつけながら、そのあとはいつも腰砕けの展開になるという福沢流の女性論のいまひとつの事例を見ておこう。『日本婦人論　後編』(『全集』⑤、一八八五年)である。

男女格別に異《こと》なる所は唯《ただ》生殖の機関のみ。……其《その》心の働に於ても正《まさ》しく同様にして、男子の為《な》す業《わざ》にて女子に叶《かな》はざるものなし。……既に亜米利加《アメリカ》などにては婦人にして電信の技術其外《そのほか》

> 様《さまざま》〳〵の職工たるのみならず、或は医師となり或は商人会社の書記又は政府の官員たる者も多くして……
>
> 女大学に云《いわ》く、……女は夫を以て無上の天として崇《あが》め尊ぶべきものなり、又女の七去《しちきょ》は……
>
> 女大学などにても、其《その》作者翻訳者を尋《たずぬ》れば何《いず》れも皆男にして……男のために便利なる工風《くふう》のみを運《めぐ》らして……
>
> 左《さ》れば夫婦家に居《お》る者は一家を二人の力にて支え、其間に聊《いささ》かも尊卑軽重の別なきは……
>
> 或は西洋文明の学者と名乗りながらも……男女同権など聞いて立腹する者なきにあらず。是等は……儒者の地金《じがね》の半面《かたがわ》に文明の鍍金《めっき》して、御都合次第に裏を出したり又表《おもて》を見せたりする者ならん……
>
> ……近来日本に国会の沙汰あり。そも〳〵国会とは、日本国中の人民が国の政事《まつりごと》に参《あづか》りて……立派に国の政事の相談相手となるべし……政府と人民と相共に力を合せ相共に国を支へんとの大意にて……。国民の家の政事は既に公平なるや否や……婦人の言《こと》は聴くべからずとて、家の内外《うちと》の事に喙《くちばし》を容《い》るゝを許さざるは、政府が人民の口を封じて議論するを禁ずるものに似たり……何卒《なにとぞ》国会開設の趣意に従ふて家会《かかい》をも開設し、婦人女子に家政参与の権を与へ度《た》きものなり。……

引用文の冒頭で、「男女格別に異なる所は唯生殖の機関のみ」と断定したうえで福沢は、「男子の為す業にて女子に叶はざるものなし」と書く。その直後に「既に亜米利加などにては婦人にして……様〳〵《さまざま》の職工たるのみならず、或は医師となり或は……」とあるので、女性の職業分野への社会的進出を呼びかけているのか、と期待して読み進めると、後はもっぱら『女大学』の有名な「七去《しちきょ》」（妻を一方的に離縁できる条件として挙げる七つの理由――父母に不服従、不妊、多言、窃盗、淫乱、嫉妬、不治の病）批判である。文中に「男女同権」とか「夫婦……其間《そのかん》に聊《いささ》かも尊卑軽重の別なき」などという一見魅力的な文言もあり、「西洋文明の学者……儒者の地金の半面に文明の鍍金《めっき》して、御都合次第に裏を出したり又表を見せたりする」などは、読者を魅了する文章であるが、この『日本婦人論　後編』の結論として、最後に提案されているのは、「婦人女子に家政参与の権を与へ度《た》きものなり」に過ぎない。つまりこれは、（欧米社会における女性の社会的進出の事象を紹介しながらも）福沢自身は、性別役割分業を自明の前提にしているという彼の女性論の最大の「アキレス腱」を恥じることなく表明した重要な文献なのである。

西澤直子『福沢諭吉と女性』（以下、『福沢と女性』と略称）は、第一章では、性別役割分業を主張したこの重大な結論を無視するだけではなく、福沢の文意を誤読することによって、「後編では、男女の差は仕組の異なる「生殖の機関のみ」で、いずれが重いあるいは軽いという存在ではない。「男子の為す業にて女子に叶わざるものなし」と、男女は「平等一様」で能力に差がないことを述べ」と、福沢女性論を肯定的に紹介している。

西澤の誤読は、女性の「家政参与の権」を主張した文節において、福沢が「国会」の説明の中で、「立派に国の政事の相談相手となるべし」と書いている場合の主語は、前後の文脈から明らかに（女性を含まない）

「人民」を指しているのに、西澤は主語を女性を含む人民と誤読して、「女性も一人前の人となり、「立派に国の相談相手」となる」と書き、同書は、一貫して女性参政権にかかわるこの誤読を前提にして、例えば「おわりに」を見ると、「すべての基本は精神的かつ経済的な一身独立にあり、その自立した個人が交際によって社会をなし、主体的に国家を支える……そこに男女の別は存在しない。男女は軽重の差なく対等であり……国の相談相手となり共有寄合の国を支える。／……男女は完全に等しい存在である」と主張している。

以上の考察で、「男女格別に異なる所は唯生殖の機関のみ……男子の為す業にて女子に叶はざるものなし」や「学問の教育に至りては女子も男子も相違あることなし」というラディカルなテーゼが、福沢の女性論の主張や内実でないことは誰の目にも明らかである。ところが困ったことに、『福沢諭吉家族論集』（岩波文庫、九九年）編者の中村敏子も、丸山眞男流に（中村は丸山の門下生・松沢弘陽の門下生）、これらの借り物のキャッチフレーズを、福沢の主張や思想と勝手に読みこむのである。中村の学位論文「福沢諭吉における文明と家族」（『北大法学論集』四四巻）の分析結果を列挙してみよう。

「『日本婦人論　後編』における議論の設定は、率直で、原理的なものである……彼は、男女の異なるところは「唯生殖の機関のみ」であって……「男子の為す業にて女子に叶はざるものなし」と主張する」、「福沢が言いきった「男女格別に異なる所は唯生殖の機関のみ」という視点」、「福沢は……基本的には男女の教育を区別するべきだとは考えてはいなかった……「学問の教育に至りては、女子も男子も相違あることなし……女子に限りて無用の学なしと云ふ可き程の次第」（「なれども……」と福沢の文章は続いているのに、ひろた同様に、ここで勝手に文章を切断する）だと考えたのであった……福沢は、男女は……基本的には同様の教育を受けるべきだと考えた」。

以上を見れば、中村は安川と異なり、福沢は「原理的」に男女の能力差を否定し、基本的に男女共通教育を一世紀も前に主張した先駆的人物であると、把握している。中村の研究に私がこのようにこだわるのは、かの女の編集した『福沢諭吉家族論集』の内容に、さらに大きな問題があるからである。

(3) 福沢にとってのユートピア思想の位置
――『福沢諭吉家族論集』の問題

この本は、福沢の家族論を「Ⅰ　文明史と理想の人間像」「Ⅱ　人間交際《じんかんこうさい》」「Ⅲ　理想社会の雛形《ひながた》としての家族」という三部構成（ただし、分量的にはⅠが九％弱、Ⅱが八三％、Ⅲが八％というアンバランスな構成）に編集している。Ⅰ部とⅢ部に収載されている全体の一七％弱の分量の論稿の多くは、「人間社会の進歩、無窮にして……その極度を想像すれば、満世界の人、皆《みな》七十歳の孔子にニウトンの智識を兼ね……黄金世界の時代」、「人間社会の達すべき真成の……境遇に達するときは……政府もなく官吏もなく……世界は即ち一大家（族）」、「文明の進む……その極度に至りては……戦争も止《や》むべし、刑法も廃すべし……今より幾千万年を経て……この太平の極度……」等という、福沢が学習した人類のユートピアについての想念の紹介となっている。

ところが、同書の長い「解説」論文を読んでも、福沢の家族論の三本の柱のうちの二本もの柱が、ユートピアについての福沢の夢想の紹介である理由が、少しも理解できないのである。無理にもその理由を探してみたが、「彼は歴史の進歩を信じ、いつの日か、すべての人がこのような状態に到達することも不可能ではないと考えたようである」、「彼は、男女が愛情のみにしたがって関係を結ぶ「フリー・ラブ」の議論を紹介し、これが行われてこそ完全な人間社会といえるかもしれないと述べる」という、曖昧でひとごとのように述べているだけで、この「解説」文をいくら読んでも、中村が、たとえ将来の課題としてでも、思想家・福沢が「フリー・ラブ」や無政府の世界の実現を望み目指していたのであると言おうとしているのか、単なる夢想の紹介をしたいのか、定かでないのである。福沢の原文（「離婚の弊害」『全集』⑪、一八八六年）を見よう。

> 相愛《あいあい》するの情は時に或は変化せざるを得ず……互に其《その》旧愛を去《さり》て互に其新《そのあらた》に愛する所に就《つ》き、聚散去就《しゅうさんきょしゅう》は唯男女の撰《えら》ぶ所に任じて、随時其愛する所を愛するを妨《さまた》げず、之《これ》をフリー・ラヴ（相愛の自由）と云ふ。……或は人間の本性より論ずればフリー・ラヴの方《ほう》道理に適して、人間社会も此フリー・ラヴの行はるゝに至りて始めて完全の人間社会なるべしなど云へる玄《げん》妙《みょう》論もあらんかなれども、今日の実際に於て社会の組織は迚《とて》も俄《にわ》かに此説の実行を望むべからず。

論稿は、フリー・ラヴを「道理に適して」おり、それが実現して「始めて完全の人間社会なるべし」という「玄妙論（奥深い議論）もあらんかなれども」と、フリー・ラヴについての賛否両論を公平に紹介しながらも、福沢自身は、明らかに「此説の実行を望むべからず」と結論している。もともとこの論稿の題名自体が「離婚の弊害」であり、翌日と翌々日に続く社説の題名も「離婚の原因」、「離婚を防ぐの法……」であるように、福沢の主張の力点は、「フリー・ラヴ」の擁護や紹介では断じてなく、「離婚の自由」に反対する彼の生涯の持論を展開しているのである。そのことは、中村自身が同書でこの「離婚の弊害」の次に収載している論稿「一夫一婦偕老同穴」（『福翁百話』『全集』⑥、一八九七年）の内容を見れば明らかである。

男女《なんにょ》相遇《あいお》ふて夫婦と為《な》るは愛情を以てするのみ、其情尽《つき》れば即ち相別《あいわか》る可《べ》し……既に変化したるものをして強ひて室を同うせしめんとするは天然の約束に背《そむ》くものなり、愛情相投《あいとう》ずれば合して夫婦と為《な》り、其情の尽《つき》るを期して自由に相別れ、更《さ》らに他に向て好配偶を求む可し云々《うんぬん》とて、此説を名《なづ》けて自由愛情《フリーラヴ》論と称す。……古来偕老同穴《かいろうどうけつ》は人倫の至重《しちょう》なるものとして既に已《すで》に其習慣を成し、社会全般の組織も之に由《よ》りて整頓したることなれば……凡《およ》そ人間世界の道徳論は古来の習慣より生ずるもの多く……左れば今日の世に居て自由愛情《フリーラヴ》は天の命ずる所なり道理に背《そむ》くものに非ずと云ふも、世界の視《み》る所にて醜なり不徳なりと認るときは、道理の論は暗処《あんしょ》に屏息《へいそく》せざるを得ず……彼の自由論の如きは心に思ふ可《べ》くして口に言ふ可《べか》らず……断じて実際に行ふ可らず、開闢《かいびゃく》以来今日に至るまでの進歩に於ては、一夫一婦偕老同穴を最上の倫理と認め、苟《いやしく》も之《これ》に背くものは人外《にんがい》の動物として擯斥《ひんせき》す可きものなり。

これを見れば、福沢がフリー・ラヴは「断じて実際に行ふ可らず」と断乎反対していて、逆に「偕老同穴」（夫婦がともに白髪になるまで仲よく生きて、死後も一緒に葬られること）が「最上の倫理」であって、その倫理に背《そむ》くフリー・ラヴは「人外《にんがい》の動物」のすることとして排斥していることは明白である。だからこそ中村は、フリー・ラヴの議論の論稿を収載しながら、「彼は歴史の進歩を信じ、いつの日か、すべての人がフリー・ラブの主体になると考えた」とか、「フリー・ラヴが行われてこそ完全な人間社会といえると主張した」とは書けなくて、すべての人がフリー・ラヴの主体になることも「不可能ではないと考えたようである」とか、それが「おこなわれてこそ完全な人間社会といえるかもしれないと述べる」という曖昧な「解説」しか書けないのである。

先に見た『日本婦人論　後編』の場合も同様である。福沢の最終的な結論が「婦人女子に家政参与の権」の付与であるのに、中村は「福沢は、文明が進めば、西洋のように女性がさまざまな社会的職業に就いて活躍することもあるだろうと考えた。そのために、女子を教育し、女性に対応する際、そのような社会的能力を伸ばすように配慮することが必要であると論じたが、日本の現状では、当面、家庭内で男女の対等な立場を実現するのが急務であろうと判断したのであった」と解説している。この場合は「……と主張した」と書けないので「……と論じた」と書いている点に、中村の曖昧さと自信のなさが示唆されている。女性一般むけの教育論において、福沢が各種の「社会的職業」に備えた「社会的能力を伸ばす」教育を主張した事実はないので、これは曖昧な解説というより、誤った解説である。

前掲西澤直子『福沢と女性』の第四章では、女性の「家政参与の権」に論及して次のように書いているが、中村同様に曖昧な文章で文意が理解できない。「家庭内に国会に相当するような家会を開いて、女性にそれへの参与の権を与えたいと述べるに止まった。ここだけを取り上げれば、福沢は一面で男性は外、女性は内にあるべきと考え、性別役割分担を推進しているとも論じられる」。

「福沢は……とも論じられる」という主語と述語の対応関係が曖昧になっているのは、西澤も福沢が明確な「性別役割分担」論者と認めたくないという気持ちを引きずっているからである。そのため、前掲した「国の政事の相談相手」の主語が女性という誤読を前提にして、西澤は、続く論述を以下のように展開して、この節の文章を結んでいる。――「だが福沢が「家政参与の権」を持ち出した意図はそうではない……ここで展開しているのは、女性は家会にのみ参加すればよいという議論ではない……福沢が参政権について説かないのは……政治に参加する習慣がなく、まだ「立派に一人前の人」になっていないからである。女性も「引立てて正当の道に導」けば、「国の政事の相談相手」になり、国を支える力なのである。」

以上のような曖昧だらけの中村敏子の大半が誤った「解説」論文を読まされた私の苛立《いらだ》ちから、「福沢家族論」の三分の二の柱の大半を、かの女が福沢のユートピアの「夢想」の紹介で同書を構成した理由を強いて推測してみた。すなわち――残りの肝心の「福沢家族論」本体の内容が、「女性革命」の現代にとってはあまりにもお粗末な内容であるために、その埋め合わせとして、ユートピアについての議論を紹介することで、福沢はそういう女性解放の道のりを願望していたという誤解を読者に与え、またそうすることによって、中村は、女性革命の時代にふさわしくない『福沢諭吉家族論集』を編纂した社会的責任を埋め合わせようとしたのではないか? これはなにも皮肉ではなく、そうとしか言えない、という率直な私の感想である。

ところで同書は、同じユートピアについての『文明論之概略』の福沢の議論も収載している。「文明の進むに従《したがっ》て……世間一般に公智公徳の及ぶ所を広くして次第に太平に赴き……其極度に至《いたり》ては土地を争ふ者もなく財を貪《むさぼ》る者もなかる可し……君臣の名義などは既《すで》に已《すで》に地を払《はらい》て……戦争も止《や》む可し、刑法も廃す可し」という「文明の太平」論を中村は紹介している。しかし福沢自身はこの後に、「今より幾千万年を経てこの有様に至る可きや、余輩の知る所に非ず、唯是れ夢中の想像なり」と書いていることからわかる通り、これが「文明の極度」についての自分の「夢想」にすぎないことをはっきりと断っていた。

これまでにその一端を見てきた通り、福沢を美化した論者は数多《あまた》いるが、福沢を無政府主義者とか自由恋愛論者と「美化」した研究者はいない。ところが中村は、「解説」論文において、「彼のリアリズムは……将来に対する希望に裏打ちされたものでもあった」、「人間がそれ(近代の議論)を乗り越える社会構想を考えた福沢」、「彼は歴史の進歩を信じ……不可能ではないと考えた」、「福沢は、歴史の進展に伴って……になるのだと考えた」等とくりかえし書くことによって、読者に、福沢が「文明の極度」や女性解放のユートピアを願望していたかのように思わせようとしている。

そしてこれもまたひとり中村だけの作為ではなく、過去の多くの福沢美化論者に同様の傾向が見られた。たとえば丸山は、『「文明論之概略」を読む』中巻において、中村と同じ「文明の極度」についての福沢の記述を引用して、「エンゲルスのいう無階級社会にどこか似ています」、「福沢の胸中にはいつもこうしたほとんどアナーキズムに近似した理念が潜んでいるのです」として、丸山は(『福翁百話』に)「今の文明国に君主を戴くは、国民の智愚……の標準尚ほ高からざるが故なり」と書いていることなどを根拠に、福沢が「一切の政治的決定の世界から天皇のたなあげ」という天皇制論を生涯貫徹していたとか、「君主制の変革の可能性を説く……驚くべきラジカルな議論」云々と書いて、福沢天皇制論についての「個人的なドグマ」の講義を続けているのである。

このように、福沢のユートピアについての「夢想」の議論を引用して、美化論者たちが福沢の思想を前向きに解釈しようと努めても、福沢自身は、その歴史観そのものを一八七〇年代後半の時期(明治一〇年前後)に、すでに早々と修正していた(くわしくは『福沢諭吉と丸山眞男』第Ⅱ章)。すなわち、初期啓蒙期の最後の残光として「是れ空理なり、顧《かえりみ》るに足らずとして、現時にのみ区々《くく》たるときは……進前《しんぜん》の機《いとぐち》はなかる可きなり。故に苟《いやしく》も思想を将来の進捗《しんちょく》に及ぼすものは、空理を軽忽《きょうこつ》に看過《かんか》す可らざるなり」と主張したことのある福沢も、「都《すべ》て人生、事を為すに、本来無きものを造るは、既に有るものを利用するに若《し》かず」、「現在の有様に於て便宜なる者を以て暫《しばら》く正理とす」、「政治の変更は国民の風俗習慣の変更」をまたねばならず、「唯《ただ》十数年の未来を憶測して稍《や》や便利ならんと思ふものを取るの外に手段あることなし」と、保守的な歴史的現実主義、つまり現実追随主義の哲学に後退していったのである。

だから、一人の思想家が「先進」国思想の学習によって、その著述にユートピア的な思想を紹介しているときは、どこまでそれがその思想家の目指し願望している思想であると評価できるかについては、慎重な検討が必要となる。たとえば、『学問のすゝめ』の定式「一身独立して一国独立する」の評価の場合は、福沢が最優先の「自国の独立」確保は「瑣々《ささ》たる一箇条」で「文明の本旨」の課題ではないと断っており、「一身独立」を重要な思想的課題として「他日為《な》す所あらん」と『文明論之概略』において公約していた限りにおいて、福沢は、その時点においては、主観的には明らかにその定式の実現・達成を目指していたと把握できるのであり、これは、福沢にとって例外的な未発の思想と評価することができよう。

逆に言えば、こうした将来展望やとり組みの意欲の表明をともなわないユートピア思想や将来的な目標や願望の記述は、あえて言えば、たんなる知識のひけらかしか、あまりの自己の保守的姿勢の照れ隠しの「イチジクの葉」にすぎない。したがって、それはその思想家の思想分析の対象たりえないものである。福沢の場合も、中期以降の現実の彼は、作為的な「強兵富国」路線、泥沼の「清濁併呑《せいだくへいどん》」路線、権謀術数的な「内危外競」路線、「愚民を籠絡《ろうらく》する」欺術の天皇制、侵略合理化のためのアジア蔑視観等のために、思想家としては必然的に融通無碍《ゆうずうむげ》の変説を積み重ねたのであり、例外的で貴重な「一身独立して一国独立する」の未発の課題の場合も、残念ながら結局、初期啓蒙期の『学問のすゝめ』第三編のたんなる目次に止《とど》まったのである。

(4) 社会観＝人間観の有機的一環としての女性論
――戦後民主主義思想の限界

福沢の女性論評価をめぐって、いまひとつ深刻な問題がある。丸山は福沢の女性論について、「福沢の説は後年になって保守化してくるものもありますが、この婦人隷属の打破という点だけは、維新直後から前面に出て、しかも終生変わらない」（『「文明論之概略」を読む』上）という、本来はありえない初歩的な誤った評価をしている。そしてこの場合も、ひとり丸山だけの問題ではないという残念な福沢研究の実態である。

前掲ひろたまさき『福沢諭吉』は、「晩年の女性論は、彼が政治、経済、社会、学問の分野で節操をまげ現実主義の世俗にまみれることを強いられ続けたなかで唯一の、節操を貫きとおした分野であった」として、福沢が「最後まで女性の解放を説き続けた」と結論している（五〇頁で言及した鹿野政直は、このひろたの評価を肯定的に引用）。同様に、遠山茂樹『福沢諭吉』も、福沢の「国内政治論が後退して生彩を失い」、対外的にはアジア侵略の道を歩んでいる時期に、その女性論が「急激なる革新論」を構成し、「なお改革者としての意気込みを回復」していた、と評価しているのである。

水田珠枝《たまえ》が「近代思想における女性の従属」（『歴史学研究』第二五五号）において、「ある思想体系のなかの女性像を洗いだしてみると、その男性像をもうかびあがらせることができる……女性像が歪んでいるということは、男性像もまたゆがんでいるのである」と書いたのは、一九六〇年代初頭のことであった。これは、ひとりの思想家の女性論の分析・評価を、その思想家の総体的な社会観＝人間観の有機的一環として把握する必要性を、端的に主張したものである。つまり、男性像（国内政治論や社会観）がゆがみ、保守化し「現実主義の世俗にまみれ」「後退して」いるのに、その思想家の女性像の「隷属の打破」は「終生変わらない」とか、「女性の解放を説き続けた」とか、「急激なる革新論」であり続けるはずがないという意味である。

ところが、右記の丸山眞男、ひろたまさき、遠山茂樹らの奇妙な福沢女性論解釈は、すべて水田珠枝の『歴史学研究』誌上の問題提起以後のものである。問題は、ひとりの思想家の（人間の半数を占める）女性についての論を、まるで「女・子ども」は天下国家の問題にはなじまないとばかりに、その人物の総体の政治観、社会観＝人間（男性）観と無関係に把握しようとする、戦後日本の性差別不感症的な社会科学のあり方である。福沢の社会観・政治観が保守化し、その社会観・政治観の担い手である近代日本の（帝国主義的）「臣民」男性への「柔順」と「和合」が求められているのに、その福沢が女性の「解放」を説き続けていると解釈・主張できる神経が、そもそも私にはおよそ理解できないのである。

これは、戦後日本の社会科学のもうひとつの致命的欠陥とかかわる深刻な問題である。私は前掲別稿「戦後日本社会における福沢諭吉研究の批判的総括」（『社会思想史研究』No.37所収）において、戦後日本の近現代史研究の重大な問題点として、日清戦争以来の日本国民自身の戦争責任と植民地支配責任の解明につながる視座の重要性を指摘した。そしてその視座の欠如と稀薄さゆえに、アジアへの蔑視と侵略の先導者であった福沢を、あろうことか偉大な民主主義の先駆者として、戦後日本の民主化のモデルに仕立て上げる結果になった、と指摘した。

同様にして、「女性像が歪んでいるということは、男性像もまたゆがんでいる」という水田珠枝の端的な指摘の通り、戦後日本の社会科学、とりわけ近現代史研究は戦争責任問題と並んで、（日本人の半数を占める）女性差別への批判的視座をもつことができず、性差別の重要問題を放置してきた故に、その裏返しとして、福沢の政治観、社会観＝人間観の把握が甘くなり歪んだものになったのである。もともと、「女性革命の時代」を迎える以前の日本の戦後民主主義思想は、福沢が自明の前提としていた性別役割分業体制や女性の労働権の欠落が、近代社会の典型的な女性差別事象であることを認識できず、女性の視点を欠落した性差別不感症の「二分の一民主主義」に過ぎなかった。

大越愛子『近代日本のジェンダー』（三一書房、九七年）が、丸山眞男「の（学問の）観点にジェンダー問題が決定的に欠落していた」と指摘している事実こそが、「教え子」を戦場に送りだした主体的な戦争責任意識の希薄さと並んで、丸山の福沢研究が一貫して福沢美化に傾く、限りなく甘い研究になった、いまひとつの重要な原因であると、私は確信している。

ただ、福沢の全体思想の研究において丸山が主導した福沢神話が圧倒的な影響を及ぼした場合と異なり、「福沢女性論の研究においては、丸山の存在は影が薄い。丸山の学問研究にジェンダー史観が欠落していたのだから、これは当然の帰結である。丸山に近い苅部直の『丸山眞男――リベラリストの肖像』（岩波新書）も、丸山の女性観を「弁護するのはむずかしい」と書いて、丸山の女性差別発言を紹介している。

丸山眞男の人間観や思想にとって、女性論は彼のアキレスの腱《けん》であった。丸山の学問研究は、性別役割分業を近代の代表的な性差別事象と認識できなかった典型的事例である、と私は理解している。丸山の講義を受講した昔の女子学生（高島道枝元中央大学経済学部教授）に、私が、丸山の女性問題認識について批判的な質問をした時に、かの女が「だって、丸山眞男にとって、妻は家政婦そのものなんだから！」と、一言で切り捨てたことを、私は鮮明に記憶している（丸山と限らず、私たち戦後世代以前の世代では、大学教員の夫に専業主婦の妻というカップルは圧倒的多数の組み合わせであったことを承知の上で、私がかの女の批判に同調しているのは、丸山と同世代で同じ学士院会員の水田洋と前掲の水田珠枝のカップルの存在を意識しているからであると、断っておこう）。

II

福沢諭吉の教育論

1 「苦楚疼痛《くそとうつう》」の「強迫」義務教育論

――「一国の富強を致すこと」

福沢の国民教育論の原型は、堀尾輝久『現代教育の思想と構造』が読みこんだヨーロッパ的な「近代教育の原則」とはおよそ逆に、国家による強制義務教育であった。それを確認するために、福沢が最初にまとまったかたちで紹介した（というよりは、彼が主体的に「論じた」）『西洋事情』外編（『全集』①、一八六七年）の「人民の教育」論を見ることにしよう。

> 国に無知文盲の人民多きは、其害挙《あ》げて云ふ可《べか》らず……昔日《せきじつ》仏蘭西《フランス》騒乱のときに恐る可き暴行を為《な》せし輩《やから》は、皆無学文盲放盪無頼《ほうとうぶらい》……
>
> 今人民の為めに費《ついや》す所の金は……所謂《いわゆる》禍《わざわい》を未然に防ぐの趣意……
>
> 或人の云《いわ》く、国民をして強ひて其子弟を教育せしめんとするは、即ち人の家事私用に関係して之を妨《さまたぐ》ることとなれば、其処置、宜《よろ》しきを得るものに非《あ》らずと。然《しか》れども此説甚だ非なり。……罪人を罰するの法も……人の私事を妨るより他《ほか》ならず……政府若《も》し人を罰するの権あらば、亦《また》人を教ゆる権なかる可《べか》らずと。是れ古今の金言なり……教育は其人を益《えき》し其人を利する

> の趣意なれば……余輩《よはい》断じて云ふ。……仮令《たと》ひ人の身に苦楚疼痛《くそとうつう》を覚へしむるとも、必ず之を行はざる可《べか》らず。

西洋では国家による強制教育を非とする貴重な考えのあることを紹介しながら福沢は、「禍を未然に防ぐ」ために（後の彼自身の表現を使うと、「国民無教育の弊悪」を避けるために）、「此説甚だ非なり」とか、「余輩断じて云ふ」という、『西洋事情』の紹介の域をこえた強い表現が示唆しているように、結論として彼は、「仮令ひ人の身に苦楚疼痛を覚へしむるとも、必ず之を行はざる可らず」という強制義務教育の必要性をつよく主張していた。

これに対応するのが『学問のすゝめ』初編の「人間普通の実学」を「人たる者は貴賤上下の区別なく皆悉《ことごと》くたしなむ」という主張である。後の彼の表現では「我輩は素《もと》より強迫《きょうはく》（教育）法を賛成する者にして、全国の男女生れて何歳に至れば必ず学に就《つ》く可《べ》し、学に就かざるを得ずと強《し》ひて之《これ》に迫る」（『学問之独立』『全集』⑤、一八八三年）という「（専制）政府の権威」にもとづく「強迫教育法」賛成論である。

一八七一年に廃藩置県を断行した明治新政府は、翌七二年八月に八年制の小学校義務教育を構想した「学制」を発布して、近代的な国民教育制度の実施にふみきった。その「学制」の教育理念を明示した太政官布告「学事奨励に関する被仰出書《おおせいだされしょ》」の内容は、当時、「三田（慶應義塾の住所—安川）の文部省」とか「文部卿は三田に在り」と世評されていた福沢の『学問のすゝめ』初編の教育観のひき写しであった。たとえば、上記の「人たる者は貴賤上下の区別なく皆悉く」という強制義務教育の考えは、「被仰出書」では、「自今《じこん》以後一般の人民—華士族農工商及婦女子—必ず邑《ゆう》（むら）に不学の戸なく家に不学の人なからしめん事を期す……幼童の子弟は男女の別なく小学に従事せしめざるものは其父兄の越度《おちど》たるべき事」とされた。そして「学制」では「小学校ハ教育ノ初級ニシテ人民一般必ス《ず》学ハ《ば》ス《ず》ンハ《ば》アルヘ《べ》カラサルモノトス」と規定していた（第二一章）。

新政府の廃藩置県の断行を「コリャ面白い、此勢《このいきおい》に乗じて」と受けとめ、『学問のすゝめ』によって積極的な民衆啓蒙に乗りだした福沢にとっては、強制義務教育の推進は単に「国民無教育の弊悪」を避けるという消極的な目的に止《とど》まるものではなかった。日本近代化の基本戦略を提示した『文明論之概略』（『全集』④、一八七五年）では「文明とは結局、人の智徳の進歩」という文明観を示すとともに、「自国の独立」確保を最優先課題と主張した。そして福沢は、『学問のすゝめ』第三編で、いきなり「国のためには財を失ふのみならず、一命をも抛《なげうち》て惜むに足ら」ない「報国の大義」の「一身独立」の啓蒙を開始したのである。具体的な道のりとしては、福沢は「如何《どう》でもして国民一般を文明開化の門に入れて、此日本国を兵力の強い商売の繁昌する大国」にすることを、生涯の「大本願」とした（『福翁自伝』『全集』⑦、一八九九年）。

「天は……」の冒頭句で始まる『学問のすゝめ』初編の第一小節は、「人は生れながらにして貴賤貧富の別なし。唯学問を勤《つとめ》て物事をよく知る人は貴人となり富人となり、無学なる者は貧人となり下人となるなり」と結んで、教育によって人の立身出世や境遇が決まるという教育観を提示するとともに、教育内容としては「(人間普通日用に近き)実学」の勧《すす》めを主張した。この初編をひき写した前掲太政官布告「被仰出書」も、「人々自ら其身を立て其産を治め其業を昌《さかん》にして以て其生を遂《とぐ》るゆゑんのもの……学問は身を立《たつ》るの財本《ざいほん》ともいふべきものにして」という同様の教育観を説いていた。

三田の「文部卿」福沢はさらに、七四年「農に告《つぐ》るの文」において、「役人の門も金持の門も開放して、誰にても其仲間に這入《はい》り、更に差支《さしつかえ》あることなし。今日の土百姓も明日は参議と為《な》る可《べ》し」(『民間雑誌』『全集』⑲、一八七四年)という、教育による立身出世の理念をたからかに提唱した。その目的は教育の個人主義的功利性の推奨ではなく、強制義務教育へのいざない(「勧学の方便」)であった。『学問のすゝめ』第三編に「我日本国人も今より学問に志し……一身の独立を謀《はか》り、随《したが》って一国の富強を致す」とあるように、「一国の富強」達成こそが教育の目的であった。

「学制」制定に関する文部省の太政官宛伺書も「国家ノ以テ富強安康ナルユエンノモノ……一般人民ノ文明ナルニヨレハ《ば》ナリ」と主張していたように、「学制」は、地租改正・徴兵制とならぶ新政府の「殖産興業・富国強兵」政策の一環として位置づけられ、国家の「富強安康」への寄与を期待されていた(ごくわずかだが、学制の実施が地租改正・徴兵制に先行した)。

ほんらい、民衆教育の普及は、「強迫教育法」によってではなく、民衆の「教育の必要性や功利性」への覚醒・自覚の成立・形成、つまりそういうものを生みだす社会経済的発展を前提として可能になる。ところが「学制」は、民衆一般が新しい小学校教育の必要性・功利性をまだ自覚せず、近代公教育制度の創出をささえる社会経済的条件が未成熟な段階で、むしろ日本の社会経済的発展が遅れているからこそ、強制義務教育の普及を上から強行しなければならないという転倒的矛盾を背負っていた。

したがって、代表的な教育史書（『現代教育学5』岩波書店）において、佐藤秀夫が福沢の「一身独立して一国独立す」を引用して、「個人の開化と国家の富強とは一体のものとして把握されていた」と解釈しているのは、丸山の福沢神話への追従である。福沢にとっての「一身独立」は「国の為に……一命をも抛《なげう》」つ「報国の大義」のことであり、「個人の開化と国家の富強」が一体のものでなかったからこそ、福沢は教育による立身出世という「事物の因果を転倒」した「勧学の方便」を鼓吹し、（「報国の大義」啓蒙のために）「苦楚疼痛」の「強迫義務教育論」を主張したのである。

転倒的矛盾を背負ったままの強制的な義務就学となった小学校教育の具体的な展開過程を、簡単に見ておこう。「学制」の本来的なねらいの国民皆就学策は、社会経済的条件との矛盾により「就学督促と拒否の時代」（土屋忠雄）をひきおこしながらも、「学制」実施以降一貫して追求された。わが国では、小学校就学は、「子どもの権利」ではなく「臣民の義務」、それも納税・兵役とならぶ国民の三大義務の一つとされた。

小学校就学・出席が、視学・校長・教員・児童はいうまでもなく、地域によっては、警察官・水道吏員・掃除吏員などまで動員し、さらに就学牌《はい》（就学を証明するバッジ）・就学奨励旗（組ごとの就学率順位を示す旗）から罰則規定を設けてまでも督促されるという特徴的な強制義務「公教育」

体制が確立した。その結果、笑えぬ抵抗として（就学逃れの）偽物の「就学牌《はい》」が売り出されたり、架空の学校の存在がデッチあげられる事例もあった。「郡視学の成績は就学督責の手腕如何で評価」され、各学校の出席率をあげるために、児童が「毎日五分間の登校を命令」されるという愚かな事例まで現れた。

一八七二（明治五）年の「学制」実施当初、児童の強制就学や学校賦課金の負担に反対して貧困農民たちが、徴兵制反対・地租改正反対とならぶ「学制」反対のたたかいを展開した。たとえば、翌七三年、名東（徳島）県では小学校が襲撃され三四校が焼打ちとなった。北条（岡山）県では「管下四十六校の小学校大抵破毀焚焼《はきふんしょう》し其後未《いま》だ再興に至らず」（『文部省第一年報』）と報告されている。鳥取、福岡県で続発した騒擾においても、小学校と教員住宅が襲撃の対象になった。地租軽減を中心要求とした七六年の三重・愛知の騒擾（被処罰者五万七千人）でも、多くの学校が襲われた。

この騒擾に参加した農民たちの行動は、論理的には『学問のすゝめ』初編の「人の一身も一国も、天の道理に基《もとづき》て不羈《ふき》自由なるものなれば、若《も》し……此一身の自由を妨《さまた》げんとする者あらば政府の官吏も憚《はばか》るに足らず」という福沢の教えを忠実に実践したものと評価できよう。しかしそれは、『学問のすゝめ』の誤読になる。なぜなら、アメリカ独立宣言にあった国民の「抵抗権」を『学問のすゝめ』の日本の人権宣言においては削除していた福沢は、同じ『学問のすゝめ』で「新法を誤解して一揆《いっき》を起す者あり……斯《かか》る賊民を取扱ふには……是非とも苛刻《かこく》の政《まつりごと》を」（第二編）、「甚しきは徒《と》党《とう》を結び強訴《ごうそ》一揆などとて乱妨《らんぼう》に及ぶ……斯《かか》る愚民を支配するには……唯威《い》を以て畏《おど》すのみ」（初編）と書いていたからである。

小学校就学率は、「学制」実施四年後の七六年以降頭打ちの状態となり、八〇年代末近くまで、義務教育の（出席率も考慮した）実質就学率は、わずか三〇％前後に停滞し続けた。小学教育の普及の困難な実態を、「学制」実施七年後の事実に即して、三田の「文部卿」福沢は、さすがに次のようにリアルに把握していた（『福沢文集』『全集』④、一八七九年）。

> 凡《およ》そ日本国中の人口三千四、五百万……一年に子供の執行金《しゅぎょうきん》五十円乃至《ないし》百円を出して差支《さしつかえ》なき者は、幾万人もあるべからず……月に一、二十銭の月謝を出すか又は無月謝なれば、子供の教育を頼むと云ふ者、また幾十万の数あるべし。それより以下幾百万の貧民は、仮令《たと》ひ無月謝にても……なほ〳〵子供を手離すべからず。八歳の男の子には草を刈らせ牛を逐《お》はせ、六歳の妹には子守の用あり……下等の貧民幾百万戸一様の有様と云ふ。／……仮令《たと》ひ一度《ひとたび》入学するも、一年にして止《や》めにする者あり、二年にして廃学する者あり……廃する者は多く、廃せざる者は少なし。

この報告の冒頭で福沢は、「凡そ人の子たる者は誰れ彼れの差別なく、必ず教育の門に入らざるを得ず……教育は全国一般に普《あまね》くすべきものなり」と書いていた。しかし、貧困以外の原因による「教育の機会」をめぐるあらわな差別として、性差別、障がい者差別、被差別部落差別、へき地差別などは、維新当初以来普遍的な事象であった。ところがその教育の実態について、学術的な評価のたかい文部省『学制八十年史』（一九五四年）も、日本教職員組合の国民教育研究所も、「学制における学校制度の根本方針は国民のあらゆる階層に対して一種類の学校を用意するという考えにおいて徹した」、「学問、教育における封建的な身分差、不平等を否定し、教育の機会をすべての国民にひらく」と、誤った評価をしている。一例として、被差別部落の教育実態に限って、あらわな差別の一端を見ておこう（安川編著『日本近代教育と差別』明石書店）。

「学制」実施とともに、制度的には存在しないはずの身分制的な学校が全国的に創出された。皇族・華族向けの「学習院」と対照的に、「賤民解放令」公布翌年の「学制」実施以降の普遍的な事象として、被差別部落の子どもたちは、全国的に目と鼻の先の同じ町・村内の小学校への入学を拒まれ、被差別「部落学校」で学ぶことを余儀なくされた。また産業革命期になると、（都市被差別部落児童の多い）工場労働児童対象の三年制夜間小学校が多数設置され、最盛期には五大都市だけで二〇〇校以上にもなった。

神戸の場合で見ると、夜間小学校に就学する生徒の多くが都市被差別部落の工場労働児童であった。一九三〇年代になると、日本の植民地収奪の犠牲者である在日朝鮮人の子どもたちがこの夜間小学校の生徒の多くを占めるようになった。「全国水平社」創立で知られる被差別部落民自身のたたかいもあって、被差別部落学校が廃止され、同じ町村の学校で学ぶようになって以降の様相は、住井すゑ『橋のない川』（新潮社）が描きだしたように、教員自身による座席差別を筆頭とする普遍的な部落差別事象が近代日本社会の歴史貫通的な事象として続いた。

2 「最も恐るべきは貧にして智ある者」
——「強迫教育」反対と「最下等」の民衆教育論

一八八〇年代前半期の経済破綻の深刻化と農村危機の進行のもとで、多くの農民の土地喪失が進行し、小学校就学率も明治期をつうじて最も大幅な減少をしめした時（実質就学率八四年三三・四％→八七年三〇・二％）、福沢は、八六（明治一九）年末の慶応義塾での講演（『全集』⑪）において、「国民の教育は衣食足りて後の沙汰なり……脅迫教育の法賛成す可《べか》らざるなり……日本の教育は今日の現状のまゝにても尚ほ大《おおい》に分《ぶん》に過ぎたるもの」と、一転して「強迫教育」反対論を主張した。教育のことは「第二の要」として退け、「他の焦眉の急」つまり「殖産の発達」を優先してはかるべきという理由からであった。

ただし福沢は、（持論の）「国民無教育の弊悪」を避けるためには「国民に多少の教育を与ふる」必要のあることを翌八七年の「国民の教育」で再論し、具体的には、八六年の森有礼初代文相による小学簡易科、つまり授業料無償の三年制小学校、別名「貧民学校」を「最下等」教育機関と評価して、公費支出を「簡易科の低きものゝみに就て聊《いささ》か助成す可き」ことを主張した（「公共の教育」『全集』⑪、一八八八年)。

福沢が民衆への教育の普及に消極的になったもう一つの理由として、同じ経済危機の時期に全国的に高揚した自由民権運動への反発・警戒心があった。この場合の問題は最下等の教育ではなく、貧しい民衆への教育一般の普及がもたらす、体制批判の高まりへの警戒心であった。中期福沢の保守化の転機となった、欧米「先進」諸国の労働運動・社会主義運動の進展ぶりに論及した七九年『民情一新』において、すでに福沢は教育の普及がもたらす体制批判の高揚にかかわるイギリス・ブルジョアジーの危機意識を、次のように紹介していた(『全集』⑤)。

> 下民の教育は其身の幸福を増さずして却《かえっ》て其心の不平を増すに足る可《べ》きのみ。我国普通教育の成跡《せいせき》として見る可きものは、方今「チャルチスム(チャーチスト運動)」と「ソシヤリスム(社会主義)」と二主義の流行を得たり。……此景況を以て察すれば、今後教育の次第に分布するに随《したが》ひ正《まさ》しく其割合に準じて貧賤の権理説も亦《また》次第に分布し、教育に一歩を進《すすむ》れば不平にも亦一分を増し、多々益《ますます》増進して富貴の権柄《けんぺい》と其私有とを犯し遂には国安を害するに至る可し。亦《また》危険ならずや。

教育の普及が体制批判意識を高めるという「先進国」の事実についての認識の深まりと並行して福沢は、教育による立身出世の『学問のすゝめ』におけるかつての教育万能の考えの批判を始めるようになった。「近年世上に政談の喧《かまびす》しき」民権運動を問題にした八四年「貧富論」(『全集』⑩)において福沢は、「字を知るの多きは憂患《ゆうかん》の数を増し、理を解するの精《くわ》しきは不平の源《みなもと》を深くする」事実を指摘して、教育の勧《すす》めにかわって、貧民が貧困ゆえに「無智」である事象は「人間社会の組織に於《おい》て……人力を以て遽《にわか》に如何《いかん》ともす可《べか》らざるものと観念す可《べ》きのみ」、つまり貧民の「無智」は、(資本主義的な)社会組織の不可避的な現象と認識するように、と主張するようになった。

貧困ゆえの貧民の無智を不可避と主張するようになった福沢は、八七年「教育の経済」(『全集』⑪)において、「貧家の子弟をして高尚なる学識を得せしむる」と「憂患、不平」者が生まれ「天下の禍源を醸《かも》すの掛念《けねん》」があるとして、「教育の階級は正しく貧富の差等を違《たが》へ」ないようにするために、官立学校設立の是非へと議論を進めた。翌年の論説で「官立公立学校の利害」(『全集』⑪)を主題にした福沢は、「富家《ふか》の子弟は上等の教育を買ふ可く、貧生は下等に安んぜざるを得ず」という事実は「甚だ解し易き道理」であるのに「官立公立の学校に其規模を大にし上等の教師を聘《へい》し……受業の価は至《いたっ》て低廉《ていれん》」で貧民子弟でも容易に入学できることは「我輩の悦《よろこ》ばざるもの」と書いた。

二日後の論説「教育組織の改革を祈る」では、「貧生に高尚なる教育を授くる」官公立学校の「弊害」は、「国財消費の一偏《いっぺん》に止まらず……知字憂患《ゆうかん》の始まりとは古人の金言」とくり返したうえで、福沢は「学問の教育も亦実物を売買するの主義に基き、高尚なる教育は唯富人の所望《しょもう》に任《まか》せ……貧人は貧人相応に廉価《れんか》の教育を得せしむるこそ……社会の安寧の為めに大切」と指摘して、「日本教育全般の組織」を「此主義」にもとづいて「改革」することを主張した。

二か月後の連載社説「公共の教育」（『全集』⑪、一八八八年）では、「社会の悪事を予防する」方便としての「慈善同様」の「最下等」教育を子どもに受けさせる親は、「其教育の程度如何に就て之は是非するの権利ある可《べか》らず……唯その教《おしう》るがまゝに任して一言の是非ある可らず」と書いて、彼は貧民に「国民の教育権」のないことは自明の理とした。

続けて福沢は、中学校以上の中高等教育機関への入学は「立身の元入《もといれ》」という「純然たる私の利益」のための進学であるから、これらの学校は「公共の公費を以て」設立するものではないとして、例えば「大学教育の事は挙げて之を民間の私に任じ……其受業料を多くし、専ら富豪の子弟を教《おしう》るの門」とすることを主張した。

日本の資本主義的発展を通して「此日本国を兵力の強い商売の繁昌する大国」にすることを「大本願」としていた福沢は、七九年『民情一新』以来、「先進」資本主義社会における階級対立の深化と社会主義運動の進展を、たえず先取り的に見守ってきた。

その警戒心とのつながりで彼は、教育普及のもたらすプラス・マイナスの諸刃《もろは》の剣《つるぎ》の役割をめぐって、強迫教育や官公立学校の是非にそれなりに論及してきた。ところが、八〇年代中葉の経済危機をぬけだし、日本の資本主義的発展がほぼ軌道にのる八〇年代末になると、その先取り的な警戒心もより真剣なものとなり、福沢の学校制度論も切実でより本格的な議論へと変わっていった。

八八年の論説「文明の利器に私なきや」（『全集』⑪）の福沢は、「文明の利器」の利益は「総《すべ》て専有権を握る所の一種の種族が壟断《ろうだん》の利を専《もっぱ》らに」すると書いて、ブルジョア・地主等による富の独占の事実を肯定的に指摘した。その上で「今日西洋諸国到る処に社会主義を唱《とな》へ、現在の制度組織を変壊《へんかい》」し、「利益壟断の弊を矯《た》め」ようとしている「不平の徒」について福沢は、「英の愛蘭《アイルランド》党は貴族が土地を専有するに対し……仏の共産党は職工等が……露の虚無党は農民労力者が……独墺《オーストリア》諸国の社会党は……。其他西班牙《スペイン》、伊太利《イタリア》、希臘《ギリシャ》等、種々の党派ありと雖《いえど》も、要するに専有種族を敵にして之を斃《たお》さんとする唯一の目的あるに過ぎず」と、欧州諸国の〝共産主義の妖怪〟を書きたてた。最後に彼は「今後東洋諸国にも謂《いわ》ゆる文明の利器なる者次第に伝はり、其勢力の……破壊主義東漸《とうぜん》の虞《おそれ》なきにあらず。今より恐るゝ所」と結んだ。

この先取り的な危機意識に対応して福沢は、翌八九年、憲法発布の翌月という重要な時期を選んで、「貧富智愚の説」（『全集』⑫）を書いた。これまで議論してきた「貧富」と「智愚」の関係を直接の主題にして、総括的な結論を提示したのがこの論説である。

> 此《ここ》に最も恐るべきは貧にして智ある者なり……貧智者は……世の中の総《すべ》ての仕組を以て不公平のものとなし……或は財産私有の法廃《はい》すべしと云ひ、或は田地田畑《でんちでんぱた》を以て共有公地となすべしと云ひ、其他被傭賃《ひようちん》の直《ね》上げ、労働時間の減縮等、悉　皆《ことごとくみな》彼等の工風《くふう》に出でざるはなし。彼《か》の職人の同盟罷工《ひこう》なり、社会党なり、又虚無党なり、其《その》原因するところ、明《あきらか》に知る可し。試に今日社会党の最も盛なる所は……米国に在《あり》てはシカゴ、英国に在てはマンチェスター、バルミンハム（バーミンガム）の如き製造業の盛大なる所……貧人に教育を与ふるの利害、思は

ざる可《べか》らざるなり。

……故に教育家が其《その》勧学の方便の為めに……教育を盛にして富源を開く可しとは、事物の因、果を転倒したるものと云はざるを得ず……我日本国の……貧智の不平、内に鬱積《うっせき》して、早晩外に破裂するの日ある可し。……左れば今日教育家が人の貧富をも問はずして孜々《しし》として人才を作らんとするは、前金《まえきん》を払ふて後の苦労の種子《たね》を買ふものに異ならず。経世《けいせい》の得策《とくさく》と云ふ可きか。我輩の感服せざる所なり。

これより先、連載社説「日本国会縁起」において福沢は、日本人の「従順温良、卑屈、無気力」の「先天」的な国民性を「我日本国人の殊色」と賛美し、その国民性に依拠することで、日本の資本主義的発展の「前途憂るに足らざるなり」と楽観的に展望していた。しかし、その資本主義的発展の先導者であるとともに、その体制の積極的な守護者を任じつつあった福沢にとって、日本にも予測される「破壊主義東漸《とうぜん》の虞《おそれ》」は一貫した不安であり、最大ともいえる関心事であった。

したがって、この「貧富智愚の説」においても福沢は、「破壊主義」の「東漸」とともに、私有財産の廃止や土地共有を要求する社会党や虚無党が現れ、賃上げや労働時間短縮を主張するようになることを予測的に紹介した。それに対処する教育施策とかかわって福沢は、かつては自分自身が提唱した「教育を盛にして富源を開く」強迫教育の施策は「事物の因果を転倒した」空論であると切り捨て、教育家が未だにその「学問のすすめ」を説くのは、この世の「最も恐るべき」存在の「貧智者」をつくりだし、「前金を払ふて後の苦労の種子を買ふ」経世の不得策と決めつけたのである。

さらに二年後の論説「封建の残夢未だ醒めず」（『全集』⑫、一八九一年）で、「我政治社会に過激主義の現出すること意外に迅速なるやも図《はか》る可らず。若《も》しも彼の社会主義、共産主義などの類が……」という懸念を書いた福沢は、その二か月後に再度新たな「貧富論」（『全集』⑬）を書いた。七年前の六日間連載に対して、今回は一三回にわたる異例の長期連載であることが示唆するように、今回の「貧富論」の内容は、福沢が資本主義社会についてのリアルな認識とその体制の全面的な擁護の意思を表明したもので、階級対立向けの糊塗《こと》策まで示した彼の本格的な日本資本主義論と言えるものであった。

> 仔細《しさい》に社会の実際を視《み》れば、今世《こんせい》の貧民は無智なるが故に貧なるに非《あら》ずして貧なるが故に無智なり……畢竟《ひっきょう》今の社会の組織にては……貧はます〱貧に沈み富はます〱富を増し……太陽西より出《い》で黄河逆《さかしま》に流るゝの不思議僥倖《ぎょうこう》あるにあらざれば、今世《こんせい》の貧乏人に開運の日はなかる可し。……金持の丸儲《まるもう》けと云ふも可なり。……
>
> ……仮令《たと》へ国民の貧富懸隔《けんかく》して苦楽相《あい》反するの不幸あるも瞑目《めいもく》して之を忍び、富豪の大なる者をして益々《ますます》大ならしめ、以《もっ》て対外の商戦に備へて不覚を取らざるの工風《くふう》こそ正《まさ》に今日の急務にして、……目下《もっか》我日本国には大富豪を要《よう》する時節なれば勉《つと》めて其発達を促がす可し……
>
> ……此貧窮の獣熱《じゅうねつ》と富豪の冷血と早晩《そうばん》一度は必ず相《あい》衝突して、遂《つい》に破裂の不幸ある可《べ》きは

勢《いきおい》に於て免《まぬ》かれざる所のものなり。……

……今日富家《ふか》の財産は堅固なる政府の下《もと》に居て優《やさ》しき法律の保護を……其実《そのじつ》は風雨劇《はげ》しき貧の海の孤島に宮殿を築き……一朝の機に際して激浪怒涛《げきろうどとう》に侵さるゝ（と）きは、宮殿の危《あやう》き亦《また》知る可し。……

左《さ》れば富豪の輩《はい》が今日尚《な》ほ未《いま》だ事端《じたん》の発せざるに先だちて之《これ》を予防する……其法……

第一　宗教を奨励して人心を和するは……最第一《さいだいいち》の要なり。……

第二　教育の過度を防ぐは財産の安寧を維持するの一法……貧者の教育を高尚に過ぐることなからしむる……他年一日富豪を攻撃するの禍根《かこん》を醸《かも》す者は必ず此種《このしゅ》の子弟……

第三　公益慈善の挙《きょ》……

第四　近く北海道に未開の沃野《よくや》あり、南北の亜米利加《アメリカ》、南洋の諸島、我国民の移住に適するもの……

冒頭で、長年議論を重ねてきた貧富と智愚の関係については、「貧民は無智なるが故に貧なるに非ずして貧なるが故に無智なり」というのが社会の端的な現実であると指摘した福沢は、もともと「今の社会の組織」のもとでは、「太陽が西より」昇る奇跡でも生じない限り「貧はますます貧に沈み富はますます富を増し……貧乏人に開運の日はなかる可し」というのが資本主義社会の本質である、と突き放した。その上で彼は、「国民の貧富懸隔して苦楽相反する」とも、現在の日本は政商大資本の「富豪の大なる者をして益々大ならしめ」対外商戦に備える時期であると主張するとともに、年来の不安である階級対立が「遂に破裂の不幸」となり、富豪の財産が「激浪怒涛」に侵される懸念があるとして、「其衝突破裂」を避けるための「予防」策を提唱した。こうして、a 年来の「馬鹿と片輪に宗教、丁度よき取合せ」の宗教教化路線、b 慈善事業の勧め、c 移民の奨励と並んで、d「最も恐るべき」貧智者を生じさせないための「貧者の教育」の抑制策を再論することになった。

3　遺伝絶対論と学問・教育＝商品論
――貧富対応の複線型学校制度論

教育による立身出世の鼓吹を含め、国家富強のための強制義務教育を主張した『学問のすゝめ』によって一躍有名人となり、「三田の文部卿」とまで世評された福沢は、八〇年代半ばの経済危機と自由民権運動の高揚を契機として、「教育を盛にして富源を開く」経世論に反対するようになった。前節「2　「最も恐るべきは貧にして智ある者」」で考察したように、八〇年代後期以降の福沢は、諸論説において「最も恐るべき」貧智者が生じないように、「高尚なる教育は唯富人の所望に任せ……貧人は貧人相応に廉価の教育」を受け、「教育の階級」と「貧富の差等」が対応するように、「日本教育全般」の組織改革を主張するようになった。

福沢が『文明論之概略』（『全集』④、一八七五年）で「恰《あたか》も一身《いっしん》にして二生《にしょう》を経《ふ》る」（緒言）、「今吾《こんご》は古吾《こご》に非ず」（第四章）と書いた通り、人は変われば変わるものである。しかし、明治「政府のお師匠様」としてひらき直った福沢は、自らの変心の正当性を二つの教育論――遺伝絶対論と学問・教育＝商品論――で見事に展開・合理化した。遺伝論から見よう。

福沢の遺伝論への着目は早く、一八七五、六（明治八、九）年頃の「教育の力」（『全集』⑳）という原稿で、「人の能力には天賦遺伝の際限ありて、決して其の以上に上《のぼ》るべからず」という遺伝論にもとづいて、人間の「上智と下愚」はいうまでもなく、「中知、中愚、幾百千段の優劣は既に先天に定まりて決して動かざるものなり」と書いた。この時以来、福沢は、人間の能力が遺伝によってきまっている限界を「一毫《ごう》一厘も之を超過す可《べか》らざるものなり」（「社会の形勢……」『全集』⑪、一八八七年）という遺伝絶対論を、晩年まで主張し続けた。そして、ゴールトン（「ガルトン氏」）の『遺伝的天才』から学んだと思われるこの遺伝絶対論を、福沢はみずからの複線型学校制度論および士族保護政策論を合理化するための論拠として、積極的に利用したのである。

福沢が複線型学校制度に初めて言及したのは、七九年『福沢文集』（『全集』④）においてで、「人民の貧富、生徒の才不才に応じて、国中の学校も二種に分れざるを得ず……銭あり才あるものは……上等の学校に入る可し」というのがその主張であり、これ以後彼は、基本的に複線型学校体系の立場から、学校制度論を展開した。二年後、「所謂《いわゆる》百姓町人の輩《やから》」は「獣類にすれば豚の如きもの」と書いた『時事小言』において福沢は、「能力遺伝の主義」にもとづいて、「士族」を保護する必要性を説き、その一環として「今後我国民の教育上」においても「士族の血統を保存」することが「経世の一大事」と主張した。その翌年、彼は次の「遺伝之能力」(『全集』⑧、一八八二年)を書いた。

先天遺伝の有力なるは決して欺《あざむ》く可《べか》らず又争ふ可らず。……
……人間社会の智徳は一世にして遽《にわか》に始造《しぞう》す可らざるや明《あきらか》なり。北海道の土人(アイヌ先住民)の子を養《やしない》て之に文を学ばしめ……辛苦《しんく》教導するも……我慶應義塾上等の教員たる可らざるや明なり。……遺伝の智徳に乏しければなり。……
……全国一般の子弟を教育するは固《もと》より緊要……と雖《いえ》ども、其一般中に自《おのず》から区別なかる可らず。其区別とは何ぞや。良家の子を撰《えら》ぶ、即是《すなわちこれ》なり。……豪農、富商、良家の子弟は、既に遺伝の能力を有し、……良家の子弟をば特に之を撰《えらび》て高尚に導き、其遺伝の能力を空《むな》しふする無からんこと我輩の最も希望する所……この豪農富商を去て爰《ここ》に又純然たる一種の良家あり。即ち全国の旧藩士族、是なり。……

このように福沢は、人間の教育は遺伝による自然的素質や能力の差によって基本的に規制され、「如何なる術を施し如何なる方便を用ふるも」(「文明教育論」『全集』⑫、一八八九年)その素質や能力をかえることができないという〈遺伝絶対論〉に加えて(ここまでは、メンデルの近代遺伝学成立以前の時代的制約の思考として許容できるとしても)、「良家の子弟」とか「旧藩士族」が「既に遺伝の能力を有し」という自らの恣意的な主張を重ねて、その複線型学校制度論にもちこんだのである。もともと、生涯、原理的な「教育の機会均等」原則を発想したことのない福沢は、この二つの主張を根拠にして、「財産の安寧」と「国安」維持のために、貧民子弟を中・高等教育機関から排除する自分の恣意的な主張を、合理的なものとして、ためらうことなく展開できたのである。

イギリスの哲学者、バートランド・ラッセルは、人間形成にはたす遺伝と教育の役割を論じた際に、「保守主義者と帝国主義者とは遺伝に力点をおく」のに対して、「進歩主義者は、教育の方に力点をおく」と主張した。福沢は自らの教育論の正当性の論拠として、「良家の子弟」優先論に重ねて、ゴールトンの遺伝学説を積極的に利用することによって、ラッセルのいう「保守主義者」「帝国主義者」としての面目を、遺憾なく発揮した。

貧民子弟の中・高等教育機関からの排除の自分の主張を合理化するために、福沢が展開したもうひとつの論拠は、つぎの学問・教育＝商品論である。

福沢は、八七年七月の論説「国民の教育」（『全集』⑪）において、「一国の政府たる者は公共の資金を費して国民の私《わたくし》の教育を補助するの義務ある可きや否やと尋ぬれば、鄙見《ひけん》に於ては是れなし」という「人民が私の目的にする其教育に公《おおやけ》の金を使用するは正則にあらず」の「格言」を改めて提示した。その約一週間後の三日間連載の重要論説「教育の経済」（『全集』⑪）において福沢は、「貧人に教育を与ふる」ことの弊害を確認したうえで、その弊害に対する対処策を次のように論じた。

元来学問教育も一種の商売品にして……家産豊にして父母の志篤《あつ》き者が子の為めに上等の教育を買ひ、資力少しく足らざる者は中等を買ひ、中等より下等、その階級は段々限りある可《べか》らず。……社会の今の組織に於て到底免《まぬ》かる可からざるの不平均にして、……今この不平均を宜《よろ》しからずとして俄《にわか》に人間社会の組織を改めんとするも人力の及ぶ可き限りにあらず。……貧家の子弟をして高尚なる学識を得せしむるは、……天下の禍源を醸《かも》すの懸念なきに非ず。凡《およ》そ人間社会の不都合は人の智力と其財産と相互に平均を失ふより甚だしきはなし。……今公共の資本を費《ついや》し高尚なる教育法を設くるは国民教育の得策にあらざる可し。我日本開国の初めの如き国民未だ学問の何物たるを知らざる時代に在《あり》ては、或は文明の木鐸《ぼくたく》として官立の学校も一時の権道《けんどう》なる可しと雖《いえ》ども、今や国民一般に学問の必要を知り、私財を投じて子弟の為めにせんとするの時運に際しては、権道は之を廃して経済論の大義に基づき、教育の階級は正しく貧富の差等《さとう》を違《たが》へず、幸ひに学問の熱を催したる富人をして其欲するところに任《まか》し、銭を投じて高尚なる教育を買はしむるは策の得たるものなる可し。……又終りに一言す可きは我輩の持論に於て官立学校の制は経済の点に於ても教育の点に於ても感服《かんぷく》せざる所なれども、……尋常の学問世界より幾等を擢《ぬき》んでたる特別の組織を設くるが為に多少の国財を費すが如きは、竊《ひそか》に賛成する所なり。……

これは、日本にも到来する資本主義的な階級社会においては、学問や教育も「商品」となり、ちょうど「富豪の子女は縮緬《ちりめん》を着用して金玉を飾り、中等以下は綿服より下《くだ》りて終《つい》には其綿服にさへ不自由する者」があるのと同様に、子どもが就学できる学校制度の水準は否応なく家庭の経済力に制約される現実を、「先進」資本主義諸国の現実に学んだ福沢が、先取り的に示したものである。このように「人間貧富の不平均に由り」教育をうける機会が差別されることは、「社会の今の組織に於て到底免かる可からざるの不平均」であり、この不平等を批判して「俄《にわか》に人間社会の組織を改めんとするも人力の及ぶ可き限り」ではない、と彼は念押ししていた。

これは、学問や教育を商品と見なして親の経済力による市場原理にゆだねる、今日の「新自由主義教育論」の先駆的な展開である。かつては自らも「今日の土百姓も明日は参議と為《な》る」という「教育による立身出世」を鼓吹した福沢が、日本における資本主義発展を現実的に見通すことによって、自らの『学問のすゝめ』のスローガンを「教育家」の空論に過ぎないと切り捨てたものである。彼がこのように「凡そ人間社会の不都合は人の智力と其財産と相互に平均を失ふより甚だしきはなし」と主張するようになったのは、「人の貧富と教育の高低」のアンバランスが「最も恐るべき」存在の貧智者を生みだし、彼らが「他年一日富豪輩を攻撃」することによって、「天下の禍源」となることを恐れていたからである。だから福沢は、「教育の階級は正しく貧富の差等を違へ」ないように、「高尚なる教育は唯富人の所望に任《まか》せ……貧人は貧人相応に廉価の教育」の方向へ、「日本教育全般の組織」を改革することを主張したのである。

4 新『学問のすゝめ』と工場労働児童
──日清戦争の勝利と産業革命

一八八〇年代半ばの経済危機をもっていわゆる資本の「本源的蓄積」を終えた日本の資本主義は、八〇年代後半から九〇年代にかけて、急速な発展の歩みを始めた。福沢が『実業論』の序文で日本の「実業革命の期近きに在る」(『全集』⑥)と予言したのは九三年のことである。現実には、翌年開始された日清戦争の勝利を重要な跳躍台として、紡績業を先導役にしながら日本の産業革命は九〇年代から一九〇〇年代初頭にかけて早熟的に進行し、ほぼ一九〇五、六年頃には「産業資本」の確立をみた。

義務教育の実質就学率が五〇%をこえるのは、この産業革命の進行中のことであり、一九〇〇(明治三三)年には「小学校令」が改正され、授業料徴収が原則廃止され、(小学簡易科の後の)三年制小学校も廃止されて、義務教育年限は実質的に四年に延長された。日清戦争による「国民」意識の高揚もあって、就学率の上昇は急速に進み、九〇%台になるのは明治末期であり、〇七(明治四〇)年には、ようやく六年制義務教育制度が確立した。

八二年以来の一連の〈東洋政略論〉で、アジアの「盟主日本」の「国民の分《ぶん》として内治如何を論ず可きの日に非ず」と、ひたすら「国権拡張」を呼号してきた福沢は、日清戦争（九四年開戦）を迎えると、戦争遂行キャンペーンの先頭に立った。戦費拠出に奔走《ほんそう》し、自ら全国二位の一万円という巨額の軍事献金をし（ちなみに全国第一位は毛利元徳の一万五千円）、「報国会」も組織した福沢は、「暗い昭和」期の「滅私奉公論」「一億玉砕《ぎょくさい》」論同様の思想と評価される激烈な論説「日本臣民の覚悟」を書いて、日本の戦勝に全面協力した。戦勝後の彼は、新たに「国勢の拡張、増税の必要」、「勇気を鼓《こ》して進む可し」等の論説で、日本は「世界の競争場裡《じょうり》に入りたる上は強敵を引受くる」（『全集』⑮）覚悟をもって、「殖産興業万般の計画に勇往《ゆうおう》進取」すべしと呼びかけた（「戦後の経済」『全集』⑮）。

八〇年代半ばの経済危機を転機に「強迫教育」反対論者となり、「教育の過度」の弊害を警告し、「最も恐るべきは」貧智者と主張してきた福沢は、日清戦争後の「勇往進取」をよびかける一環として、またもや一転して積極的に民衆教育の普及を呼びかけた。九六年「教育費」において「抑《そもそ》も教育過度とは如何《いか》なる立言《りつげん》ぞや」とひらきなおり、教育過度の「世間の説」に「大反対の意見」を表明した（『全集』⑮）福沢は、「就学児童の数なり、又学問の程度なり、我国の教育は尚ほ初歩の中にして」という現状分析にもとづき、「今の日本の教育」を「現在の程度より尚ほ二層三層の高さに引上る」ことを要求し、私人も国家も「教育に費やす金は決して吝《お》しむ可《べか》らず」と主張した。

つまり、日清戦争に勝利し莫大な戦時利得と清国からの償金を獲得し、新たな領土と市場を得ることで、資本主義生産の急速な躍進を見通す段階になると、福沢は「殖産興業万般」の勇往進取を呼びかけるとともに、その一環として新たな「学問のすすめ」の必要性を認識したのである。公費助成は「最下等」の小学簡易科のみと主張していた彼が、今度は教育の飛躍的発展のために、その公教育費を決して惜しんではならないと主張するのである。しかしまた、そう言いながらも、資本家イデオローグとしての福沢は、自らのその民衆教育普及の呼びかけを裏切って、資本制工場やマニュファクチャー工場で働いていた多数の学齢労働児童の小学校就学は断乎拒否したのである。

「婦人労働と児童労働とは、機械装置の資本主義的使用の最初の言葉だった！」といわれるように、日本でも女性労働と児童労働が必然化した（以下の児童労働については、安川「わが国産業革命期を中心とする児童労働と教育」名古屋大学大学院『教育論叢』第六号参照）。日本初の労働組合・職工義友会が九七年に出した檄文「職工諸君に寄す」は、「工場製造所の盛なると共に家を守るべき妻も家を出て工場に働き、頑是《がんぜ》なき子供さへも機械と共に働くこととなり」、「大人さへも長きを喞《かこ》つ労働時間に服さしむることありて、親としては誠に忍び得べき者にあらず」という残酷な児童労働に対する告発をこころみた。その実態は同年の明治政府自身の調査書『工場及ビ職工ニ関スル通弊一斑』でも確認されており、これが同年の政府による労働者保護の「工場法」案起草の契機ともなった。

産業革命期を通して日本では、労働者全体のほぼ一割をしめる多数の学齢児童たちが、おもに紡績・織物・製糸の繊維工業とマッチ・ガラス等の化学工業で働いていた。工場に行くと「凡《すべ》て無月謝で（義務教育を）教へて呉《く》れる」（鐘ケ淵紡績会社）という「真赤な嘘」を利用した欺瞞的な方法で「世馴れぬ小作爺《じじ》を欺《だま》して」、農村から安価な児童労働力が調達された。そして児童たちは、「ああ活《いき》地獄！暗黒界」「生ける墓場」等とよばれた原生的労働関係の支配する工場で、生命の「消磨的労役」

を強いられていた。

社会政策学会の中心メンバーでもあった政府官僚・桑田熊蔵の報告の一端を紹介しよう。紡績工場では、徹夜業はいうまでもなく、二四時間さらには三六時間連続労働もおこなわれ、徹夜業には「幼少者ト云ハス《いわず》婦女ト云ハス　悉《ことごと》ク」従事させられ、「試に、早朝工場に赴き、夜業を終って工場を出る前の女工を見ば、顔容蒼白《そうはく》形容枯槁《ここう》ならざる者は殆ど之《これ》なし。殊《こと》に幼者に至っては、更らに一層の甚《はなはだ》しきを加へ、観《み》る者をして覚へず顔を蔽《おお》はしむる」という過酷な現状であった。

福沢は先に『実業論』において、「先進」工業国に対比して、日本人が「特に商工事業に適して」いる理由として、「性質順良にして能《よ》く長上《ちょうじょう》の命に服し」という日本人の国民性を主張していた。加えて福沢は、日本資本主義の長所として、「昼夜を徹して器械の運転を中止することなきと……賃金の安きと……は英国の日本に及ばざる所なり」(『全集』⑥、一八九三年)と主張して、日本の低賃金・長時間労働の原生的労働関係を積極的に肯定していた。したがって福沢は、九七年の政府による労働者保護の工場法立案に猛然と反対した。福沢の恣意的な工場法反対の論拠は次の四つである。

第一に日本では、「情誼《じょうぎ》の温《あたたか》なる、父子の如く又親戚の如し」という「大地主と小作人との間柄」と同様の温情主義的《パターナリスティック》な労資関係があるから、法的規制は不要という主張である(「資本主と職工」『全集』⑮、一八九七年)。かつて『学問のすゝめ』第一一編において「都《すべ》て人間の交際……他人と他人との附合《つきあい》なり。此仲間附合に実の親子の流儀を用ひんとするも亦難《またかた》きに非ずや」(『全集』③、一八七四年）と、近代的な人間関係を主張していた福沢が、近代資本制工場の労資関係に前近代的なパターナリズムの人間関係の適用を主張したのである。

第二の論拠は、「職工の従順」さによって日本の工業が発達し、せっかく無自覚、無権利な状態に職工たちが甘んじているのに、工場法の制定によって「所謂《いわゆる》智恵のない子に智恵を付け」、労働者を権利意識に目覚めさせることを恐れたからである（「翻訳条例は断じて……」『全集』⑯、一八九七年）。

第三に、労働者が「早朝より夜間まで正しく十六時間もしくは十八時間労働する」のは、彼らが「自から好んで」している「任意労働」であるのに、労働時間を制限すれば労働者の「労働の自由」（！）を拘束し、「饑餓《きが》に苦ましむ」る結果になる（「職工条例は翻訳条例……」『全集』⑯、一八九七年）からという、勝手な理由であった。

さらに第四の論拠として、学齢児童の工場労働を制限して彼らの義務教育を保障する施策に福沢が反対した理由（同右）も、これがかつて「文部卿」と世評された人物の発言かと呆れるような、次の主張であった。

年齢を制限して十何歳以下の児童は職工として雇入るゝことを禁ぜんとするが如き、一つには教育の時機を誤らざらしめ、又一つには幼者の身体を保護するの精神に出でたるものならんなれども、苟《いやしく》も学校の教育を受けしむ可き余裕ある人民ならんには、誰れか幼年の子弟を工場に出入せしむるものある可けんや。……以て生計を助けんとするものにこそあれば、此種の児童は仮令《たと》ひ工場に行かざるも到底就学の見込はある可《べか》らず。……年齢の制限は只その父兄に苦痛を与ふる尚ほ其上に、是種《このしゅ》の児童を遊惰に導《みちび》て悪風に染めしむるの結果ある可きのみ。

福沢は、児童労働の制限・禁止が学齢児童の義務教育就学に道を開くことを認識していた。ところがその労働の禁止は、労働児童たちが「途上に彷徨《ほうこう》して他人に物を乞」う境遇に戻り、「悪風」に染まることになるとして、それを防ぐためという「温情的」な理由で、ほとんど無教育の工場労働児童たちの教育を拒否（もしくは三年制都市夜間小学校への就学を推奨）したのである。

福沢が長年にわたり懸念し、警鐘をならしてきた通り、日清戦争後の九七年には片山潜らによって労働組合期成会が組織され、同年末には鉄工組合も創立された。福沢のいう「同盟罷工」も起きるようになり、明治政府も一九〇〇年という早い時期に「治安警察法」を制定し、労働運動・社会主義運動への弾圧を始め、労働者は「冬の時代」を迎えることになった。

福沢は、右の工場法反対論の翌九八年九月に脳溢血で倒れ、翌九九年二月以降の『時事新報』社説は、石河幹明が福沢の旨をうけて起草することになったが（二年後の〇一年一月に脳溢血が再発して、福沢は二月三日に死去）、晩年まで労働運動・階級闘争への警戒・警鐘を怠らなかった福沢の意向をうけて起草された一九〇〇年末の社説（『全集』⑯）は、「職工労働者の如き……忽《たちま》ち不平を唱へて同盟罷工等の挙動を演ずるに至るは、必然の成行」と警告するとともに、「我国に於ける社会問題の争《あらそい》は西洋と大《おおい》に其趣《おもむき》を異にして、其性質必ず激烈なるものある可し。我輩の断言して疑はざる所なり」と、最後の警鐘をならしたのである。

5 福沢諭吉にとっての「教育思想」
――「毫も抽象的原則又は高尚の理想を有するあらず」(陸羯南)

以上の記述をとおして、義務教育をめぐる福沢の民衆教育論が三転四転してきたことを明らかにした。具体的には、a『学問のすすめ』=「強迫教育」論→b「強迫教育」反対論→c「最下等」教育論→d新「学問のすすめ」→e工場労働児童の教育拒否――と、福沢の民衆教育論は目まぐるしく変転してきた。しかしその変転は、もちろん彼の気まぐれのためではなく、変転のたびに福沢は、その理由を明確に表明していた。

民衆教育論のaからeまでの推移のあとを簡単にたどると、aからbへの飛躍は、経済危機に対応して教育が「第二の要《かなめ》」とされたためであり、bとcは一貫して「国民無教育の弊悪」を意識する福沢が、「最下等」の小学簡易科への公費助成を容認したものである。ところが日清戦争後に資本主義が急速な躍進をとげるdの段階になると、福沢は「西洋文明の国民」を指呼《しこ》の間に見すえて(「教育費」『全集』⑮、一八九六年)教育の現状を「尚ほ二層三層の高さに引上る」ことを要求した。しかし同時に、eでは、日本の低賃金・長時間労働を下支えしている学齢児童の工場労働を継続するために、政府の工場法立案に断乎反対して、多数の工場労働児童の教育を拒否したのである。このように、教育施策の目まぐるしい論調の変転・推移を通じて、福沢においてつねに一貫しているものが存在する。その一貫する基本的な論理は、〈文明開化＝資本主義的発展→「自国の独立」確保＝「強兵富国」〉の達成という日本の近代化の基本課題、あるいは「如何でもして国民一般を文明開化の門に入れて、此日本国を兵力の強い商売の繁昌する大国」にするという福沢の生涯の「大本願」である。

つまり福沢の民衆教育論は、つねに〈強兵富国〉の達成という基本的な政治・経済的な目的・課題の上にくみ立てられていた。この基本目的との関連で、日本の資本主義的発展に対応しながら、福沢の具体的な教育論は構成されていったのである。その教育論は、むしろ目まぐるしく論調を変転させることによって、基本的な政治・経済的課題に、最大限の貢献・寄与・奉仕することを期待されていた。一貫しているのは、政治・経済的課題を達成・補完する従属的で副次的な課題としての「教育論」である。したがって福沢の民衆教育論には、政治・経済社会の現実と利害から相対的に独立することによって、現実的な機能を果たしうるような本来の思想、それ自体に価値を認めうるような固有の「教育思想」と評価できるものを、見出すことはできない。

固有の教育思想とはなにか。たとえば、「子どもの教育権（学習権）」や、「国民は教育に関与し発言する権利を有する」という「国民の教育権」というものは、子どもや国民の所属する階級・階層や時代に関係なく認められる普遍的な権利であり、それはひとつの「教育思想」と評価できる。

しかし福沢の「強迫教育」賛成・反対論、「最下等」教育論、工場労働児童の教育拒否論には、そうした一貫する普遍性はない。つまりそれらはすべて時論的な教育「論」であって、福沢の教育「思想」ではない。じじつ『福沢諭吉全集』全二一巻に満載されている一三〇〇篇をこす福沢の教育論の中には、普遍的な「子どもの教育権」や「国民の教育権」を主張した論説は一篇もない。

伊藤正雄編『資料集成　明治人の観た福沢諭吉』（慶応通信、七〇年）によって、直接福沢の言説に接していた明治の同時代人の目で、以上のような福沢の教育論をどう見るのか、その見方を考察して、それを手がかりに福沢教育論の評価を考えてみよう。私は、次の徳富蘇峰の福沢評を、福沢の教育論議の全体の特徴をよくとらえた評価である、と読んだ。

人或は福沢君の教育を以て、無主義の教育と為《な》す者あり。然《しか》れども其無主義の如く見ゆるは、即ち最も其**主義**の一貫したるを証すべし。勿論君が二十年間唱道したる所の議論をば……細《こまか》に之れを点検したらば、随分自家撞着《どうちゃく》も多かるべし。然りと雖《いえど》も、自家撞着の議論、君に於て何かあらん。何となれば君が唱道する所の者は、皆時世に応じて立てたる議論なればなり。即ち能《よ》く世と推《お》し移り、**物**に凝滞《ぎょうたい》せざるは、君が本領にして、君が感化を天下に及ぼしたるは亦た此に存す。（「福沢諭吉君と新島襄君」）

この文章における徳富の「主義」と「物」を、「思想」と「原理・原則」におき換えてみると、文意はわかりやすく、かつ明快となる。とりわけ痛烈な批判は、福沢の議論が自己矛盾だらけであると言われても、「君に於て何かあらん。」と、本人は少しも気にせず平気だろうという蘇峰の指摘である。なぜなら、福沢が展開した議論は、すべて「時世」に合わせて立論したものであり、だから逆に、その教育論は社会的影響力を発揮することができたのだろうと蘇峰は言うのである。安川がさらにこれに加筆すれば、福沢の教育論は、蘇峰が的確にとらえたように融通無碍な内容であったからこそ、戦争責任意識が希薄で、「実体をこえた読みこみ・読みかえ」体質を特徴とした戦後民主主義時代の日本の福沢諭吉研究者にとっては、（網羅的な『福沢諭吉全集』の存在もあって）福沢ほど自在で勝手な「読みこみ・読みかえ」を許容する有難い研究対象はなく、だからまたいい加減な福沢研究がまかり通ることになった、と言えよう。

　このように、同じ福沢をめぐる戦後民主主義時代の福沢研究者の評価と明治の同時代人の評価は、きわめて対照的である。戦後日本を代表する思想家・研究者の羽仁五郎は、福沢を「原則ある根本的体系的思想家」といい、丸山も「独創的な、原理原則ある哲学をもつ思想家」と評価した。さらに遠山茂樹は「福沢こそ、典型的な生きた思想家であった」として、福沢の変説は「機会主義的変説ではなく、確乎たる原理原則あるが故の、自由であり、流通であった」と説明した（遠山「日本国民抵抗の精神」『世界』第六二号）。つまり戦後民主主義を代表する著名な三人は、福沢が原理原則ある哲学者・思想家という評価で見事に共通しているのである。

これに対して、福沢の言説に直接接していた明治の同時代人の対照的な評価は、羽仁・丸山らと対照的に、福沢には哲学や原理原則がなかったという基本的な評価で共通している。列挙すると、徳富蘇峰は「臨機応変、朝以て夕を卜《ぼく》す可《べか》らず……翁は世の所謂《いわゆる》哲学家にあらず」「能《よ》く世と推《お》し移り、物に凝滞せざるは、君が本領」と評し、また鳥谷部春汀《とりやべしゅんちょう》は「彼は哲学者に非ず……唯常識の立言家」「学者としては余りに浅く、教育家としては余りに無主義なり……理想に乏しく」と言い、福沢死去の際の『東京日日新聞』の弔辞は「体系的哲学を有せざる」であった。

つまり明治の同時代人は、私が民衆教育論に即して確認したように、福沢を、むしろおよそ原理原則にこだわることなく、融通無碍《むげ》に変説を重ねて思想の無節操性を築きあげた経世家と見ているのである。

もう少し、同類の福沢評を見よう。内村鑑三は「自ら無宗教を標榜《ひょうぼう》しながら、世間に宗教を奨励する矛盾」を恥じない「偽善」家と「弾劾《だんがい》」していた。先の徳富蘇峰もまた、（『時事新報』紙の三大論調の）「官民調和」論について、「吾人《ごじん》が最も歎ずるは……改革の思想無きこと是也……主義ある者は漫《みだ》りに調和を説かず……調和は無主義の天国なり」と指摘していた。

蘇峰と並んで、福沢を保守主義者と見ていた山路愛山は、「先生は齢《よわい》四十にして既に保守党となれり……何となれば、天下正に民権の伸張を急とする時に当りて、先生は国権論を唱へ……今にして先生著論の始終を案ずるに、先生は生れながらの保守党なり……福沢先生は世を動かすよりも、寧ろ世運を牽制する点に於て其長所を発揮したりき」という的確な評価を下していた。

陸羯南も山路と同様に福沢を「政治上」は「保守家」「保守主義」者と指摘していた。羯南の次の評価が、私には、「思想家」福沢の全体的な評として、一番納得できるものである。――「毫《ごう》も抽象的原則又は高尚の理想を有するあらず」。

6　福沢評価への疑問と違和感
――福沢は「偉大な思想家」か

福沢の民衆教育論の体系的な考察ができたところで、福沢の「思想」全体の評価にまで深入りした。というのも、同時代の徳富蘇峰に「自家撞着の議論、君に於て何かあらん」と書かせる福沢にとって、「思想とは何か」という問題は、半世紀近く前に福沢を読みはじめて以来の、私の一貫した疑問だからである。そのため、明治の同時代人の福沢評価ならば基本的に了解できるという事実に励まされて、いま少し戦後日本の定説的な福沢評価への私の疑問と違和感を書きとめておこう。

福沢を「(最近の日本の生んだ最も)偉大なる思想家」(家永三郎『近代精神とその限界』角川書店、五〇年)として描くのが、羽仁五郎、丸山眞男、遠山茂樹、(自己批判以前のかつての)家永三郎らに共通する定説的な評価となっていたことは、すでに紹介した。しかし、とりあえず民衆教育論という重要な課題についての福沢の生涯にわたる議論を考察した私には、福沢の「強兵富国」の達成という実践的な課題への彼の見事なまでの徹底性、一貫性、集中ぶりを見出すことはできても、そういう直接的な（政治・経済）社会の現実や利害から相対的に独立した〈近代社会観＝近代的人間観〉に関する福沢独自の社会思想、人間観、教育「思想」を見出すことはできない。したがって、福沢を（偉大な）「思想家」と評価することに、私はどうしても納得できないのである。

むしろ私には、福沢は「偉大な思想家というべきではなく、偉大な実践家であった」という大内兵衛の把握（『福沢諭吉選集』付録2、一九五一年、岩波書店）の方が素直に理解できるし、『東京日々新聞』の福沢には「体系的哲学」がなかったという評価（石河幹明『福沢諭吉伝』第四巻、岩波書店）が一番自然な見方と思われる。だから私は、福沢は教育思想家というよりも、むしろ（啓蒙家、慶應義塾の創設・経営者、ジャーナリストという三重の広義の）教育実践者、あるいは「強兵富国」の達成という自らの経世論を忘れなかったという意味で、教育経世家と呼んでみたい。

このように、福沢が教育思想家たりえなかった事実の背景として、福沢教育論がたえずそうであったように、近代日本の社会において、「教育」という営為は一貫して国家の政治や経済の手段としての地位に貶《おとし》められ、その課題に従属する「手段としての教育」の立場に置かれてきた。日本の近代社会においては、権力者も民衆も、ともに教育を「人間形成」としてではなく、なんらかの手段として、不当なまでに重視する。

権力者は、教育を民衆への政治的支配と「安くて優秀な労働力」（内田義彦『日本資本主義の思想像』〈岩波書店〉が「こんなに安くて優秀な労働力は世界無比です」という場合の日本の労働力の「優秀」性は、教育普及による技術水準の高さとともに、同じ教育による労働者の権利意識の低さをも含意している）の育成・陶冶《とうや》の手段と見なし、学歴偏重社会に生きる民衆は、よりよい生活への最良のパスポートとして、「受験学力」の獲得に血まなこになる。

民衆は、教育へのその異常な熱意にもかかわらず、むしろその異常な熱意のゆえに肝心の教育の中身にたいしては極度に無関心となる。そのため肝心のその教育内容は、支配者によって（国定教科書や教科書検定・学習指導要領により）長年にわたって恣意的、独占的に支配されてきた。二一世紀の日本において、憲法の「思想、良心、信教の自由」が（最高裁までが加担して）土足で蹂躙され、暴力的な「日の丸・君が代」強制が横行するのも、権力者・民衆双方に共通するこの日本の特異な教育風土ぬきには考えられない。

映画『きけ、わだつみの声』を観た後の高校生との「対話集会」（安川が司会、九五年九月、名古屋）の席上で、東大名誉教授の五十嵐顕は、自らの戦争責任を公的な場で初めて告白するさなかにマイクをもったまま狭心症の発作で倒れ、急逝した。その五十嵐は、最晩年（九五年五月）の私信において、日本軍性奴隷問題にかかわって、「教育学は人間を考えるので、日本人（総体）を問題にしないのでしょうが、朝鮮人婦人にたいするはずかしめの罪を日本と日本人が認めるほどの能力・力量・倫理感がないことが明白である今日、一体日本の教育、日本人の人間形成をどう考えたらいいのでしょうか」と書き、「私は教育学者だったほぼ三十年の私の履歴を恥じるばかりです」と続けた。

韓国の元「慰安婦」キム・ハクスン（金学順）が九一年に東京地裁に提訴以来二〇年余、日本政府はこの日本軍性奴隷制度問題への対応を一貫して誤り(その象徴が「アジア女性基金」)、最高裁をふくむ日本の裁判所からマスコミや教育界(中学教科書の「慰安婦」記述そのものを削除)まで、国を挙げて基本的に同じ道を歩んできたために、この問題をめぐって日本が韓国を筆頭とするアジア諸国、アメリカを先頭とする世界諸国、何よりも国連の人権関係委員会から一貫してくりかえし厳しく批判され続けているのに、日本国民は、自分たちが世界からどう見られているのかをふくめ、この日本軍性奴隷問題についてほとんど何も知らないという悲しく恥ずかしい状況にある。

日本政府と日本人が二〇余年来の日本軍性奴隷(「慰安婦」)の戦争責任問題を未だに(!)解決できないでいる事態は、戦後日本の「平和と民主主義の教育」が、その問題を解決できるだけの戦争責任意識や倫理感をもった日本国民の「人間形成」に成功しなかったからである、と五十嵐顕は理解して、それを教育学者だった自らの「戦後責任」であると深刻に受けとめているのである。このような晩年の五十嵐顕に、私は家永三郎と並んで、自らの戦争責任=戦後責任に誠実に向き合った稀有な知識人のひとつの姿を見た(五十嵐については、安川『日本の近代化と戦争責任』明石書店、『五十嵐顕追悼集』同時代社)。

南方軍幹部候補生隊区隊長として積極的に侵略戦争を担った事実を、当日の集会の公の席で初めて告白した五十嵐顕は、戦後マルクス主義者に転身して、平和と民主主義の教育のために闘うことで自分は過去の償いをしているつもりであった。ところが五十嵐顕は、ＢＣ級戦犯として処刑された『きけわだつみのこえ』の木村久夫の遺書との対話を通して、自分が「戦争責任の問題」を放置したまま、戦後民主化路線に乗って学者としての戦後生活を始めたことを誤りだったと総括し、「私は定年で東大を辞めるまで民主主義のために働いていたつもりでした」と表明して、まわりの者を驚かせた。同じ五十嵐が、最晩年の書簡で、自己批判の思いを込めて、日本の思想に「もっとも欠けているものは、良心にしたがって立ち上がる抵抗の精神です」と書き残したことも、私のつよい印象に残っている。

日本の戦後民主主義教育が日本軍性奴隷問題に責任意識を感じとれるような（総体としての）日本人の「人間形成」に成功しなかった、という五十嵐顕の問題把握は鋭い。同様のきびしい目で日本の近代教育＝「人間形成」の道のりを振り返ると、どうなるか。福沢の選択した〈天賦国権・国賦人権〉の近代化の道のりは、近代日本人の「一身独立」の確立を確実に妨げたが、福沢自身も帝国憲法発布後の連載社説「日本国会縁起」において、日本人が「先天の性」として「従順温良、卑屈、無気力」の国民性を持つことを「我日本国人の殊色《しゅしょく》」と評価するように変わっていた。そして、工場法論議の際にも、日本資本主義の「長所」として、「職工の従順なる一事」を挙げた。

『学問のすゝめ』でいきなり「国のために」死ぬ「報国の大義」の国民の「一身独立」を説いて以来、「尽忠報国」の道徳を主張してきた福沢にとって、教育勅語で「一旦緩急アレハ《ば》義勇公ニ奉シ《じ》以テ天壌無窮ノ皇運ヲ扶翼スヘ《べ》シ」という天皇への絶対献身の軍国主義的至上命令が中核にすえられたことは、たいへん喜ばしい事態であった。加えて、前掲「縁起」で「内には父母に事《つか》へ、外には君に仕《つか》へ、兄弟姉妹、長少師弟……一切の関係みな拘束の中に」ある「従順、卑屈」の人間関係を「我日本国人の殊色」と賛美するように変わった福沢にとって、教育勅語で「父母ニ孝ニ……」以下の儒教思想が国民道徳の中心におかれたことにも異論はなかった。

以上のような〈天賦国権・国賦人権〉の近代化の道のりにおいて、日本の民衆一般は「一身独立」の道を確実に閉ざされたうえに、(福沢が賞賛した)森有礼初代文相によって、教育は「生徒其人の為にするに非《あら》ずして、国家の為にする」という国家主義的な教育理念と「帝国大学令」以下の国家主義的な学校制度が整備された。かくして日本の子どもたちは、「教育は小学校令その他の教則を根拠に国の教育意志を臣民に強要すること」という教育学書の見事な定義どおりに、教育の主体となる権利も機会も奪われ、ひたすら国家の恣意的な教育意志を強要される客体の地位におしとどめられた。「御真影(天皇の写真)」拝礼と教育勅語奉読を中心式目とする厳粛な祝祭日儀式によって、日本の子どもたちは、以後半世紀余にわたり、式後の紅白の饅頭《まんじゅう》をせめてもの楽しみに、天皇=国家への絶対帰一の忠誠心をマインドコントロールされることになった。

同様に日本の民衆は、自由民権運動が敗北させられた後、自らの意思や力を社会にむけて押し出す場を閉ざされ、内村鑑三不敬事件や「神道は祭天の古俗」事件において、福沢諭吉の不作為の加担もあって、近代日本の「思想、良心、信教の自由」「学問の自由」も圧殺されたままであった。こうして民衆は、ただひたすら「歴史を空行く雲のように眺めている」(壺井栄『二十四の瞳』)だけの存在におしとどめられたのである。

日清戦争後の労働組合運動と社会主義運動のなかで、ふたたび歴史に働きかける民衆の声があげられるようになり、工場労働児童の悲惨が告発され、片山潜、幸徳秋水らが一九〇一年に結成した社会民主党の行動綱領には、「学齢児童を労働に従事せしむることを禁ずること」「高等小学を終るまでを義務教育年限とし、月謝を全廃し、公費を以て教科書を供給すること」という教育要求が掲げられた。しかし、その社会民主党は即日結党禁止となり、「まったくの骨抜き」と評価された工場法がようやく制定されるのはさらに一〇年後のことである。治安警察法によって労働組合運動は衰退をよぎなくされ、社会主義運動も、権力犯罪「大逆事件」によって幸徳秋水ら一二名が絞首刑にされることによって、またもやきびしい「冬の時代」を迎えることになった。

7 「報国致死」の私学の「建学の精神」と私学経費三分の一論

福沢は、維新変革を経てようやくこれから日本の近代化が始まろうとする時点で、日本の近代化の基本課題の担い手あるいはリーダーとなるのは、中産階級＝「ミッヅルカラッス」である旨を『学問のすゝめ』第五編（『全集』③、一八七四年）で次のように先駆的に示した。

> 国の文明は上《かみ》政府より起る可《べか》らず、下《しも》小民より生ず可らず、必ず其中間より興《おこり》て衆庶《しゅうしょ》の向

ふ所を示し、政府と竝立《ならびたち》て始て成功を期す可きなり。……所謂《いわゆる》「ミッヅルカラッス」なる者にて、国の執政《しっせい》に非ず、亦力役《りきえき》の小民に非ず、正《まさ》に国人の中等に位《くらい》し、智力を以て一世を指揮したる者なり。……

今我国に於て彼の「ミッヅルカラッス」の地位に居《お》り、文明を首唱して国の独立を維持す可き者は唯一種の学者のみなれども、……国民の先《せん》を為《な》して政府と相助け、官の力と私《わたくし》の力と互《たがい》に平均して一国全体の力を増し、彼の薄弱なる独立を移して……外国と鋒《ほこさき》を争《あらそい》て毫《ごう》も譲ることなく……

この「ミッヅルカラッス」を育成するために構想されたのが福沢の私立学校である。慶應義塾の起源は、一八五八（安政五）年に藩命によって江戸の中津藩奥平家の中屋敷内に福沢がひらいた蘭学の小家塾（翌年英学塾に転身）に始まる。この福沢塾が六八（慶応四＝明治元）年に築地から芝新《しん》銭座《せんざ》に移り、塾舎の規模を大きくするとともに、あらたに「慶應義塾」と命名された。「慶應義塾の歴史の上でも最も重要な資料」のひとつとされている小幡篤次郎文案・福沢加筆の「慶應義塾の記」（『全集』⑲、一八六八年）では、洋学を学び普及することが「報国の義」にかない、「国家の為」の「小補」となることが期待されていた。

このように、私学の存在意義を直接「国家」との関係で把握する福沢の国権主義的傾向は生涯一貫しており、九三年「福沢先生銅像開被式」の席上で、すでに三年前に大学部も新設した慶應義塾について福沢は、塾が「常に国家の経綸《けいりん》、社会の風紀如何に就て心事を労する」ことを志向し、義塾が「社会中等以上の種族と共に国家の脊骨《せぼね》たらんこと」の期待を語った（「銅像開被に就て」『全集』⑭）。この「国家の脊骨」育成を期待された義塾の自負する「建学の精神」とはなにか（「故社員の一言今尚精神」『全集』⑧、一八八二年）。

> 吾輩が共に此義塾を創立して共に苦学する其目的は何処《いずこ》に在るや、日本人にして外国の書を読み、一身の独立を謀《はかり》て其趣旨を一国に及ぼし、以て我国権を皇張《こうちょう》するの一点に在るのみ、……報国致死は我社中の精神にして、今日我輩が専ら国権の議論を主唱するも、其由来一朝一夕に非ず、蓋《けだ》し社中全体の気風なり……

慶應の所謂「建学の精神」が国権拡張のための「報国致死」であるという主張は衝撃的である。しかしこれは、福沢の「一身独立」思想の変遷を視野に入れれば、それほど驚くことではない。『学問のすゝめ』第三編の「国のために……一命を」抛《なげう》つ「報国の大義」という「一身独立」の性急な啓蒙に始まり、すでに福沢は八二年『帝室論』（『全集』⑤）において、天皇制を「日本人民の精神を収攬するの中心」にすえ、「帝室……に忠を尽すは……万民熱中の至情」（「立憲帝政党を論ず」『全集』⑧）と主張するようになり、翌年の「徳教之説」で日本のミッヅルカラッスの「道徳の標準」として「報国尽忠」を主張する歩みをしていたのである。

「近代教育の理念」からいえば、国家権力の支配から独立・自由な教育のために建学される私立学校が、私学への国家統制も弱く、「いわば全く自由な時代であった」(梅根悟『私の大学論』誠文堂新光社)といわれる明治初期から、建学の精神として、自ら「報国の大義」を説き、「国権」拡張、「報国致死」の塾風を自負している福沢の姿は、特異なものとして注目に値しよう。なぜそうであったのか。

福沢の私立学校論は、官立学校を批判し、それを国家から分離することをとりあえず要求していた。したがって、福沢の私学教育理念を明らかにするには、彼が官立学校をどう批判していたかに注目する必要があろう。ところが、福沢の官学批判は、官学の国家主義的教育理念にはなんら切りこむものではなかった。日本の官立大学が、森文相の「帝国大学令」第一条によって、「国家ノ須要《しゅよう》ニ応スル学術技芸」を教授・研究するという、明確な国家主義的大学理念のもとに置かれていたことは、よく知られている。ところが福沢は、その大学理念や、教育は「国家の為」という森の国家主義的教育理念を批判しなかったばかりでなく、むしろ森の教育施策によって「政府の学校は其面目を一新し、旧来の文明主義に立戻りて着々歩を進めた」(「文部大臣の後任」『全集』⑫、一八八九年)と、賞賛さえしていた。つまり福沢の官学批判は、私学「教育」の独自の教育や学問の自由の視点から立論されたものではなかった。

福沢が、官立学校の存立に反対し、官学を私学に改編する私立学校論を主張・展開した論拠は四つあった。第一の論拠は、財政、それも国家財政という観点である。八三年論説「文部省直轄の学校をして独立せしめんことを祈る」（『全集』⑨）において福沢がもっぱら論じているのは「学校の組織官立なるが故に……経費を要すること多き」に対して、私学の「費用の少きは普《あま》ねく人の知る所」という問題であった。これは維新直後の時代からの彼の一貫した主張で、一番多かったのは、同じ学校費なら私学経費は三分の一で済むという論（「社会の形勢学者の方向……」『全集』⑪、一八八七年）である。もちろんそれは、「国用を節して」という「日本国の財政」の視点からの立論である。

> 費用の一点に至りては官私の相違著《いちじる》しきものにして、凡《およ》そ今の官立の学校に費やす資金の三分一を私立学校に授けたらば、必らず同一様の成績を示す可しとは、殆んど学者社会の定論を成し、……其の非を争ふものなきが如し。……

福沢の私学論をささえる第二の論拠は、第一の論拠と表裏の関係にあって、私学と官学の両者には、学問・教育の内容からいって、もともと差異はないという把握である。つまり福沢は、学問・教育上の私学の自由や独自性を問題にせず、むしろ研究・教育機関としての私学の独自性を進んで否定することによって、「日本国の財政」の観点から私学の優位性を主張したのである。この場合も初期啓蒙期からの一貫した考えで、七〇年「洋学私塾を勧奨すべし」（『全集』⑳）において「洋学を急須《きゅうす》とする所以《ゆえん》」を説いたあと、福沢は以下のように主張していた。

既に洋学の急なるを知らば、之を広くせざるべからず。……官私を問はず日本国を一家と視做《みな》し、一家中に行はるゝ洋学の盛衰を察せざるべからず。……官の学校と私立の塾とを見るに、其所為毫《そのしょいごう》も異ならず。生徒に横文を教へ原書を翻訳するのみ。官の学校にて教《おしう》る生徒も日本人なり、私立の塾にて導く書生も日本人なり。

第一の論拠同様に、私学の方が「経済の得策」と主張した八四年「私立学校廃す可らず」（『全集』⑨）においても、両者の相違を校費の出処だけに求め、福沢は「官と云ふも私と云ふも唯其校費の出処を異にするのみにして、学問の実に区別はある可らず」と主張した。研究・教育機関としての私学の自由や独自性を不問に付すこの考えに対応して福沢は、文部省が私学の教育に関与することについても反対する気配はなかった。前掲八三年「文部省直轄の学校をして独立……」は、民権運動の昂揚期の論説という事情もあって「其私立なるが為に生徒教員等が特に不遜《ふそん》にして国害を為《な》すの談を聞かず」と断りながら、政府の「掛念《けねん》」を配慮して、次のように提案した（『全集』⑨）。

文部の学校を独立せしむるに就ては国庫より補助を与《あたう》ることとなれば、必ず政府と学校との間に特別の約条なかる可らず。向後政府にて不安心なりと思ふ所もあらば、雙方《そうほう》協議の上これを其条款《じょうかん》に掲げ、尚《なお》不安心ならば約条改正を約するも可なり。政府が人民と約条するは誠に珍らしからぬ事にて、例へば三菱会社……官の保護金を与へ……其営業の方法に就ては約条の明文を掲げて曾《かつ》て不安心の事実あるを聞かず。

ところが翌八五年一月の山県有朋陸軍卿宛の書簡（『全集』⑰）になると、「学問ノ大主義ニ於テハ、文部ノ学校モ慶應義塾モ正シク同一様」という理由から、義塾の「学則」について不安があれば「颯々《さつさ》ト之ニ干渉シテ可ナリ」と書くだけでなく、福沢は「私塾ノ試験ニ文部省ノ学者教員ガ之ニ立合フモ可ナリ。或ハ其教員等ガ直ニ試験スルモ可ナリ」と書き、それでもなお不安ならば「文部ノ教員中ニテ平生私塾ニ来テ教授ノ事ニ参《あずか》リ、私塾ノ教員ト共ニ生徒ヲ教ルモ可ナリ」とまで申し出た。

もちろん福沢がここまで書いたことには、有力な理由があった。八三年末「改正徴兵令」によって、徴兵猶予の特典が官立の学生に限定されて私学経営が危機においこまれたという事情があった。したがってひきつづき徴兵猶予の特典を確保するために、私信という事情もあり、意識的に政府の意を迎えるようなことを書いたという、私学経営者としての立場を配慮する必要があろう。

それにしても福沢が、第三の私学論として、文部省による私立学校の学則・試験への干渉から講義担当まで申し出ていることは、私立学校論の本質にかかわる問題として検討する必要があろう。福沢は、公的にも同様のことを主張していた。例えば、前掲論説「私立学校廃す可らず」においても、彼は、同じ改正徴兵令とかかわって「文部卿より学者を派出して私学生徒の試験に立合ふも可なり、或は直に其手にて試験するも可なり」と書いていた。また福沢は、政府による「私立学校の監督」が困難という意見を「甚しき失言」と批判して、「苟《いやしく》も官より巡視又試験とあれば、校門を開て之を迎へざる者なし」(『全集』⑨、一八八四年)と表明して、国家権力が私立学校の教育を監督することを、ほぼ全面的に容認していた。したがって同じ福沢は、私立学校の閉鎖権をふくめた極度の監督規定をもつ「私立学校令」が九九年に制定された時も、なんら反対の意向を表明しなかった。

それればかりではない。さきの山県宛の書簡では、福沢は徴兵猶予の特典を「天下ノ私学一般」に認めよとはいわないが、少なくとも慶應義塾は「他ヨリ敢テ争フ可ラザル履歴由緒」のある私学であるから、特に徴兵猶予の特典を認めてほしいという「政商」まがいの申し出をした。さらにそれが認められないならば「爰《ここ》ニ唐突ナガラ極内々《ごくないない》申上度次第有之《にもうしあげたきしだいこれあり》」と書いて、慶應義塾を学習院同様に「宮内省又ハ其他ノ筋ヨリ大ニ保護」をうける「官立ニ準ズル」学校にして欲しいという申し出さえ行った(『全集』⑰、一八八四年)。

福沢の私立学校論の第四の論拠は、日本の資本主義体制を維持するためという論拠である。これについては「2「最も恐るべきは貧にして智ある者」」で、「財産の安寧」「国安」の維持のために「貧家の子弟と雖《いえど》も之に入ること容易な」官学を私学に改編することによって、貧民子弟を官公立の中・高等教育機関から締め出すことを主張したことと、「3　遺伝絶対論と学問・教育=商品論」において、「最も恐るべき」貧智者の出現を封殺する自らの私学論の正当性を主張するために、〈遺伝絶対論〉と〈学問・教育＝商品論〉を展開した事実を詳述した。

また、3の最後の引用文（九二頁）の末尾にあったように、〈学問・教育＝商品論〉を根拠とする私立学校論の立論と矛盾して、福沢は、他方で特権的な官立学校の存在も容認していた。彼が「最上等」の教育を官学として認めていたのは、「学問の極めて高尚にして費用を要すること割合に大なるものは、人民の私に能《よ》くせざる所……之を政府の手に任《まか》せざる可らず」（『全集』⑪、一八八七年）という理由によってである。福沢は、七七（明治一〇）年三月に「最上等」の官学の開成学校（東大の前身）に招待された際、開成校の学生を日本の「秘蔵息子」「果報者」といい、開成校を「恰《あたか》も物品の見本雛形《ひながた》を掲げて向ふ所の標的を定《さだむ》るが如くするは、方今の時勢に於て特に大切なる処置なり」と語った（『旧著』後篇第2章四参照）。

福沢の私立学校論の基本的な論拠として、堀尾輝久らは官学の私学への改編により学問や教育の自由や独自性の確保を意図していたという「学問・教育独立論」を読みこんだが、第I章1の「(3) 福沢の私立学校構想なるもの」でそれが見当はずれの期待に過ぎないことはすでに確認した。

以上の考察をふまえて、最後に、福沢の私立学校論の全体的な評価を試みよう。福沢の〈私立学校論〉の基本的な特徴は、それが学問・教育論であるにもかかわらず、学問・教育上の視点から官学・私学の特質を論じるのではなく、両者が国家の政治と経済にとって、つまり資本主義体制の発展と維持のために、あるいは、彼の言葉でいえば「兵力の強い商売の繁昌する」〈強兵富国〉の実現という基本的課題にとって、どれだけ寄与・貢献できるかという立場から立論されていることである。

言いかえれば、「後進国」日本のブルジョア教育「思想」家福沢は、自らの人間の内面形成、つまり「ブルジョアジーの自己形成としての人間形成」を確保するために、私立学校の構想を展開したのではなく、むしろ、「教育の私事性」の追求を放棄することによって、私学をも、強兵富国の実現という政治課題に従属する立場に位置付けた（本来「教育の私事性」は宗教教育の自由をめぐって主張されるが、「信仰の自由」を「洋学者の空論」と嘲笑《あざわら》い、「思想、良心、信教の自由」の抑圧にも加担した福沢には、「教育の私事性」という概念自体が理解不能であった）。つまり、福沢の私学論は、私学の自由と独自性をみずから放棄し、官学の補完的教育機関におしとどめるものにとどまっていたという意味で、「私立官学」論（梅根悟『私の大学論』）と呼ぶにふさわしいものであった。

福沢の私立学校論が学問・教育論として不毛であった社会的背景として、「学制」以前からはじまる明治政府の教育行政における一貫した官学優先・私学冷遇策（1．私塾生徒への公費給与廃止の文部省布達、2．官学への徴兵猶予の特典、3．「文官試験試補及見習規則」による帝大の官僚養成機関としての特権、4．医師試験や教員試験における官公立校卒業生の無試験認定特典など）の存在を無視することはできない（九八年の「同志社綱領」改正事件や一九〇二年の「哲学館事件」もその産物）。

しかしながら、日本の代表的私学の経営者であった福沢自身の私立学校論が強兵富国の実現のために組み立てられていた事実は、論理必然的に特権的な官立学校の存在を容認することを含めて、官公立優先の近代日本の教育行政に対しては、批判的な問題を提起できない無力な存在であったことを示している（七八年に一度は「断然廃校」の決意をする苦境を含めて「福沢が亡くなる頃になって、ようやく義塾財政の基礎が安定するきざしを見せはじめ」た慶應義塾の財政的な苦難の歩みについては、『旧著』後篇第2章六を参照)。

8　福沢の徳育・宗教論
——「尽忠報国」と「従順温良、卑屈、無気力」の国民性

福沢の徳育論についても、諭吉没後百年以上にわたりその評価を誤らせたのは、虚構の丸山主導による福沢神話と、他研究者のその神話への追従である。まず丸山「福沢諭吉の儒教批判」(『丸山眞男集』第二巻)の『独立自尊』の市民的精神(安川—この把握自体の誤謬については第Ⅳ章「2「修身要領」の評価をめぐって」で論及する)のための諭吉の闘争は必然に儒教乃至儒教的思惟に対する闘争と相表裏することとなった……反儒教主義は殆ど諭吉の一生を通じての課題」という七〇年前の誤謬の結論があり、石田雄『明治政治思想史研究』、鹿野政直『日本近代思想の形成』、武田清子『天皇制思想と教育』、田中浩『近代日本と自由主義』などがその結論を無批判的に踏襲した。

なかでも丸山による最大の神話は、「超国家主義の論理と心理」において、教育勅語の発布は「日本国家が倫理的実体として価値内容の独占的決定者たることの公然たる宣言」(『丸山眞男集』第三巻)と彼が評価する、その「教育勅語」の発布三か月前の論説「安寧策」の作為的な分析から、丸山が

福沢の「典型的な市民的自由主義」を結論づけ、「彼が一貫して排除したのは……市民社会の領域への政治権力の進出ないし干渉」と主張したことである。そのため、この論説発表の直後の教育勅語発布とその内容に、福沢が反対したに違いないという憶測が不動の定説となった。加えて晩年の丸山自身も、学士院（一九九〇年）において『時事新報』紙が教育勅語発布を黙殺したという（結果として）虚偽の報告までした。

そのために、福沢が（第二次大）戦前の日本人の精神を圧倒的に支配した「教育勅語」をどう評価したのかというきわめて重要な課題の解明に誰もとり組もうとしないという奇妙な福沢研究史が確立した。その結果、福沢は「教育勅語への最大の抵抗」者と主張する山住正己らから、安川の『旧著』の主張――福沢が勅語発布以前にすでに教育勅語を受容する人間観＝徳育観を確立していたとする見解が、名指しで批判されることになった。

以上を前置きにして、福沢の徳育論の道のりの確認を兼ねて、「教育勅語」の積極的受容に必然的に帰着する福沢の徳育論の推移を、たどることにしよう。福沢の「日本国士人」の忠孝思想の一方の柱となった「尽忠報国」の徳目は、すでに彼の初心ともいえる道徳論表明の書「或云《わくうん》随筆」（『全集』⑳、一八六七年）に姿を見せていた。

> 文明の君子たらんものは……国威を張り、外国に砲艦の利器あれば我国にも之を造り、外国に貿易富国の法あれば我国も之に倣《なら》ひ、一歩も他に後《おく》れを取らざること真の報国ならずや。

> 又君に忠を尽すは人臣の当然なれども……一筋に国君一身の為と思ひ、万一の時は一命を捨《すつ》る……ものは、所謂《いわゆる》愚忠にて……凡《およ》そ人臣たらんものは先づ右に云へる報国の意を基と為し、……尽忠報国の士と云ふ可し。

「君に忠を尽すは人臣の当然」と「忠」道徳を自明の前提としながらも、福沢は「一筋に国君一身の為と思ひ、万一の時は一命を捨る抔《など》」という封建領主への絶対的な忠誠を「所謂愚忠にて……有害無益」と切り捨てていた。福沢が「文明の君子」に求めていたのは「世界万国の事情に通じ……外国に引けを取らざる様《よう》、国威を張り……砲艦の利器……貿易富国……一歩も他に後《おく》れを取らざる」ようにする「尽忠報国」であった。

その福沢が、欧米諸国が社会主義・労働運動で「狼狽して方向に迷ふ」という『民情一新』の新たな認識を転機として、『帝室論』（『全集』⑤、一八八二年）において「愚民を籠絡する」欺術としての天皇制を選択した後は、忠誠の対象を藩主から積極的に天皇に移し、「他日為《な》す所あらん」と公約していた初期啓蒙期の貴重な「一身独立」確立の課題を放置したが、そうした道のりの不可避のつけとして、福沢が忠君ナショナリズムを展開・主張することは必然的な帰結であった。『帝室論』の翌年の「徳教之説」（『全集』⑨）を見よう。

> 我日本国士人の為に道徳の標準と為す可きもの……報国尽忠等の題目を以て最も適応のもの

なりと信ずる……一部分は儒教に助けられ……有力なるは封建の制度……今や封建の制度は廃したれども、一度び高尚の点に達したる道徳心は其社会の中に存し、……
……諸外国に誇る可き一系万代の至尊を奉戴《ほうたい》し、尽忠の目的は分明にして……日本国民は唯この一帝室に忠を尽して他に顧る所のものある可《べか》らず。

『帝室論』で「一系万世」の「我帝室」を「日本人民の精神を収攬するの中心」に位置づけた福沢は、帝室に「忠を尽すは……万民熱中の至情」であり、日本の軍人は「帝室の為に進退し、帝室の為に生死するもの」と主張した。「徳教之説」では、右のように、「我日本国士人」の基準道徳に「報国尽忠」をすえ、「日本国民は唯この一帝室に忠を尽して他に顧《かえりみ》る所のものある可《べか》らず」と強弁した。

かつて『文明論之概略』において「君臣の倫を以て人の天性」と称してはならないと主張した福沢が、（勅語発布二年前の）『尊王論』（『全集』⑥、一八八八年）では、臆面《おくめん》もなく「尊厳神聖」な帝室尊崇は「殆ど日本国人固有の性……古来今に至るまで疑を容るゝ者なし」と主張した（勅語発布後の連載社説「国会の前途」〈『全集』⑥、一八九〇年〉ではさらに、「帝室の神聖を尊拝する……此習慣は国人の骨に徹して天性を成し、今の帝室を尊崇敬愛するは唯人々《ただにんにん》の性に従ふのみ」と主張した）。

次に初期啓蒙期の福沢の孝行論を、列挙的に確認しよう。

七〇年「中津留別の書」（『全集』⑳）の「親に孝行は当然のことなり。唯一心に我親と思ひ余念なく孝行を尽すべし」、『童蒙教草』（翻訳、『全集』③、一八七二年）の「父母の心宜《よろ》しからずして無理をいふとも、子たる者はこれに堪へ忍びて尚も孝行を尽さざるべからず」、『学問のすゝめ』第八編（同前、一八七四年）の「親に孝行するは固《もと》より人たる者の当然……唯己が親と思ひ、天然の誠を以てこれに孝行す可きなり」などに見るとおり、初期啓蒙期から福沢にとっては、子どもが親に孝行することは自明のことであった。

以後、福沢は生涯一貫して、親「孝行」を疑いや批判の対象とすることはなかった。「反儒教主義は殆ど諭吉の一生を通じての課題」と主張する丸山は、福沢の儒教批判を前・後期にわけて考察し、その批判は「とくに前期に於て、峻烈《しゅんれつ》を極《きわ》め、筆致が寸毫《すんごう》も仮借せざる激しさ」ともっともらしく評価しているが、以上の考察によって、その前期の福沢が「尽忠報国」と親「孝行」を自明の「倫《みち》」として擁護・主張していたことは明らかである。丸山が「峻烈を極め」と読みこんだのは、初期啓蒙期の福沢が封建社会での「愚忠」や「愚にして笑ふ可き」親孝行のあり方を批判した部分に過ぎず、福沢は忠孝自体は「人臣」と「子たる者」の「当然」の倫としていた。

福沢の「反儒教主義」が儒教主義「反対」論でないことを、晩年（九八年）の「我輩は寧ろ古主義の主張者なり」（『全集』⑯）で、まず確認しておこう。

> 其所謂《いわゆる》儒教主義とは、特に周公孔子の教のみを指したるに非ず。古来我国に行はれたる神儒

仏等の古主義を一括して儒教主義の名を下したるのみ。……本来古主義の腐敗は其主義の腐敗に非《あら》ずして、神官儒者僧侶輩《はい》の腐敗に外《ほか》ならず。……其主義は……純粋無垢の本性……社会の道徳を維持するの効能、必ず疑ふ可《べか》らず。……我輩は啻《ただ》に古主義を排斥せざるのみか、寧ろ其主張者を以て自から居るものと知る可きなり。

この論説で福沢が「我輩は……寧ろ其主張者を以て自から居るもの」と主張・自負していた「古主義」の中味をなす福沢の「所謂儒教主義」を四点にわたって見よう。

1.〈一国独立＝強兵富国〉を至上課題とした福沢は、儒教の基軸である「修身、斉家、治国、平天下」自体には反対どころか「一《ひとつ》も申分《もうしぶん》ある筈《はず》な」しとしながら、弱肉強食の帝国主義時代に必要な「対外認識」が儒教には欠落しているので、「外国交際、国権拡張」を加える経書の修正増補を求めていた。また儒教の教えが戦時などの「非常の忠孝」モラルであるため、それを「人民平時の忠義」に再編成することを求めていた。

もちろん福沢は、「非常の忠孝」を一度たりとも否定したことはない。「古学流儀の忠勇義烈又は排外自尊の主義」は「正宗の宝刀」で、日頃は「深く鞘《さや》に納めて抜かざるは治世の武士の嗜《たしな》み」である。だから日清戦争を迎えると、これまでは「態《わざ》と世論に雷同せざりしのみ」と言い、「正宗の宝刀」を抜き放った。福沢は、激烈な論説「日本臣民の覚悟」において「チャン〳〵……皆殺し」(『全集』⑭、一八九四年)戦争のために、臣民は「忠義を尽くし……財産を挙《あ》げて之を擲《なげう》つは勿論、老少の別なく切死《きりじに》して人の種の尽きるまで」戦うようにと熱狂・呼号したのである。

2．福沢がつよく儒教主義に反対したのは、「面壁《めんぺき》九年能《よ》く道徳の蘊奥《うんのう》を究《きわ》むべしと雖《いえど》も……蒸気の発明は迚《とて》も期す可《べか》らざるなり」（「文明教育論」『全集』⑫、一八八九年）という強兵富国路線の殖産興業の視点からのもので、儒教主義では「実学思想の発達」や「文明進歩」を図れないからという当然の理由であった。この意味での儒教主義反対は時代の常識である。七九年「教学聖旨」に始まる文部省の儒教主義的な教育反動路線に、伊藤博文、井上毅、森有礼ら明治政府開明派はそろって同様の論旨で反対の論陣をはった。しかも「一見全く対立している儒教主義と開明政策とは、国家富強という目的の為に、相互に妥協せしめ」られて（石田雄『明治政治思想史研究』）、帝国憲法＝教育勅語体制への帰結に積極的役割を果たした点においても、開明派と福沢の両者は共通していた。

その時代に儒教主義道徳の主張者であった西村茂樹でさえ、「今日ニ在リテハ孔孟ノ教ニモ亦足ラサ《ざ》ル所アリ」、「西国の如き富強を得んと欲せば、卑屈柔順の風を改めしめざるべからず」と言って、「独立の思想」を問題にした時代である。

3．西村茂樹の「独立の思想」と類似するのが、福沢の『徳育如何』、『福翁百余話』における「自主独立の一義」を以て「君に仕《つか》ふ可し。以《もっ》て父母に事《つか》ふ可し」云々や、「独立の忠」「独立の孝」という彼の主張である。「天は……」と並んで、福沢の代名詞と理解されている（天皇制を自明の前提とした「臣民」の）「独立自尊」の場合と同様に、「自主独立」や「独立」の忠孝という（形容矛盾の）言葉に飛びついて、丸山や武田清子らは、勝手にこれを「独立自尊の市民的精神」「自主独立の徳育」と把握した。これも第Ⅰ章の「実体をこえた読みこみ」による誤読の典型であるが、その問題は、第Ⅳ章における「修身要領」の分析の際にあわせて論じることにしたい。

4．丸山は、『文明論之概略』から福沢の「啓蒙的合理主義に共通する科学と理性の無限の進歩に対する信仰」を読みとり、彼が「全く新たなる人間類型……つねに原理によって行動し……試行錯誤を通じて無限に新しき生活領域を開拓して行く奮闘的人間―の育成を志した」（「福沢に於ける『実学』の転回」『丸山眞男集』第三巻）という、福沢の華麗な「近代的人間類型」なるものを抽出・創作した。この誤謬を確認しておこう。

福沢自身は、初期啓蒙期に限定しても、こうしたトータルな「近代的人間像」を造形したことはない。丸山「門下生」飯田泰三も指摘したように、福沢が『文明論之概略』第一〇章において「まさに否定すべき「権力偏重」の社会において培われた「惑溺《わくでき》」の心情に他ならないものを動員拡大する」ことを主張していた事実を思い出そう。

加えて丸山は、福沢が「最晩年においても田舎の人情の素朴正直を称揚する俗論……を断固として斥け」、「生活のいかなる微細な領域にも、躊躇《ちゅうちょ》することなく、「学理」を適用」（同前『丸山眞男集』第三巻）するように求め続けていたと書いている。そこで、最晩年の同じ年の慶應義塾の学生向けに行われた福沢の演説「学生の帰省を送る」（『全集』⑮、一八九七年）を見ておこう。

> 老生《ろうせい》が特に注意する所は、君等が学び得たる文明の主義を丸出《まるだし》にして長老を驚かすことなき

> の一事《いちじ》なり。……事実無稽《むけい》なるものは矯正《きょうせい》を試みざるを得ず。……人の迷信をば遠慮なく論破するも、社会一般に宗教の信心は大切に維持して其徳義を失はしむ可《べか》らず。……宗教など古風因循《いんじゅん》の談は面白からずとて故《こと》さらに之を破壊せんことを勉《つと》めて、其結果……平地に波……
> これを評して上流社会の自殺と云ふも可なり。

これを見れば、福沢が生涯にわたり日本における「近代的人間類型」なるものの追求に奮闘したという丸山の一面的な解釈の無理は明らかであろう。

9　福沢の「教育勅語」への道のり

ひき続いて、「尽忠報国」の徳目を提示した八三年「徳教之説」以降の福沢が、七年後の「教育勅語」に相応しい日本の臣民像の彫琢《ちょうたく》を、着実に重ねていく過程を見ておこう。「徳教之説」は「道徳の教《おしえ》……数理を離れたる者に非ざれば目的を達するに足らず……元来人間世界を支配するものは情と理と相半《あいなかば》するものにして……報国尽忠……は全く情の働きなり」と書いて、かつて『文明論之概略』で「方今我邦至急の求は智恵に非ずして何ぞや」と主張していた福沢が、その知性啓蒙の徳義修養より優先の主張を変えて、人間にとって知性と徳義は五分五分の存在であるという人間像を提示する。

また、『文明論之概略』第一〇章以来の「一身独立」の課題の放置に対応して、愛国心を「全く情の働きなり」として、愛国心の構成に（国家観や歴史観などの）知性が関与しないという福沢の新たな主張も注目をひく。さらに、「報国尽忠」の徳目について論じた、同じ「徳教之説」（『全集』⑨、一八八三年）の後半における、次の福沢の発言も注目にあたいする。

> 所謂《いわゆる》士人は……社会の上流に居り、以下の群民に至ては報国尽忠の大義固《もと》より怠る可《べか》らずと雖《いえど》も、直《ただち》に此一義のみを以てするも或は感動の鈍きの恐《おそれ》なきに非《あら》ず。故に此下流の人民の為には宗教の信心を養ふこと至極《しごく》大切なることなる可し。……無智の小民が苟《いやしく》も道徳を維持したるは、宗教の信心与《あずかっ》て大《おお》に力あり……

七五年「国権可分の説」において、「百姓車挽《くるまひき》」と総称する民衆一般を啓蒙の対象から追放し、翌年から「宗教の必用」の主張を始めた福沢は、八一年『時事小言』では、これら「百姓町人の輩《やから》」を社会に「衣食を給するのみ」の「豚」同然の存在と見なすようになった。同じ頃の「宗教の説」において福沢は、これら民衆をあらためて「馬鹿と片輪に宗教、丁度よき取合せならん」という宗教教化路線の対象に位置づけた。つまり「徳教之説」の右記の発言は、彼がこのように下流「群民」

を完全に政治とナショナリズムの主体から追放してきたために、彼らに主体的な「報国尽忠」の愛国心を期待できないことを、見事に見抜いていたことを示したものである。

このリアルな判断は、以後の福沢がこれら下流「群民」をも「強兵富国」のアジア侵略路線に動員するためには、a「敵国外患は内の人心を結合……するの良薬」という権謀術数路線に加えて、b 教育勅語の「一旦緩急アレハ《ば》義勇公ニ奉シ《じ》、以テ天壌無窮ノ皇運ヲ扶翼スヘ《べ》シ」の精神の教育の必要性、c さらには、殉国精神培養の「靖国神社」構想の必要性などを、認識していく深部の原因であったと言えよう。

「理と情」が五分五分の存在という「徳教之説」の認識は、翌八四年の「通俗道徳論」(『全集』⑩)になると、「情の力は至極強大にして理の働を自由ならしめざる場合多し」と、わずか一年で「情の力は至極強大」という認識に傾いた。彼が深いかかわりをもった同年末の朝鮮の甲申《こうしん》政変に際し、社説で連日強硬な軍事介入(北京攻略と天皇御親征)を主張した福沢は、翌八五年「敵国外患を知る者は国亡びず」(『全集』⑩)において、「我日本人には日本魂《やまとだましい》と称する一種の魂あり」と断じた。「日支両国戦争」で「間違ひて支那の艦隊が東京湾に侵入する」事態が生じても、その対外危機への対応をバネにして「身を殺すも……家を焼くも日本は維持」という「真成なる日本魂」が醸成されるとして、福沢は「是《これ》即ち戦争勝敗の外《ほか》に在る一種特別の利益」と主張した。

この事実は、「一身独立」の課題を放置した福沢が、日本臣民のナショナリズムというものを「民権の確立」や「土地改革」とはおよそ無関係に、権謀術数的な方策によってでもナショナリズムを醸成せざるを得ないものと考えるようになっていたことを示唆している。かつて『文明論之概略』で「外の文明はこれを取るに易《やす》」いが、（丸山眞男が激賞した）文明推進のためには「内の文明」＝文明の精神をこそ先に学ばなければならないと主張した福沢が、八六年「文明を買ふには銭を要す」（『全集』⑩）においては、逆に「無形のものは、其進歩改良、案外に易《やす》く且《か》つ速《すみやか》なり」、「徳を修め知を研《みが》くの一事に至りては、習慣既に性を成してこれに応ずること甚《はなは》だ易《やす》かりし」と主張したうえで、日本人は、いまや「其心を見れば完全なる文明開化人なり」と断言した。

つまり、文明推進のためには文明の精神をこそ学ばねばならないと主張し、その啓蒙に奮闘してきたはずの福沢が、帝国憲法も未発布の八六（明治一九）年段階で、日本人の精神はすでに「完全なる文明開化人」と宣言しているのである。だから彼は、四年後の教育勅語発布に向けて新たな徳目の提案をする必要は基本的になかったのである。

人間世界は人情の世界にして道理の世界に非ず。其有様を評すれば七分の情に三分の理を加味したる調合物……

経世の要は天下の人情を制するに在り……

……今我国人の徳行如何を評するの標準は、……日本流の道徳主義ならざるはなし。……孝は百行の本と云ひ、忠臣は孝子の門に出ると云ひ、……私徳の一点に於いては二念なく旧日本流の道徳主義に従ひ、其の積弊を去て粋を取ること緊要なる可し。

翌八七年の右記「政略」（『全集』⑪）において、このように「経世の要」を説いた福沢は、いまや「人間世界は人情の世界にして道理の世界に非ず」と断言し、「其有様を評すれば七分の情に三分の理」といって、「情」の世界を五分から七分にまで拡大し、その情の世界をコントロールする「徳行」は、「忠臣は孝子の門に出る」忠孝一体の「旧日本流の道徳主義」に従えばよいと主張しているのである。「愚民を御《ぎょ》するの窮策」をわきまえた「具眼の識者」を自負する（『福翁百話』『全集』⑥、一八九七年）福沢は、このように三年後の「教育勅語」の忠孝一体の臣民像こそが不可欠のものであることを鋭く見抜いていたのである。

『文明論之概略』第六章で「我邦至急の求めは知恵に非ずして何ぞや」と呼びかけながら、終章で最優先課題の「自国の独立」確保のために「君臣の義」以下の「惑溺」の「旧日本流の道徳主義」の総動員を主張した福沢は、中期保守思想の確立とともに、理性の啓蒙の意欲と姿勢を喪失し、丸山のいう「近代的人間類型」などとはおよそ無関係に、人間の「理と情」における情の世界を七分にまで拡大した。この道筋において福沢は、近代日本に相応しい臣民像の造形に着実にとり組み、いまや「教育勅語」の一歩手前の所までたどり着いているのである。

『帝室論』で天皇制を「日本人民の精神を収攬するの中心」に位置づけた福沢は、八八年『尊王論』（『全集』⑥）では、「世界中に比類なき」帝室への臣民の尊崇の念を「日本国人固有の性」と主張し、『帝室論』の（丸山らが象徴天皇制論の一種と誤読した）「政治社外」論は「其功徳を無限にせんとするが故に政治社外と云ふのみ」とその真意を説明する余裕も見せ、さらに華族制度を帝室の「藩屏《はんぺい》」に位置づけた福沢は、いまや「其帝室の神聖を説くや、唯神聖なるが故に神聖なりと云ふに過ぎず」と嘯《うそぶ》くことができたのである。

こうした万全の態勢で翌八九年の大日本帝国憲法の発布（二月一一日）を迎えた福沢は、翌日から近代日本の発展の道のりを展望する九回連載の重要論説「日本国会縁起」（『全集』⑫、以下「縁起」と略称）を掲載した。

その冒頭において福沢は、世界史的には革命的な社会変動を経て各国の憲法の制定に至るのに、「独《ひと》り我国に於ては天下太平瑞雲祥気《ずいうんしょうき》の中に憲法の発布に遭《あ》ひ、上下和合《しょうかわごう》して歓声の溢《あふ》るゝばかり」となったのは、「皆是れ我帝室の尊厳神聖」の「大功徳」であり、「皇祚無窮《こうそむきゅう》、聖寿《せいじゅ》万々歳」と書いた。

そして憲法制定にいたる歴史をふり返った福沢は、制定が政府主導の努力の成果であるととらえ、自由民権運動は「無益の悪戯に過ぎ」なかったとまで書いた。帝室の「大功徳」以外の帝国憲法制定成功の社会的要因として、第一に「我徳川の封建は……日本文明の頂上に達したるもの」と、徳川封建制への高い評価を提示し、第二に薩摩など三藩の明治藩閥「功臣」政府への貢献をあげた福沢は、第三の要因として、欧米と異なり日本の民衆が「圧制を厭《いと》ひ又これに抵抗する可き実力」を持たなかったことも、間接的な成功の要因であるとして、次のように書いた。

今の日本……国民の大多数は政権の何ものたるを知らず、唯私《ただわたくし》の労働殖産に衣食するのみにして、天下の政権が誰れの手に在るも、租税重《おも》からずして身《み》安全なれば誠に難有仕合《ありがたきしあわせ》なりと云はざる者なし。……今我日本国人の気風は、積年の習慣に養はれ、権利の伸縮如何《いかん》に就ては左《さ》まで穎敏《えいびん》なる者にあらず。……我日本国民は未だ私権の重きを知らず、安《いづく》んぞ政権の重きを知らんや。

『学問のすゝめ』を前向きに読んだ読者なら、同じ日本国民について、「其《その》柔順なること家に飼《かい》たる痩犬《やせいぬ》の如し」、「政府は依然専制の政府、人民は依然たる無気無力の愚民」と福沢が書いた場合は、その現状を憂い、「一身の自由を妨げんとする者あらば政府の官吏も憚《はばか》るに足らず」と、現状変革を呼びかけていたものと読んだはずである。

しかしそれから一六年後、「縁起」を書いた福沢はそうではなかった。反対に、「所謂《いわゆる》百姓町人は今尚《な》ほ百姓町人」という現状を、福沢は日本の資本主義的発展にむしろ有利な条件であると読みかえているのである。そのことは、連載最後の結論的な主張によって自ずと明らかになる。今後の展望として、資本主義的な発展を経て日本でも「有智、有財、有力の」中産階級が形成され、このミッズルカラッスが議会でも多数を占め、日本の社会全体をリードするようになるという展望を提示した。日本の資本主義的発展のその道のりが平穏無事であることを期待する福沢は、帝国憲法と並んで、翌年、帝国議会も開設されようとしている節目の時代における彼自身の「日本人論」にもとづいて、その展望に「必ず失望なかる可し」という楽観を提起していた。

> 我国人は数百千年来長上《ちょうじょう》に服従して其制御《そのせいぎょ》を受け、……内《うち》には父母に事《つか》へ、外には君に仕《つか》へ、兄弟姉妹、長少師弟、上官下官……一切の関係みな拘束の中に在るのみならず、……世々《せいせい》相伝へて先天の性を成したるものなれば、人心の順良にして能《よ》く事物の秩序に服するは、蓋《けだ》し世界各国比類なし……人の性質の従順温良にして、……能《よ》く長上の命《めい》に服し……我日本国人の殊色……卑屈にても無気力にても、能《よ》く艱難《かんなん》に忍耐して乱れざるものは、之《これ》に附するに順良の名を以てせざるを得ず。

福沢は、「権力の偏重」と「惑溺」を特徴とする長年の封建社会によって「先天の性」として形成された「従順温良、卑屈、無気力」の日本人の国民性を、いまや「順良の名」のもとにむしろ「我日本国人の殊色」と評価した。その「縁起」の国民性に依拠して福沢は、日本の資本主義的発展を楽観的に展望したのである（これほど重要な論説に一言も言及しないまま、丸山の「典型的な市民的自由主義」や「近代的人間類型」なるものは語られてきた）。

この大日本帝国憲法体制のもとでの「日本人論」こそ、福沢が教育勅語を積極的に受容していった最大の要因と考えられよう。

「教育勅語」への道のりを探る最後の「貧富智愚の説」は、勅語発布の前年（一八八九年）、「縁起」の半月足らず後に書かれた。この論説は、近代日本臣民の徳義のあり方を論じたものではない。資本主義発展の「前途憂《うれう》るに足ら」ずと書いたものの、福沢には『民情一新』以来の大きな不安があった。日本の資本主義的発展の先導者であるとともに、その体制の守護者を任じつつあった福沢諭吉にとって、予測される将来の労働運動・社会主義運動にどう対処するかという問題は、晩年にいたるまで、彼の最大の関心事であった。彼がその懸念を表明したのが、この「貧富智愚の説」(『全集』⑫)である。

「此《ここ》に最も恐るべきは貧にして智ある者」の存在と指摘して、福沢がこの論説において、「破壊主義」の「東漸《とうぜん》」とともに、「貧智者」が労働運動や社会主義運動を担うようになることへの懸念を表明し、その対策として、貧民子弟を中・高等教育機関から排除する教育制度論を展開し、その正当性を〈学問・教育＝商品論〉と〈遺伝絶対論〉で合理化した事実については、本章の「2 「最も恐るべきは貧にして智ある者」」、「3 遺伝絶対論と学問・教育＝商品論」で詳述した。資本主義的な階級社会を維持・擁護したいという、以上のような福沢の切実な意識が、「従順温良、卑屈、無気力」の国民性を積極的に肯定し、勅語の「仁義孝悌忠君愛国の精神」に依拠して資本主義的発展を図っていくべきという考えと展望を、念押し的に不動のものにしたと言えよう。

なお、福沢諭吉個人と儒教主義的道徳とのかかわりについては、「第二の福沢先生」といわれた小泉信三の『福沢諭吉』(岩波新書、一九六六年)の証言がひろく知られている。福沢の人間形成において「儒教の訓《おし》えというものは、いうまでもなく強い力」となっており、福沢は「漢学排斥を唱えたけれども、福沢自身にたいする儒教の影響は抜き難いもの」であった。日常生活の言動においても、小泉信三をして「凛然《りんぜん》たる孝子の一語、百年の後にしてなお人の襟《えり》を正《ただ》さしめるというべきであろう」と言わせるほどに、福沢は儒教主義的道徳を身につけていた（福沢は、父百助の遺墨を額に掲げて、いかなる場合にもこれに一礼してからしかその下に坐ったことがなかった、と伝えられている。石河『福沢諭吉伝』第四巻）。

「教育勅語」受容への道のりの途次において、福沢は「日本国士人」のための「尽忠報国」路線の道を歩んだが、下流人民の徳育の道のりは別であった。「尽忠報国」の徳目では、社会に「衣食を給するのみ」の「豚」的存在の下流「群民」には「感動」を与えられないとして、同じ「徳教之説」において、福沢が「故に此下流の人民の為には宗教の信心を養ふこと至極大切……無智の小民が苟《いやしく》も道徳を維持したるは、宗教の信心与《あずかっ》て大に力あり」（『全集』⑨、一八八三年）と発言したように、一般大衆向けの福沢の徳育論は宗教教化論・宗教振興論として展開された。

「全国一般の徳育は宗教を頼むの外《ほか》に方便ある可《べか》らず」、「古来下流の人民に仏法を信ずる者多く……其教導のまゝに放任したらば、民間の徳育に足らざるものなかる可し」（八二年「徳育余論」『全集』⑧）とか、「我輩は心を現今将来の道徳に寄するに付け、益々説教の大切なるを信じ、法華宗も、浄土宗も、皆真宗の為《ゐ》に倣《なろ》ふて大《おおい》に説教に尽力し、人間道徳の領内に於て無限の勢力を振はんこと……深く希望するものなり」（八九年「真宗の説教」『全集』⑫）という主張に代表されるような徳育＝宗教論を、福沢は、百をこす多数の著書・論説の中で展開した（丸山の福沢神話では、これだけ多数の福沢の宗教論の存在は、基本的に無視された）。

福沢が「今の世の中に宗教は不徳を防ぐ為めの犬猫の如し」と、宗教の必要性の主張を始めるのは、七六年「宗教の必用なるを論ず」（『全集』⑲）以来のことである。転機は、前年六月の『民間雑誌』の「国権可分の説」（同前）で「百姓車挽《くるまひき》の学問を進めて其気力の生ずるを待つは、杉苗を植へて帆柱を求るが如し。法外なる望ならずや」と書いて、『学問のすゝめ』のような「百姓車挽」までへの啓蒙の断念を表明したことである。「世の学者」は今の世を「智者善人の世の中と誤認」しているとして福沢は、民衆が「不動、金毘羅《こんぴら》、耶蘇《やそ》……八百万《やおよろず》の神々等に依頼して、行儀をよくし人間の道を尽さん」としている姿を「如何《なん》ぞ功能なしと云ふ可けんや」（『全集』⑲）と主張した。

福沢がこの「馬鹿と片輪」の宗教教化路線にのめり込んでいくのは、アジア侵略路線を提言した『時事小言』（『全集』⑤）以来のことである。同書で「仏法の我民心に洽《あま》ねくして下流の道徳を支配し其教界の広大なること……他日統計表の精密なるものを得て之を証す可し」と書いて以後、福沢は、一貫して下流人民のための仏教振興論を主張し続けた（キリスト教は「国の為にするの気力」を損なうので布教反対の意向を表明した）。

以上の記述から、福沢が一般大衆向けの徳育として宗教に期待していたものが、第一に社会の安寧・秩序の維持であることは明らかである。その福沢は、日本の資本主義的発展が進み、本章の「4　新『学問のすゝめ』と工場労働児童」で考察したように、懸念してきた労働運動・社会主義運動が姿を現す九七年を迎えると、「宗教は経世の要具なり」（『全集』⑯）において、次のように論じた。

是迄日本の社会は恰《あたか》も家族の組織にして、例へば君臣主従の関係と云ひ、地主小作人の間柄と云ひ……自《おのず》から一種の情誼《じょうぎ》を存して、以て衝突を防ぎたることなれ共《ども》、文明の進歩に随《したが》ひ、名利《みょうり》の競争次第に激烈と為《な》ると共に、権利義務の議論愈《いよい》よ喧《かまびす》しく……世に同盟罷業などの騒ぎを生ずるも偶然に非《あら》ざるなり。而《しこう》して今この理屈張《ばり》たる民情を緩和《かんわ》し……衝突を防ぐに有力なるものは、独《ひと》り宗教あるのみ。

こう書いた福沢は、その宗教の「不振」や「衰微」の現状を指摘して、「宗教の衰微斯《かく》の如しとすれば、世安の点より見て深淵に臨《のぞ》むの思なき能《あた》はず」と結んだ。そのため無神論者・福沢は、日頃の宗教人とのつき合いからえた情報に基づき、本山の「法主《ほっす》」をはじめとする多数の僧侶の腐敗・堕落を厳しく非難し、宗教界の改革と保護を呼びかけたり、神社仏閣に国家が各種の「特典特許」を与えることなど、様々な提言をした。

「我輩畢生《ひっせい》の目的は唯国権皇張の一点」と国権拡張を生涯の持論とした福沢が宗教人に期待した第二の役割は、愛国心振起《しんき》への貢献であった。八二年「神官の職務」(『全集』⑧)において福沢は、神官が各地の「説教」において、「我日本の如きは開闢《かいびゃく》以来一系万世の君を戴《いただき》て曽《かつ》て外国の侵《しん》凌《りょう》を蒙《こうむ》りたることなく、金甌無欠《きんおうむけつ》」と、「金甌無欠」の日本の「国体」について、朝夕説《と》きあかすことを求めた。

日清戦争の開戦後になると、福沢の宗教への期待はいっそう強まった。九四年「宗教の効能」(『全集』⑭）では、両本願寺「法主」が「兵営所在の地を巡回して親しく兵士に面し、国家の為めに身を致すは宗教の本旨なる旨を懇々説きたる」事実について、「是ぞ法運回復の時運到来したるもの」と激賞し、福沢は、神官が「金甌無欠」「万世一系」の「世界に比類稀れなる」国体の講話をするだけでなく、全国の「郷社村社に至るまでも悉《ことごと》く歴史画の絵馬を掲」げる等の提案をした（「神官無用ならず」『全集』⑮、一八九六年）。

福沢が宗教に期待した第三の役割は、日本の帝国主義的海外進出の一助として、仏教を海外に進出・布教させることである。彼は、九六年「移民と宗教」（『全集』⑮）を始めとする各種論説で、海外植民地、とくに朝鮮人教化のためと海外進出した日本人教化のために、僧侶の海外移住と海外布教の必要性をくりかえし呼びかけた。

以上の粗描から明らかなように、福沢の宗教＝徳育論はあくまで「経世の要具」としてのあらわな宗教利用論であった。福沢自身は、幼時以来宗教を迷信と確信した「無神論者」でありながら、醒めた意識で、宗教（主に仏教と神道）の振興を呼号するとともに、その態度を日常生活においても実践した（寺社を訪れると、必ず賽銭をあげて神社仏閣の維持・保存に努力するが、手は絶対にあわせないことで、無神論者としての自己は貫いた）。こうした福沢の姿勢は、徳富蘇峰からは「宗教をすら、富豪を平民の咆哮《ほうこう》より保護するの機具」にしようとする「社会貴族主義也」と批判され（前掲『明治人の観た福沢諭吉』、以下同様）、内村鑑三からは、「自ら宗教を信ぜずして宗教を奨励した」宗教に対する「最大の侮辱」者、「宗教の大敵」と非難され、片山潜の主宰した『労働世界』からも「宗教を以て労働者の不平を鎮《しず》め、資本主義社会の安全をはからんとした」と批判された。

III

福沢諭吉の女性論

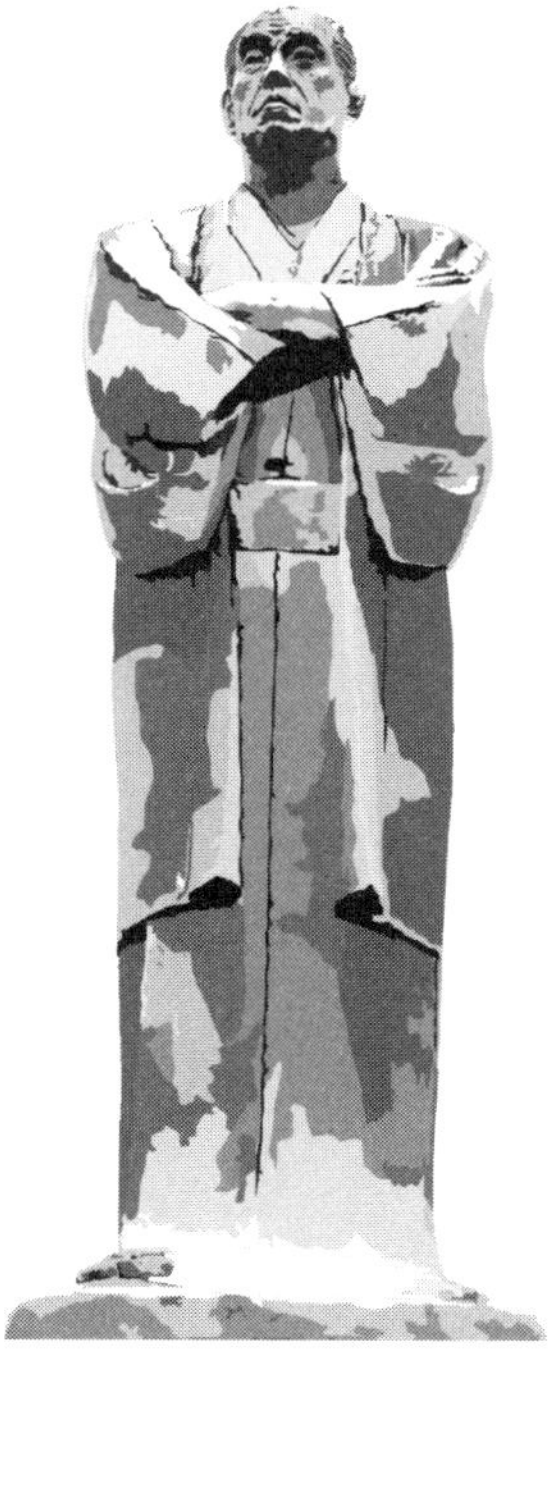

1　福沢女性論評価の虚構の確認
——河合敦と西澤直子『福沢諭吉と女性』

先に第I章の「2　福沢諭吉の女性論　「定説」を批判する」の冒頭で、一一件の福沢女性論評価を列挙して（四四〜四六頁参照）、福沢が生涯「男女の同権」や「女性の解放」を説き続けた「男女平等」論というのが、いまだに続く定説的な女性論評価であると紹介した。それに対して、私は、福沢の女性論は基本的にすべてが博物館入りの時代を迎えていると批判した。〈定説〉と私の見解があまりに隔絶しているので、本章「2　福沢の男女「平等」論の抽象性」以下の福沢女性論の具体的な考察に入る前に、福沢女性論を高く評価する二人の研究者の主張を対象にして、その虚構をあらかじめ確認しておきたい。

「男女平等を強く主張した」福沢が、女性の経済的自立や結婚相手の自主的な選択を説いた「すてきなマイホームパパだった」と、福沢女性論にいちばん多様で肯定的な評価を並べた事例として、まず河合敦をとりあげる。次いで西澤直子『福沢諭吉と女性』（慶應義塾大学出版会、二〇一一年、以下、『福沢と女性』と略称）をとりあげ、福沢女性論を主題にした唯一でしかも最新の研究書として検討したい。その際、二人あるいは〈定説〉の見解と私の評価に懸隔があり過ぎるので、その隔たりを埋めるために、私の評価に近い戦前日本の福沢女性論への手厳しい批判的見解の代表として、大正期の無産婦人運動をリードした山川菊栄の一九二二（大正一〇）年時点の見解を適宜括弧書きで紹介する（「明治文化と婦人」『山川菊栄集』3、岩波書店、八二年）。

河合敦は、テレビの「世界一受けたい授業」のスペシャル講師で、著書も沢山ある「歴史研究家」とのことである。ここでの引用は『朝日新聞』〈歴史ファイル〉（二〇〇九年九月九日付）掲載の論稿からであり、これを現代日本の福沢女性論についての平均的、常識的な理解と見なすことが許されよう。

(a)　河合敦は福沢を「男女平等」論者としているが、福沢の「平等」論は、既述したように、女性の「家政参与の権」確立の主張にとどまり、女性は家事・育児を「天職」として、「男子を助けて居家処世の務《つとめ》に当らしむる」存在（「一歩を退く可し」『全集』⑯、一八九九年）としてしか把握していなかった（山川菊栄は、その存在を「ブルジョア的家庭奴隷」と評価）。つまり福沢は、女性の参政権や労働権に反対し、性別役割分業を自明の前提にしていた点において、現代の「男女平等」論者としては、はなから失格であった。また福沢は、性差別事象を「貧富の平等」や「能力差の解消」の実現という、社会体制の根源とかかわるレベルの異なる社会問題と混同することによって、福沢自身が「男女同権」そのものに直接反対していたので、念のため紹介しておこう。

明六社（明治六年に福沢も加わって結成された日本最初の啓蒙思想団体）で「男女同権」が議論され

た際に、森有礼が「夫婦の間は同等にして尊卑の差なきことを述べたれども同権に至ては絶《たえ》てこれを論ぜしことなし」と弁明したのと同様に、福沢も「今日の処にては同権などむつかしき話は止めにして」、「男女同数論」からの「妾を養ふこと」の批判を「同権の初段と為し、其余の議論は……延引と定む可し」と表明した（「男女同数論」『全集』⑲、一八七五年）。しかし福沢は結局、妾を囲うことを「内証にして人に隠す可し」という「同権の初段」以上にその男女「平等」論を深めることなく、晩年においても、次のように「男女の間を同権にするが如き……平均論」には反対（『福翁百話』『全集』⑥、一八九七年）という考えを変えることがなかった。

世の中の貧富を平等にし、貴賤を一様にし、智愚の差を均《ひとし》うし、男女の間を同権にするが如き、一切の平均論は……学者の専ら勉《つとむ》る所なれども、今日尚ほ未だ十分に其目的を達せざるこそ幸なれ……其平均は偶《たまた》ま以て衝突の媒介たる可きのみ。

(b) 福沢が「女性の経済的自立」を主張したという河合の把握は、一定の広がりをもった福沢神話の一つである。その発信源は「男女交際余論」（『全集』⑪）である。

婦人が交際を開かんとするには其身に属する資産なかる可《べか》らず……自今《いまより》以後《のち》は婦人とても何

か職業を求めて、如何《いか》なる場合に迫るも一身の生計には困ることなきの工風《くふう》専一なる可《べ》し……其食を求るに正当《しょうとう》の路《みち》は唯わが身の労働に在るのみなるに、其労働の一段に至りて男子に及ばずとありては、即《すなわ》ち之《これ》に後《おく》れを取る者なり。労働に後れを取りながら権力に後れを取らじとは、数の合はざる勘定にして……

以上の引用箇所の文章では、一見、福沢が女性の職業分野への社会的進出を呼びかけているように見える。しかし論稿の論旨はそうなっていない。まず、論稿の主題「男女交際」で福沢の求めているのは「婦人をして俄《にわか》に学者の仲間に入らしめんとするに非ず……差向《さしむき》の所は他人と交際するに当りて談話応対に差支《さしつかえ》なく、尚ほ進んで男女の間に文通も不自由なしと申す位《くらい》」という程度のものであり、「未《いま》だ台所の政事を知らずして天下の利害を喜憂《きゆう》し、塩噌《えんそ》節倹の法を語らずして社会の経済を喋々《ちょうちょう》するが如き、俗に所謂《いわゆる》生意気婦人」となって女性固有の「優美の本色を失」うのは、とんでもないというものであった。

また、「其食を求るに正当の路は唯わが身の労働に在るのみ」という文章が示唆するように、女性の経済的自立は、本来は自ら職業をもつことであると書きながら、右の引用に直接続く文章で福沢がもっぱら問題にしているのは、「富豪の家」や「良家の婦女子」の「資産」の問題であった。女性は「男女同権異権の理論を争ふよりも、先《ま》づ自《みず》から財産を作り又これを守るの法を工風《くふう》し……以《もっ》て独立の別社会を開くの一義に在り。人間世界は財是《こ》れ権なりと云《い》ふ。既《すで》に婦人の手に金権あれば他の権力は求ずして自《おのず》から身に集る可きのみ」という文章でこの日の社説は終わっている。
もちろん(a)で確認したように、福沢は性別役割分業＝専業主婦の存在を前提に考えており、右記の資産の議論の文中にも「主人は外の業を勤め内君《うちぎみ》は内を治めて内外協力、即ち夫婦同等の働」と書いており、さらに「富豪の家」で「家事忙《いそが》はしきものに於ては、其内君《うちぎみ》は内の家事を司《つかさ》どるを以て恰《あたか》も職業と為《な》し」と書いて、主婦業を職業と見なすことを勧《すす》めていた。福沢の考える女性の経済的自立がもっぱら「良家の婦女子」の「資産」問題であることは、最初の体系的な女性論『日本婦人論』（『全集』⑤、一八八五年）から晩年の『新女大学』（『全集』⑥、一八九九年）まで一貫していた。

「今の女性は心身共に薄弱にして、差向《さしむ》き自力を以て殖産に従事せんとするも難きことなる可《べ》ければ、父母の遺産を子に伝《つたう》るに不動産は必ず女子に譲るものと定め……又公債証書の記名なども必ず女子に限るとするも一法ならん」（『日本婦人論』）

「我輩は一歩を進めて娘の結婚には衣裳万端支度《したく》の外に相当の財産分配を勧告する者なり。生計不如意の家は扨置《さてお》き、苟《いやしく》も資力あらん者は、仮令《たと》ひ娘を手放して人の妻にするも、万一の場合に他人を煩《わずらわ》さずして自立する丈《だ》けの基本財産を与へて生涯の安心を得せしむるは、是《これ》亦《また》父母の本意なる可し」（『新女大学』）

以上のように、福沢のいう女性の経済的自立は、もっぱら「生計不如意の家は扨置き、苟も資力あらん」「良家の婦女子」に限っての問題であった（山川はこの見解を「上流の家庭婦人」対象の女性論と批判した）。女性一般が職業をもって自立することは「差向き自力を以て殖産に従事せんとするも難き」現状と福沢が考えていたのに、女性一般の経済的自立を、あたかも福沢が問題にしているように(b)の河合敦が主張しているのは、もちろん彼の誤読のせいもあるが、女性論でも「実体をこえた読みこみ」を重ねてきた福沢研究一般の責任でもある。

たとえば、西澤直子は前掲『福沢諭吉著作集』10巻の「解説」では、「たしかに「女生の有様を見るに、下流の社会を別にして、中以上に於ては」という姿勢は随所に見られる」と書いて、「福沢の女性論がある一定階層以上を対象にしているという限界」をもつことを適切に指摘しながら、自著『福沢と女性』になると、その「限界」、さらに性別役割分業観まで無視して、福沢女性論の「すべての基本は精神的かつ経済的な一身独立にあり……そこに男女の別は存在しない……男女は完全に等しい存在」になることを福沢が求めているという壮大な虚構を描き出しているのである。

(c)　河合敦が「結婚は自分の意思で相手を選び」と書いて、福沢を「恋愛の自由」論者と把握しているのも誤りである。第Ⅰ章の２の「(3)　福沢にとってのユートピア思想の位置」で論及したように、福沢が「フリー・ラヴ」、「自由恋愛《フリーラヴ》論」を「離婚の自由」論と理解して、「断じて実際に行ふ可《べか》らず」と主張していたことが示唆するように、福沢は生涯「離婚の自由」に反対し、「恋愛の自由」も考えなかった。参会者約二百名の前で行った「長男一太郎結婚披露の席上に於ける演説」（『全集』⑲、一八八九年）を、九日後の「時事新報」紙に掲載したのは、その内容が私的な結婚にかかわる「親ばか」レベルの自慢話ではなく、日頃の持論に裏付けられた社会的公論と自ら自負する内容であったからと理解することができよう。

文明人の意に叶はぬかは知らざれども、先づ老生夫婦が……当人に結婚の可否を承《うけたま》はり……然《しか》る後に処々方々種々様々の探索に及び……真に当人の意に従て取極《とりき》めたることなり……以上の次第にて、第一、嫁の詮索に父母が最も力を用ひ、婚礼式に父母の意の如く旧式を行ふたるが如き、或は世間これを評して圧制など云ふ者もあらんかなれども……新婦たる可きものゝ詮索は父母の手を以て無限の労を取りしことなれども……西洋流の自撰結婚の軽率なるものよりも更に美なるが如し……

……当家の延喜《えんぎ》を申さんに、福沢の家並《ならび》に老妻の里の家も旧同藩にて……百余年、代々の夫婦、何《いず》れも初婚のまゝに偕老《かいろう》に及び、生前に離婚の風雨なく、死後に再婚の沙汰《さた》を聞かず、正統同父母の子孫相伝へたることにして……

これを見れば、福沢が「自分の意思で相手を選」ぶ恋愛結婚を「西洋流の……軽率」と考え、親の当然の責任として、長男の「嫁の詮索」に自分たち夫婦が「処々方々種々様々の探索に……無限の労」を取ったことを、自負して報告していることは明らかである。さらに、第Ⅰ章で確認したように、「離婚の自由」を認めず、「一度び定まりたる夫婦は生涯相離るるを許さず」という「偕老同穴」を「最上の倫理」と主張していた福沢は、演説の最後に福沢夫妻「両家」が「百余年、代々」にわたり離婚した者がなく、また、（パートナーの死後の「再婚」には賛成していたのに）再婚者のいないことまで報告して、その福沢家の「正統」性を誇ったのである。

　これに関連するが、西澤『福沢と女性』は、福沢が『日本婦人論　後編』において、「封建の時代」や「女大学」批判として、「元来男女の間柄は最も秘密にして……好不好《すきぶすき》の情実あるものなるに、父母……年齢《とし》の不釣合《ふつりあい》なるにも拘《かか》はらず……当人の気の進まざるものを強《しい》る」と書いている箇所を引用して、西澤は、福沢が恋愛結婚や「離婚の自由」に反対している論者であることを無視して、河合同様に彼が「結婚は当人たちの意思が大切」と考えている人物と読みこんで、同書でさかんに「福沢の言行不一致」を書きたてている（私は、上記の引用部分の文章は冒頭に「建前論」を示唆する「元来」という言葉があることを含め、福沢が「女大学」を非難する思いから、つい筆が滑ったものと解釈している）。

　西澤はまた、福沢の「言行不一致」の代表的な事例として、アメリカ留学中の長男・一太郎が「アメリカの女性と結婚したいといってきた」ことを福沢が認めなかった事実を批判的に記述している。しかしこれは、西澤が福沢の女性論や子ども観を誤解したうえで福沢を批判・非難した、見当はずれの批判である。右の件に論及した同書第七章冒頭で西澤は、「福沢諭吉は有言実行の人である。しかし、しばしば思想と行動の差異を指摘される。特に女性論においては、自分の娘には自由を与えず、男児と女児とを明確に区別していたと今でも批判される」と書いている。この場合、行動と矛盾・対立すると西澤が考えている福沢の「思想」とは、まず、「男女の別は存在しない」「男女は完全に等しい存在」という男女平等思想であり、一太郎の場合は、「結婚は当人たちの意思」尊重の「恋愛の自由」観である。

しかし福沢の女性(=男性)観は、これまでに見てきたものに、後述するものも加えてあらかじめ列挙すると、1.性別役割分業(=専業主婦、山川のいう「家庭奴隷」)を大前提とする家父長制的な差別的女性(=男性)論であり、2.「親に孝行は当然」で、子どもは「唯父母の教訓に従って進退すべきのみ」という彼の「子ども観」、3.恋愛結婚反対論と「離婚の自由」否定の「偕老同穴」論、4.女性の「美徳」養成の女子特性教育論、5.女子の「遊学」反対論などとなる。これらの福沢の女性論と対比すれば、西澤が「福沢諭吉の言行不一致」「思想と行動の差異」と批判していること自体が見当はずれであり、逆に福沢がとりあえず「有言実行の人」であることが理解できよう。

西澤が福沢の「言行不一致」の事例として挙げている教育における男女の差別にしても、女子教育の差別を当然と考えている自説どおりに、福沢の四男五女の息子と娘の教育履歴には天地の違いがあり、「留学」の性差別も歴然としていた。また、福沢が確信的な「離婚の自由」否定の「偕老同穴」論者であったからこそ、長男一太郎の結婚が破綻して元妻「かつ」が「三行半《みくだりはん》の離縁状」を求めた際に、激怒のあまり「朝《あした》に婚《えんぐみ》して夕《ゆうべ》に破《やぶ》る、是れは此れ下等社会の事なり」、「元来三行半と申《もうす》は、下等社会素町人土百姓《すちょうにんどびゃくしょう》の輩《はい》が」求めるもので、「断じて拒絶」などと書きたてた。福沢は、「平等論者」の面目を自らかなぐり捨て「文明の鍍金《めっき》」をはぎ落とし、差別主義者の「地金」をさらけ出したのである。

(d)　福沢が「家父長的な威風」に無縁の「すてきなマイホームパパ」という河合の評価の誤りについては、直接福沢の家族たちの証言がある。

東京ＹＷＣＡ会長も務めた四女の「たき」は、「あの人（父）は自分の家では随分違った人だったんですよ」というのが口癖であった。『福沢先生伝』『福沢諭吉』などの著者・高橋誠一郎（慶應義塾塾長、元文相）も、長女「さと」の同様の証言を紹介している。福沢が『女大学評論』を『時事新報』紙上に連載していた頃、福沢「先生が常に口に、一家の専制君主的傍若無人の態度を戒めながら、自分自身は屡々《しばしば》遠慮会釈もなく家人を大声に叱りつけて仮借《かしゃく》することがないのに平かならず、「母と私とは何度も台所で何んて憎らしいのだろうと申し合ひました」とのことである（一九五〇年代版『福沢諭吉選集』第五巻「解題」、岩波書店）。また、四男・大四郎の『父・福沢諭吉』（五九年、東京書房）では、「父は家庭では相当横暴であったようである。中村その他の姉がみな、「父は女の権利がどうのこうのといっているけれども、家では常に遠慮なく平気で自分の思うままのことをしていた」という意味のことをいっていた」と書いている。

河合敦は、『福翁自伝』の内容が福沢の勝手な自己評価にすぎないことに気付かず、福沢が「子女の間に軽重なし」の小見出しで、「其九人の中に軽重愛憎《けいじゅうあいぞう》と云ふことは真実一寸《ちょい》ともない……私は九人の子がみんな娘だって少しも残念とは思はぬ」、「一家の中は丸で朋友のやう」と記述していることから、福沢は「男女平等」で、「家父長的な威風」に無縁の「すてきなマイホームパパ」と勝手に結論したのである。しかし福沢は、およそ「すてきなマイホームパパ」などではなく、娘と息子の処遇には天地の性差別があり、「家人を大声に叱りつけ」「平気で自分の思うままのことをしていた」、並みの「明治の男」の一人に過ぎなかった。

次に、一番まとまった福沢女性論研究の最新の成果である西澤『福沢と女性』については、その評価の誤りや問題点について、第Ⅰ章の「2　福沢諭吉の女性論「定説」を批判する」以来、順次論及しているので、ここでは、第Ⅰ章2の冒頭で私がまとめた福沢女性論のリスト1〜8（四七頁参照）と対比して、西澤の成果についての総括的な評価を列挙することにしよう。

リスト1〜8のうち、8．結婚時に夫妻の姓と異なる新苗字創出という男女平等的アイデアをとりあえず唯一の例外として、1〜7は博物館入りのあらわな性差別事象であると、私は指摘した。ところが、西澤『福沢と女性』は、1〜7の福沢の差別的女性論リストの中で、4・5・7の三項目についてはなんら論及せず、無視している。つまり、4の「温和良淑」以下の日本女性「固有」の「美徳」養成のための女子特性教育論、5の女子の郷里を離れての「遊学」反対論（娘の留学差別には言及）、そして7の明治民法（九八年）の家父長制には言及しながらも、「世道《せどう》人心の革命」という福沢の民法擁護論について、西澤はそれらを基本的に許容して不問に付しているのである。

そこで以下、残りの1・2・3・6の差別的な女性論についての西澤の見解を検討しよう。西澤には1．性別役割分業がルソー以来の近代社会の最大の基本的性差別事象であるという視座がないために（ルソーの女性論に就いては、安川寿之輔・悦子『女性差別の社会思想史』明石書店、九三年のⅠの1）、『福沢と女性』では、a 女性は家事・育児を「天職」として「男子を助けて居家処世の務めに当らしむる」存在という福沢の重要かつ基本的な主張に論及（引用）せず、またｂ「男女の間を同権にする……平均論は……以て衝突の媒介たる可きのみ」という、福沢の「男女同権」反対の結論的主張も引用（論及）せず、ｃ 民法によって「「家政参与の権」は大いに前進した」と記述しているだけである。

次に2．参政権と労働権については、福沢にとっては問題外のことであったのに、すでに批判したように西澤は、福沢のいう「立派に国の政事の相談相手となる」の主語を「人民」ではなく（「家政参与の権」のみの）「女性」をふくむ両性と誤読して、女性も政治に主体的にかかわる存在と誤読している。同様にして、労働権については「一定階層以上」の女性の「資産」のみを問題にしていることには言及しながら、同書の結論では、福沢は女性一般が「経済的な一身独立に……男女の別は存在しない……男女は完全に等しい存在」と見なしているという誤った記述をしている。

福沢が公娼制の擁護者であった3についてはさすがに言及しながら、西澤は、福沢が（『サンダカン八番娼館』などで有名な）日本資本主義の対外進出のための娼婦の海外「出稼」に積極的に賛成していた重要な問題には一切触れない。

最後に6では、「離婚の自由」反対の福沢の「偕老同穴」論には言及しながら、西澤は、福沢の恋愛結婚反対論については「結婚は当人たちの意思が大切」と考えていると把握して、長男のアメリカ女性との結婚への反対を、福沢の「言行不一致」事象と批判している。

以上のように、福沢の女性論はすべて博物館入りの家父長制的な差別的な女性論であるのに、西澤は、その女性論を「基本は精神的かつ経済的な一身独立にあり……男女の別は存在しない。男女は……対等であり……国の相談相手となり共有寄合の国を支える」存在で、福沢が「男女は完全に等しい存在」という女性論の主張者であると、（女性論評価としてはほとんど無意味な）抽象的な文言を並べたて、（福沢女性論の前向きの評価のために）無理に無理を重ねているのである。その必然的ななりゆきとして、安川『福沢諭吉と丸山眞男』の刊行からすでに一〇年、福沢研究者ならば福沢が教育勅語に賛同していた事実を知らない者はいないはずであるのに、西澤は平然と「教育勅語が描く社会は、福澤の近代化構想とまったく相容れないもの」と書いている（安川の見解に反対ならば、反対の意思とその論拠を表明するべきである。学問の世界では、無視は最低の営為である）。

2　福沢の男女「平等」論の抽象性

——男女の同権や女性の解放にはつながらない

福沢の男女「平等」論は、生涯、一貫して抽象的な平等の原則の列挙にとどまり、その内実は「男女同権」や言葉の真の意味での「男女平等」を構成したものではない。そのことを確認するために、まず、時代順にその抽象的な表現を列挙しよう。

a　「中津留別の書」（一八七〇年）↓「男といひ女といひ……軽重の別あるべき理なし。古今支那日本……一男子にて数多《あまた》の婦人を妻妾《さいしょう》に……浅ましきこと」（『全集』⑳）

b　『学問のすゝめ』第八編（一八七四年）↓「男も人なり女も人なり……女大学と云ふ書に、婦人に三従の道あり……婦人の七去《しちきょ》とて……」（『全集』③）

c　『日本婦人論　後編』（一八八五年）↓「男女格別に異なる所は唯生殖の機関のみ……男子の為《な》す業《わざ》にて女子に叶《かな》はざるものなし……／……夫婦……一家を二人の力にて支え、其間に聊かも尊卑軽重の別なき……／……婦人女子に家政参与の権を与へ度きものなり」（『全集』⑤）

d　『女大学評論』（一八九九年）↓「妻が内の家事を治むるは内務大臣の如く、夫が戸外の経営に当るは外務大臣の如し……身分には軽重を見ず……／……男女、性を異にするも其間に高低尊卑の差なし」（『全集』⑥）

男女「軽重の別……なし」、「男も人なり女も人なり」、「男女異なる所は唯生殖の機関のみ……男子の為す業にて女子に叶はざるものなし」、「男女……高低尊卑の差なし」と、福沢が一貫して男女の「同等」性、同格性、類似性を主張し続けたことは明白である。しかし、これが男女平等や男女同権を主張したものかと問われたならば、すでに順次論及してきたように、答えが「断じて、否」であることを示す論拠は数えきれないほど数多《あまた》である。既述分も含め、その論拠を列挙してみよう。

1．晩年の『福翁百話』が「男女の間を同権にするが如き、一切の平均論は……以て衝突の媒介たる可きのみ」と説いて、福沢は「男女同権」を直接否定していた。

2．読者の興味・関心をひくために著述の冒頭部分に「先進国」から学んだ「天は人の上に……」的なラディカルな定式を置き、後は腰砕けになる『学問のすゝめ』の流儀が福沢の女性論にも一貫していた。右のa、bの場合は、妾を囲うことと貝原益軒「女大学」の三従、七去（「三従」＝女性は、実家では父に従い、結婚したら夫に従い、夫の死後は子に従うという教え。「七去」＝妻を一方的に離縁できる条件として挙げる七つの理由――父母に不服従、不妊、多言、窃盗、淫乱、嫉妬、不治の病）を批判しているだけの内容であり、妾制度や「三従、七去」がなくなれば男女平等の実現ということにはならない。c、dの場合は、婦人女子の「家政参与の権」の獲得と「男は仕事、女は家庭」の分業でも男女は平等であるというもので、どちらも近代社会の基本的な性差別である性別役割分業を自明の前提にしたものに過ぎない。

3．「男も人なり女も人なり」という抽象的な原則がそれ自体では断じて男女平等を意味するものでないことは、今泉定介『教育勅語衍義《えんぎ》』に即して確認した。今泉は「男も人なれバ、女もまた人なり……男も女も何の差別かこれあらん」と主張したうえで、教育勅語の「夫婦相和シ」の意味は「妻ハ夫に順《したが》ふを以て、和の本とせり」としていた。つまり、「男も女も人なり」の原則と「妻が夫に従う」ことは矛盾しないのである。げんに、「天は人の上に……」の『学問のすゝめ』も、同じ初編で「一人前の男は男、一人前の女は女にて、自由自在なる者なれども……分限を知らざれば我儘《わがまま》放蕩《ほうとう》に陥ること多し」と書いて、女には女としての「分限（身分、権利の限界）」のあることを福沢が主張しているのに、同書第八編の「男も人なり、女も人なり」という「平等」的原則の記述を見て、「男女の同権を鮮烈に表現」（村上信彦）したものとか、「徹底した人権思想」（中村敏子）保持の証左などと軽率に判断することはできないのである。

したがって、既述したように、西澤直子『福沢と女性』が冒頭で「福沢の女性論の根本は、「男も人なり、女も人なり」に集約される」と書いても、福沢女性論をなんら分析・評価したことにはならないのである。同様に、同書の「おわりに」において西澤が、女性一般の参政権、労働権、男女共通教育等についての福沢の具体的な性差別の主張と無関係に、「そこに男女の別は存在しない」、「男女は軽重の差なく対等」、「男女は完全に等しい存在」などと抽象的な評価の文言を結論的にいくら並べたてても、それは福沢女性論の評価にはならないのである。むしろ逆に、（男女の同等性・同格性しか主張していない）「福澤女性論の今日的意義」なるものはなにも存在しないことを示唆していることになる（山川菊栄の評価を借りると、福沢女性論は「歴史的意義のほか、将来に対して考うべき何ものをも持たぬ」ものと断定）、と解釈できるのである。

差別論とかかわって〈差異はあれど差別なし〉という定式がある。この定式は、一見「差別なし」と差別を否定するラディカルな定式の印象を与えるが、この場合、むしろそう強調することによって、現存する差別を否定・隠ぺいしたり、合理化するテーゼとして利用される場合が多いのも差別論の常識である。私たちは、抽象的な原則の列挙ではなく、その内実を究めなければならないのである。

4．また、福沢の男女「平等」論は彼の主体的な思想ではなく、もともと「先進国」からの輸入品であるから、その抽象的な原則を福沢がどこまで咀嚼して自らの思想にまで掘り下げているのかどうかの検討が不可欠である。aの「中津留別の書」の文章は、「人倫の大本《おおもと》は夫婦なり」に始まって、そっくりウェーランド『修身論』の第一章「純潔の義務」を種本にしており、男女「軽重の別あるべき理《ことわり》なし」の論拠も常識的な「男女同数論」に過ぎない（伊藤正雄『福沢諭吉論究』）。

これに対してb『学問のすゝめ』の場合は、福沢がJ・S・ミルの有名な女性解放論『婦人の隷従』を種本にしながら、直輸入ではなく、彼なりの独自な読み方をしているものである。『学問のすゝめ』第一五編を見ると、「今の人事に於て男子は外を務め婦人は内を治《おさむ》るとて其関係殆ど天然なるが如くなれども、「スチュアルト・ミル」は婦人論を著《あらわ》して、万古一定動かす可《べか》らざるの此習慣を破らんことを試みたり」と書いて、「男子は外を務め婦人は内を治る」という性別役割分業そのものの変革のありうることを示唆しながら、福沢は、それ以上のことは書かなかった。つまり福沢は、ミルが「男女の同権」を女性参政権や職業の自由の問題にまで掘り下げている事実は認識しながら、福沢はミルの解放論の皮相的な紹介にとどまり、それ以上には主体的に受容しなかったのである。

ところが、「男女格別に異なる所は唯《ただ》生殖の機関のみ……男子の為《な》す業《わざ》にて女子に叶はざるものなし」というラディカルな定式で始まる『日本婦人論　後編』の場合は、続けて「既に亜米利加《アメリカ》などにては婦人にして……職工……医師……書記……官員たる者も多く」と、欧米における各職業分野への女性の社会的進出のことを紹介したうえで、福沢は「一日も早く我風俗を変へて西洋風と為《な》し、婦人も一人前《ひとりまえ》の用を為すべき工風《くふう》を運《めぐ》らすは、我日本国の男女共に専ら心掛けて勤むべきことなり」と、ひとまず女性の同様の社会的進出まで呼びかけている。

しかし、福沢の同書の議論の展開は、途端に持論の「女大学」批判の何頁にもわたる長広舌へと脱線し、先の引用にあるように「夫婦……一家を二人の力にて支え、其間に聊《いささ》かも尊卑軽重の別なき」と、「男は仕事、女は家庭」の分業に「聊かも尊卑軽重の別」はないとしたうえで、福沢は「如何《いかん》せん数千百年男子の我儘《わがまま》に由《よ》りて苦しめに苦しめ、今ははや其身体《からだ》さへ衰弱して心も亦縮《ちぢ》みあがり俄《にわか》に奮発は甚《はなは》だ難《かた》かるべし」という、日本の女子労働力への現実離れをした否定的即断をくだしているのである。

そして彼自身は、最後の「婦人女子に家政参与の権を」という性役割分業の確認・肯定へと議論を展開して、尻すぼみの結論的提案で議論を結んでいるのである。

5．つまり福沢の女性論が（「先進国」から輸入の）抽象的な原則の提示・羅列にとどまったということは、どうすれば日本の女性を、自由や平等の主体として解放するかという政治的、経済的、教育的な条件や、「離婚の自由」などの条件が不問に付されているということであり、その男女「平等」論は女性の同権や解放に、断じてつながるものではなかったのである。

3　性別役割分業は自明の前提
――家事・育児を「天職」とする女性の「家事参与の権」確立の要求

福沢は、『日本婦人論』『同　後編』『品行論』『男女交際論』『男女交際余論』『日本男子論』『福翁百話』『福沢先生浮世談』『女大学評論　新女大学』などをふくめ、百篇ちかい著書・論説において女性論、女子教育論を語っているが、その女性「解放」論は、すでに指摘したように、基本的に女性の「家政参与の権」確立の主張にとどまった。そのことを確認するために、一八九九年という最晩年の著作二篇を見ておこう。

同年六月の論稿「一歩を退く可し」(『全集』⑯)が描く「文明の家庭」像を見ると、「文明の家庭を主宰する婦人に文明教育の必要は言ふ迄もなき所にして……今後日本の女子に、衛生、経済、法律等の思想を養はしめ、男子を助けて居家処世の務《つとめ》に当らしむるの地を為すは極めて肝要の事」として、「第一着として男子に望む所は、家を重んじ品行を慎むの一事」となっていた。また、同年四月から断続的に『時事新報』紙に連載され一一月に刊行された最後の女性論『新女大学』(『全集』⑥)の冒頭近くにおいて、「貴賤貧富」に関係のない「女子教育の通則」が、次のように書かれていた。

尚《な》ほ成長すれば文字を教へ針持つ術《わざ》を習はし、次第に進めば手紙の文句、雙露盤《そろばん》の一通りを授けて、日常の衣服を仕立て家計の出納《すいとう》を帳簿に記して勘定の出来るまで……父母の心して教ふ可き所なり。又台所の世帯万端、固《もと》より女子の知る可き事なれば、仮令《たと》ひ下女下男数多《あまた》召使ふ身分にても、飯の炊《た》きやうは勿論、料理献立、塩噌《えんそ》の始末に至るまでも、事細《こまか》に心得《こころえ》置く可し。

さらに同書には「子供養育の天職」について、次のように書かれていた（同前）。

小児養育は婦人の専任なれば、仮令《たと》ひ富貴の身分にても天然の約束に従て自《みず》から乳を授く可し……乳母《うば》を雇ふことあるも、朝夕の注意は決して怠る可《べか》らず。既に哺乳の時を過ぎて後も、子供の飲食衣服に心を用ひて些細《ささい》の事までも見遁《みのが》しにせざるは、即ち婦人の天職を奉ずる所以《ゆえん》にして……／婦人は柔順を貴ぶと云ふ。固より女性の本色にして、……

以上によって、福沢が、女性は家事・育児を「天職」として、「男子を助けて居家処世の務に当らしむる」存在と考え、そのために女性に「家政参与の権」を与えるように要求していたことは明らかである。つまり福沢にとって「男は仕事、女は家庭」という性別役割分業は自明の大前提であり、そのことを曖昧《あいまい》にしたまま、福沢の男女「平等」論を論評することは許されないのである（山川菊枝は、福沢自身は『女大学』と異なり、自分の『新女大学』は「公正にして公平な両性の平等観に出発したものだと思っていたらしい」が、と書いて、「今日、われわれの眼から見れば、『新女大学』の説くところも、畢竟《ひっきょう》『女大学』と五十歩百歩である」と批判して、福沢が家事・育児を「女性の天職」と主張したり、「女子は学問技術において男子に及ばぬが当然」としていることなどに批判的に言及している)。

4　公娼制度・娼婦の海外「出稼ぎ」を積極的に擁護しながら、蓄妾・妻妾同居批判がメインテーマ
——日本軍性奴隷制への道

初期啓蒙期の一八七〇年「中津留別の書」、七五年「男女同数論」、七七年『学問のすゝめ』第八編の三篇において、福沢が「誰れにも分り易き男女同数論」を根拠にして「妾を養ふこと」を「浅ましきこと」「禽獣」「畜類の小屋」の仕業と非難しておきながら、ものわかりよく「人に隠すは恥るの初なり」という論理で、「同権の初段」として「これを内証にして人に隠す可し」と提唱する不徹底な姿勢は生涯不変であった。

晩年の『福翁百話』(『全集』⑥)の「女子教育と女権」において、日本の「男尊女卑の弊習」、「女権不振」を問題にした際も、「教育一偏を以て女権を云々せんとするが如きは到底無益の沙汰」と書いた福沢は、「何は扨置《さて》き彼の公然たる多妻法を禁ずる」ことの重要性を指摘した。ほぼ同時期

の『福沢先生浮世談』（『全集』⑥）の冒頭においても、同じ主題について「只《ただ》教育のない許《ばかり》が婦人社会に勢力のない原因であらうか。此点に就《つい》ては大《おおい》に疑がある」として福沢は、女性抑圧を維持する経済や政治や教育システムの考察・探究を放置したまま、女権不振の「本当の大原因」は「破廉恥獣行全盛」の日本の「一夫多妻」制であり、「女子教育などの話は二の次にして、兎にも角にも大本《おおもと》の多妻法を止《や》めにするの工風が肝要」と指摘した。

伊藤博文を筆頭にして「明治政府の高官はことごとく一夫多妻の実践家」（村上信彦『明治女性史』中巻―以下、村上『女性史』と略称）という明治日本の一夫多妻の風潮をくり返し攻撃し、福沢は「多妻法の禽獣《きんじゅう》世界を脱《ぬ》けて、一夫一婦の人間界に還《かえ》るは、人獣《にんじゅう》分け目の堺《さかい》だ……夫《そ》れに返す言葉があるなら反駁《はんばく》して見ろ。日本国中の者を相手にして、私が独《ひと》りで返答してはね飛ばして見せやう」（『福沢先生浮世談』『全集』⑥）と息巻いたこともあって、福沢女性論のメイン・テーマは一夫多妻反対論であるという印象がつよい。

しかし、この福沢女性論の最大の難点は、同じ福沢が公娼制度についてはその必要性の積極的な主張者であったという事実である。福沢は、「人間世界は道徳のみの世界に非ず。人類の身も……一方は人にして一方は禽獣に異ならず……左《さ》れば獣心の働《はたらき》果して止《とど》むべからざる歟《か》、然《しか》らば則ちその止《とど》むべからざるに従て之《これ》を許し」（『品行論』『全集』⑤、一八八五年）と考え、遊廓が禁止されたら「満都の獣欲自《おのず》から禁ずること能《あた》はず、発しては良家の子女の淫奔《いんぽん》と為《な》り……密通強姦《ごうかん》と為り……社会の秩序もこれがために紊乱《ぶんらん》せられて復《ま》た収む可らざるに至るや疑《うたがい》を容《い》る可《べか》らず」（同前）と公娼制＝必要悪論を最大限の誇張を交えて主張した。

「青楼遊廓は……到底人民輻輳《ふくそう》の都府抔《など》にては之を止《や》めんとして止むべからざる者にして……殆んど欠くべからざる一種の要具」（「婦女孝行余論」『全集』⑨、一八八三年）、「世間或は廃娼の説を唱ふるものあり……社会経世の点より見れば廃娼など思ひも寄らず、我輩の全く反対する所にして、寧ろ必要を認むるもの……我輩は敢て遊廓妓楼の撲滅を主張するに非ず……即刻遊廓の取払など過激の処置は決して望む所に非ず」（「差当り遊廓の始末を如何」『全集』⑯、一八九九年）等と、福沢は公娼制の必要性を生涯一貫して主張した。

しかし、当時の日本にも、公娼制反対の意見は存在し、一八八〇年代後半から九〇年代にかけて、熱心な廃娼運動が展開された。たとえば、廃娼運動に努力した巌本善治の主張は明快であった。

「娼妓の公許《こうきょ》せられて存するは、政府に於て姦淫《かんいん》を公許せらるるもの也……此時に当って天下に姦淫の空気の流行するなからんを欲す、恰《あた》かも是れ風に向って動く勿《なか》れと云ふに同じ、嗚呼《ああ》妓楼の今の如くして優待さるる間は、日本の満天下決して姦淫の風なきを得ず」（巌本善治「姦淫の空気、不純潔の空気」八九年―村上『女性史』下巻）

これを引用した『女性史』の村上信彦も、「生々しい悪が制度化されていて、どうして他の悪を抑えることができよう」と指摘しているように、女性の性を商品《もの》化する売買春を国家が公認する公娼制度こそ、「男は狼」という神話の存続を含め、人間の異性観を歪め、また（専属売買春の）一夫多妻、妻妾同居などの非人間的状況を容認・合理化する根源ともなる。しかるに福沢は、売買春文化の根源・元凶を野放しにしながら、それから派生する蓄妾、妻妾同居事象だけを派手に論難するのである。

それも、女性の人権や尊厳の確立・回復のためにではさらさらなく、「先進国」との外国交際とかかわる「日本の栄誉」「一国の栄辱」（『日本男子論』『全集』⑤、一八八八年）、「我日本の国光」（『新女大学』『全集』⑥、一八九九年）のためという国権主義的な発想からであった。したがって、（初期啓蒙期以来の）「仮令《たと》へ内実は不品行を犯すも之を秘密にして世間の耳目に隠すべし」（『品行論』『全集』⑤、一八八五年）という欺瞞的な主張がくり返された。

また、女性の人権とは無縁の国権主義的発想という点では、福沢が、日本資本主義の対外的進出・発展をはかるために、娼婦の海外「出稼」ぎを積極的に支持・推奨した場合も共通する。

> 世間一種の論者は賤業婦人の海外に出稼《でかせぎ》するを見て甚だ悦《よろこ》ばず、此種《このしゆ》の醜態は国の体面《たいめん》を汚すものなり……禁止す可《べ》しとて熱心に論ずるものあり。婦人の出稼は事実なれども、之が為めに国の体面を汚《けが》すとの立言《りつげん》は更に解す可《べか》らず……人間社会には娼婦《しょうふ》の欠く可らざるは……経世《けいせい》の眼《まなこ》を以てすれば寧《むし》ろ其必要を認めざるを得ず。彼《か》の廃娼論《はいしょうろん》の如き、潔癖家の常に唱《とな》ふる所にして……内の醜態《しゅうたい》は兎《と》も角《かく》も、之を外に現《あら》はすに至りては国の体面に関係すと云《い》はん

かなれども……之を内に存するも其体面は既に汚れたるものなり。内には公行を許しながら外出を禁ずるが如きは、俗に云ふ臭《くさ》き物に蓋《ふた》の喩《たとえ》に漏《も》れずして、其臭《しゅう》は到底掩《おお》ふ可《べか》らず……抑《そもそ》も我輩が殊更《ことさ》らに此問題を論ずる所以《ゆえん》のものは外《ほか》ならず、人民の海外移植を奨励するに就《つい》て、特に娼婦外出の必要なるを認めたればなり……多数の移住民、必ずしも妻帯のものゝみに限らず……婦人の出稼は人民の移住と是非とも相伴ふ可きものなれば、寧《むし》ろ公然許可するこそ得策なれ……現に外に出稼して相応の銭を儲《もう》け帰国の上、立派に家を成したる輩《はい》も多きよしなれば、等しく賤業を営まんとならば寧《むし》ろ外に出でゝ利益の多きを望むことならん。何《いず》れの点よりするも賤業婦の外出は決して非難す可きに非ざれば、移住の奨励と共に其出稼を自由にするは経世上の必要なる可し。

日清戦争に勝利し、産業革命の進行を背景にしながら、日本の対外的な発展を見通す段階になると、右記の九六年一月の論稿「人民の移住と娼婦の出稼」（『全集』⑮）に見る通り、福沢は「人民の海外移植を奨励する」方策の一環として、「特に娼婦外出の必要」を主張し始めた。そしてこの場合は、対外的な「日本の栄誉」の体面から政府高官らの一夫多妻を「秘密にして世間に隠すべし」という日頃の自らの主張と矛盾して、「内の醜態は兎も角も、之を外に現はすに至りては国の体面に関係す」ることは認めながら、「内には公行を許しながら外出を禁ずるが如きは、俗に云ふ臭き物に蓋の喩」という開き直りと勝手な論理をたてて、「婦人の出稼は……公然許可するこそ得策なれ……其出稼を自由にするは経世上の必要」と主張した。

『サンダカン八番娼館』（山崎朋子）や『からゆきさん』（森崎和江）が明らかにしたように、明治年間を通じて数十万人と推定されている天草地方と限らず貧しい娘たちが、多くの場合、騙《だま》されて海外に送り出され、大半が異郷の露と、それもほとんどが悲惨で孤独な野垂れ死にのかたちで死んでいった。アメリカの抗議により「此等誘惑渡航ノ道ヲ杜絶《とぜつ》シ且ツ婦女ヲシテ妄《みだ》リニ渡航ヲ企図セシメザル様取計フベシ」という外務省訓令も出されていたが（村上『女性史』下）、福沢は、能天気に「現に外に出稼して相応の銭を儲け帰国の上、立派に家を成したる輩も多きよしなれば」と書いて「賤業婦」の出稼ぎを推奨して、「底辺女性」の悲惨の造出に積極的に加担したのである。

もしこの福沢がアジア太平洋戦争の時代に存命していたならば、日本軍性奴隷制構想に反対することはなかったであろう、と歴史研究の「タブー」の領域にふみ込んで、私が『福沢諭吉のアジア認識』であえて書いた件について、なぜそうしたのかを釈明しておこう。

理由の第一は、福沢が生涯「男女同権」や「女性解放」を説き続けた「男女平等」論者であるという定説的な「福沢神話」が未だに維持されている事実への私の怒りである。

第二は、福沢が公娼制の積極的な賛成論者であり、娼婦の海外出稼ぎも推奨して数十万人の「底辺女性」の悲惨造出に加担した人物であるからである（芸娼妓酌婦周旋業が国家公認されていたことが、「慰安婦」制度の背景にあるという右派の言説がある。しかし問題は、国際的には買売春の制限・禁止をめざす一九〇四年の協定、一九一〇年、一九二一年等の条約が次々に批准され、欧米諸国が廃娼国となっていくなかで、日本が公娼制度維持に執着し続けたという事実である)。

第三に、福沢はアジアへの蔑視・侮蔑意識を先導した人物であり、加えて日清戦争時の「人の種の尽きるまで戦ふ」という「覚悟」を求めた、戦争勝利への彼の異常な熱意を考えると、その至上目的のために(野蛮な)アジアの女性を犠牲にすることを厭《いと》わないという可能性が十分予想できよう。

第四に、纐纈厚《こうけつ》『侵略戦争』(ちくま新書)は、「陸軍省通牒《つうちょう》」を分析して、「慰安所」が「過剰なまでの階級差別」を特徴とする日本の「軍隊秩序に内在する矛盾を一切覆い隠」すアメであり、天皇の軍隊は「言わばアメとムチの使い分けによってしか軍隊としての秩序を維持できない」みじめな組織であったと分析している。この軍隊構想が福沢の「圧制の長上に卑屈の軍人を付して却てよく功を奏する」という『兵論』(『全集』⑤)の皇軍兵士構想と見事に照応しているからである。

5 「趁跛《ちんば》に迫りて走るを促す」女性解放論
――福沢女性論の矛盾、混乱ぶり

国家の「栄辱」「栄名」「名声」「栄誉」(すべて『日本男子論』)にかかわるから、一夫多妻の事実は「世間に隠」せと要求しながら、「賤業婦」の海外「出稼」ぎは「公然許可」せよと主張する福沢女性論における矛盾や混乱は、ものごとを原則的に考えることなく、融通無碍《ゆうずうむげ》に御都合主義的な発言を重ねてきた言論人福沢のむしろ特徴である。

たとえば福沢は、「西洋の学士」に倣《なら》って「娼妓」を「濁世《じょくせ》のマルタル」と呼ぶ。「マルタル」とは、親鸞・日蓮上人のような「身を棄てゝ衆生済度《しゅじょうさいど》に供《きょう》するの仁者《じんしゃ》」と説明した後、娼妓は「身を苦しめて世の安楽幸福を助」けることで、「社会の秩序」を維持しており、その「功徳の大小軽重は、之を親鸞日蓮の功徳に比して差違《さい》なき者と云ふべし」（『品行論』『全集』⑤、一八八五年）とまで言う（ここまでは論理の筋自体は通っている）。

その一方で、同じ『品行論』において「人の妾となり銭を以て情を売るの芸娼妓たるが如きは、人類の最下等にして人間社会以外の業《わざ》」と呼び、彼は「売淫を以て業《なりわい》とする者は、之を人間社会の外に擯席《ひんせき》して……公然遊廓と名《なづ》くる区域を設るも不体裁なるに似たれども……社会より之を視《み》ること恰《あたか》も封建時代の穢多《えた》村の如く」するように提案した。そして福沢は、娼妓のことを「人倫の大義に背《そむ》きたる人非人《にんぴにん》」、「無智無徳破廉恥《はれんち》の下等婦人」、「夜叉鬼女《やしゃきじょ》」（『品行論』）などと蔑《さげす》み、妾や芸妓から「出世して立派に一家の夫人たる者」も、「人間以外の醜物」「賤《いや》しみても尚ほ余りある者」（『新女大学』『全集』⑥、一八九九年）などと、口をきわめて蔑称した。

同じ娼妓を福沢は、親鸞・日蓮に並ぶ「マルタル・仁者」と「人倫の大義に背きたる」「夜叉鬼女」と使い分けしているのである。しかしこれは福沢の主観においては矛盾でも混乱でもない。彼が国家の「栄誉」「栄辱」の体面にかかわる不品行としているのは、「立国の脊梁骨《せぼね》ともなる可き人物」、

「社会先進の人」（『品行論』）たちの蓄妾・妻妾同居・芸者遊びのことである。それに対して、一夫多妻に縁はないが、彼が「馬鹿と片輪」、「無智無力の男子」と呼ぶ男性一般大衆の遊廓での不品行は問題ではなく（一八九八年の東京の遊廓の延べ客数二七〇万人は、東京の人口を軽くこえていた）、「社会の安寧・秩序」維持のために、彼は公娼制度は積極的に推奨していた。一方、その遊廓を「恰も封建時代の穢多村の如く」地域を限定するという彼の提案の場合は、そうすることで遊廓に近づくことをためらったり、「殊《こと》に上流の士君子は芸妓娼妓又は外妾など云ふ名義に愧《は》ぢて」不品行を「自から忍ぶこともあるべし」（『品行論』）と期待していたのである。

つまり福沢は、「立国の脊梁骨」や「上流の士君子」と、「馬鹿と片輪」の男性大衆のモラルや生活実践の評価基準を適宜に使い分けして、階級的に差別（彼の主観では「区別」）しているのである。

女性の場合も同様である。公娼制度を不可欠と考える福沢は、「世の善婦良女」が「其社会に沈淪せしめざらん」ように、「売身を以て真の孝道」や「美談」と考える古来の「弊風」をなくすることを主張しながら、他方で、「其娼妓は悉皆《ことごとくみな》無頼放恣《ほうし》の婦女を以て之を組織する」（前掲「婦女孝行余論」）ことを、大真面目に同時に提案していた。また、だからこそ福沢は、「其身を苦海《くかい》に投じる貧しく不幸な女性のことを親鸞・日蓮なみの「仁者」「マルタル」と言いながら、一方、公然と「人倫の大義に背きたる人非人」、「無智無徳破廉恥の下等婦人」、「夜叉鬼女」と蔑むことができたのである。

自らは無神論者でありながら「馬鹿と片輪に宗教、丁度よき取合せ」と嘯《うそぶ》いて百篇をこす大衆向けの「宗教振興論」を書いた場合と同様に、彼はつねに自分の思想や理論を大衆用と自己の属する階級用に使い分けをした。福沢（に代表される日本の上流階級に属する知識層）の悲劇は、こうした思想の器用な使い分けによって、現実社会との間に真の緊張関係をもって真剣に向き合うことができず、そのために自己の思想や理論を、きびしい社会の現実との切り結びの中で、一つの体系化された哲学として構築し得なかったことである。

前節「4　公娼制度・娼婦の海外「出稼ぎ」を積極的に擁護しながら、蓄妾・妻妾同居批判がメインテーマ」で見たように、福沢女性論のメイン・テーマは「一夫多妻」反対論といえるほど、彼は激しく熱心にその主張を生涯くり返した。ところがこの場合も、その課題の実現を切実かつ真剣に望んでいるわけではなく、それは次のようないい加減の構想に過ぎなかった（『品行論』『全集』⑤、一八八五年）。

「我日本男子の品行を正さんとするには……之《これ》を実地に行はれしむるは甚だ難《かた》し。即ち世の中の常にして、其《その》行はれざるを知りながら酷《こく》に論じて直《ただち》に人に迫るは、趁跛《ちんば》に迫りて走るを促がすに異ならず、啻《ただ》に無益なるのみならず、其促がさるゝがために却《かえっ》て落胆して尋常の歩行をも思止《おもいとどま》る者なきを期す可《べか》らず……我輩の取らざる所なり」という物わかりの好さを示して福沢は、「此趁跛に向て多を求めず……不品行の痕跡を隠して表《おもて》を装《よそお》ふ、これを第一段として……品行の正に反《かえ》ることもあらんかと……数十百年の後に好結果を待つのみ」と言う。

つまり福沢は、「女権不振」「男尊女卑」の「本当の大原因」は「一夫多妻」にあると分析しながら、その不品行を正すことは「趁跛に迫りて走るを促す」ほどに絶望的に困難な課題であり、好結果の実現は「数十百年の後」にしか期待できないと、平然と言ってのける人物なのである。こんないい加減な人物の女性「解放」論を、一体全体、私たちはどう評価すればよいのか、私にはため息しか出てこないのである。

福沢は、かねがね自分の品行について「今日に至るまで曾《かつ》て自《みず》から心に疾《やま》しきの所業なき」(『新女大学』『全集』⑥)ことを自負していた。日常の生活実践と思想が乖離することが一般的であった近代日本の知識人の中で、この点での福沢の傑出ぶりは評価できよう。そのために福沢女性論への評価が一般に甘くなったという事情はあり得る。しかし、「謹厳方直」な素顔と、福沢女性論がみじめな内容であることとは、別の問題である。

福沢の「謹厳方直」さは、二歳で父を失い、「乞食の虱《しらみ》をとる」慈愛にみちた母の手ひとつで育った生い立ちともかかわる諭吉の女性へのやさしい心根に裏付けられていた。逆にそうした彼の女性への優しさが公娼制の犠牲の娼妓たちには生涯向けられなかったのは、福沢「思想」のブルジョア的な階級的歪みである。さらに根深くは、ひろたまさき『福沢諭吉研究』も指摘したように、母親の虱《しらみ》とりの手伝いの時の諭吉少年の嫌悪感にもみられた「民衆との連帯やヒューマニズムの芽を汲みとりえず……民衆の苦悩を理解しうる方向」へとその感性を磨きえなかった彼の根っからの差別意識、「優越的自意識」「民衆蔑視」に裏付けられていたものであった。

公娼制度を存続させたまま一夫一婦制を真に確立することは、もともと望みえないことである。ところが初期啓蒙期から一貫して「人倫の大本《たいほん》は夫婦なり」という福沢は、公娼制度を積極的に文持しながら、「一夫多妻」の弊風を口を極めて罵倒することで持論の一夫一婦制を実現しようとした。福沢には、公娼制度の存在が彼のいう一夫多妻、芸者遊び等の弊風の根源になりうることが理解できなかった。そのため、廃娼運動に背を向けての「一夫一婦制」論者福沢は、巌本善治ら廃娼運動グループ（島田三郎、木下尚江、大隈重信、西村茂樹、植村正久、黒岩周六、山室軍平など）が植木枝盛らとともに一八八九年五月、刑法の改正と民法の制定をとおして、一夫一婦制の実現を訴える建白書を元老院に提出した場合にも、その八百余名の署名には加わらなかった。

慶應義塾の学生グループは、別にこうした矛盾だらけの福沢先生の教えを忠実に実践したためではなかろうが、廃娼運動に対抗して組織された（遊廓の料金割引の特典のある）「存娼矯風会」の会員になって、廃娼演説会などにおいて大声で野次って騒いだり投石したのである（村上『女性史』下八六頁）。また、その慶應義塾の「伝統」を、世紀を超えて継承したわけではなかろうが、二〇〇九年一一月一六日の『朝日新聞』には、〈「ミス慶應」群がる企業〉〈多額協賛金　賞品に高級外車・JAL航空券〉〈「話題性高く、PRに」〉〈早稲田・明治は開催禁止〉という沢山の見出しの踊った四段抜きの恥ずかしい大きな記事が掲載された。そのリードは「選ばれれば、女子大生のブランド価値にもなる称号で、なかでも有名なのが「ミス慶應コンテスト」だ。そのミスコン、主催団体の不祥事で開催が危ぶまれたが、「すでに数百万円の協賛金が集まっている」ことを理由に、今年の開催が決まった。大学祭のミスコンに、なぜこれほど多額のお金が動くのか。そして他大学ではどうなっているのか」。ここにいう不祥事とは主催団体「広告学研究会」の部員一〇人が駅構内を裸で走るなどして書類送検された事件のことである。

私は別にこの記事の引用を、福沢諭吉の女性論のお粗末さを論証・補強するものとは考えていない。

名古屋大学在職当時から二四年間、今も毎年続けている日本の大学生の〈歴史認識と男女平等意識を探るアンケート調査〉の結果で、私は、一九九八年を転機とする日本社会の深刻な保守化に照応した青年の男女平等意識の一斉の後退の結果、現在の日本の学生たちは、慶應義塾大学の学生と限らず、ミスコンが性差別事象と理解できる学生は、平均して七、八％しか存在しないことを認識している。

第Ⅰ章の2の冒頭で言及した九九年の男女共同参画基本法の成立で（四七頁参照）、ようやく地方公共団体はミスコンを主催できない時代を迎えているが、むしろ同法の成立を転機とする女性解放への全国的なバックラッシュに照応するかのように、日本の社会は、学生たちが地方公共団体にかわって、「学問の自由・大学の自治」（？）に守られて、むしろ全国的にミスコンを開催する大学が増加しているという悲しく破廉恥な社会なのである（私が名古屋大学在職当時、八八年と九〇年の二度、大学祭でのミスコン開催が企画・公認された時、講義の余談でミスコンが典型的な女性差別事象であることをほのめかしただけで、学生自身が反対運動を展開して、二度とも中止に追い込んだ。現在の日本の大学は、その程度の自治能力ももてなくなっている様子である）。

二〇一三年五月の橋下徹・日本維新の会共同代表（大阪市長）の「慰安婦」問題の一連の発言は、こうした日本社会の性差別文化の存続を一挙に世界に知らしめることになった。

6　女性の参政権や労働権は問題外
――明治民法は「世道《せどう》人心の革命」

参政権（選挙権）を人口のわずか一・一％にすぎない直接国税一五円以上を納める満二五歳以上の「日本臣民ノ男子」に限定した大日本帝国憲法を「完全無欠」（「維新以来政界の大勢」『全集』⑭）、「国民の権利を重んじ遺《のこ》す所なき」もの（『国会難局の由来』『全集』⑥）と手放しで賛美していた福沢にとって、女性参政権は問題外であった。つまり福沢のいう「国民」「日本臣民」には、貧しい大半の男性だけでなく、女性ははなから含まれておらず、女性はかろうじて「家政参与の権」にあずかる存在にすぎなかった。

西澤『福沢と女性』が、『日本婦人論　後編』の「国会とは、日本国中の人民が国の政事《まつりごと》に参《あずか》りて……立派に国の政事《まつりごと》の相談相手となるべし」という福沢の記述における「日本国中の人民」に女性も含まれているものと誤読して、福沢が女性も「国の相談相手となり」「主体的に国家を支える」存在に位置づけていた、と誤読したことについては、第Ⅰ章の「2　福沢諭吉の女性論「定説」を批判する」で指摘した。また、女性の人格的自立の決定的な条件となる経済的自立（＝労働権の確立）

の問題については、すでに確認したように、『新女大学』や『日本婦人論』において福沢が問題にしたのは、「生計不如意の家は扨置《さて》」いて、富豪の親が、娘の結婚時に「相応の財産分配」、「不動産は必ず女子に譲」り「公債証書の記名」を「女子に限る」などして、「自立する丈けの基本財産を与へ」るという一握りの「良家の婦女子」の財産分与などの話に過ぎなかった。

福沢はまた、ミル『婦人の隷従』などの学習を通して「先進国」では各種の職業分野で女性が働く時代を迎えていることを認識していたし、また彼自身の存命中に日本でも産業革命の時代を迎え、繊維産業から炭鉱労働にいたる多くの労働分野で過酷な女性労働が一般化する時代を迎えていた。しかし八五年『日本婦人論』の福沢は、「下流の社会」の女性一般の労働については、「今の女性は心身共に薄弱にして、差向き自力を以て殖産に従事せんとするも難き」(『全集』⑤)と判断していた。また、児童労働と並んで過酷な女性労働が普及する産業革命期の福沢は、工場法問題で考察したように、逆に労働者保護に猛反対するブルジョアジーとして振る舞うことによって、女性一般の自立と自由の基礎としての労働権の積極的意義について認識することはできなかった。

福沢が、三従七去の「女大学」を批判する『女大学評論』を書き、それに代わる『新女大学』とを合わせて一八九九年に同時出版したのは、前年七月の明治「民法」の施行に感激したためであった。「女学論発表の次第」(『新女大学』『全集』⑥)によると、

> 日本社会にて空前の一大変革は新民法の発布なり。就中《なかんずく》親族編の如きは、古来日本に行は

> れたる家族道徳の主義を根柢より破壊して更《さ》らに新主義を注入し……非常の大変化にして、所謂《いわゆる》世道《せどう》人心の革命とも見る可きものなるに……異論を唱ふるものなきのみか、十二議会にはいよ〳〵之を議決して昨年七月より実施せらるゝことゝは為《な》りぬ。先生は此有様を見て恰《あたか》も強有力なる味方を得たるの思ひして、愉快自《みず》から禁ずる能《あた》はざる

という心境で、福沢は「幾十年」来の「腹稿」を書き下ろして両書を刊行したのである。福沢が民法をつよく支持したのは、妾を公認していた一八七〇年の新律綱領と異なり、「配偶者アル者ハ重ネテ婚姻ヲ為スコトヲ得ス《ず》」と民法が一夫一婦制を規定したこと等への共感によると思われる。しかし、女性史の常識では、九〇年制定の旧民法が民法典論争を通じて「民法出デテ忠孝亡ブ」と主張する実施延期派の方向につくり変えられたのが明治民法であった。この民法は、「戸主（家長）が家族を統率する〝前近代的〟な〝家〟制度」を確立したものであり、長男一子相続制による「戸主」は、夫婦の財産を管理し、子の婚姻・縁組の同意権などをもつのに対して、法的「無能力者」とされた妻は、「良妻賢母として夫や舅《しゅうと》・姑《しゅうとめ》に仕《つか》え、家の跡継ぎを生み育てることが天職」という惨めな存在であった（『岩波女性学事典』など）。

7 「西洋流の自撰結婚」反対と「離婚の自由」否定の「偕老同穴」論

すでに本章「1　福沢女性論評価の虚構の確認」において、福沢が「恋愛の自由」や「自分の意思による結婚」の主張者であるという河合敦と西澤直子の理解の誤りを論証した。とりわけ『時事新報』紙に後日公開した長男の結婚披露宴席上での福沢の「演説」は、彼の恋愛・結婚観をストレートに表明したものであった。恋愛結婚を「西洋流の自撰結婚」と表現してそれを「軽率なるもの」と決めつけ、「嫁の詮索」に「父母の手を以て無限の労」をとったことを自負し、「一度び定まりたる夫婦は生涯相離るゝを許さない」「偕老同穴」論者の福沢は、福沢夫妻の両家が「百余年、代々」離婚した者がなく、再婚者もいない「正統」性を誇っていた。その「離婚の自由」否定論者の福沢が「フリー・ラヴ（相愛の自由）」「自由愛情論《フリーラヴ》」に論及した際には、八六年「離婚の弊害」の場合も九七年「一夫一婦偕老同穴」（『福翁百話』）の場合も、「恋愛・離別の自由」や「離婚の自由」についての賛否両論を公平に（むしろ賛成論をより詳しく）紹介していた事実は注目に価する。

前者では、福沢は「相愛するの情は時に或は変化せざるを得ず。相愛するに聚《あつま》りて愛の尽くるに散じ、互に其旧愛を去《さり》て互に其新《あらた》に愛する所に就き、聚散去就《しゅうさんきょしゅう》は唯《ただ》男女の撰《えら》ぶ所に任じて、随時其愛する所を愛するを妨げず、之をフリー・ラヴ（相愛の自由）と云ふ……文明世界にては人間の意の自由を妨げざるを貴《とうと》ぶが故に、フリー・ラヴの風習を養ふこと大切なりとの説なり。或は人間の本性より論ずればフリー・ラヴの方道理に適して、人間社会も此フリー・ラヴの行はるゝに至りて始めて完全の人間社会なるべしなど云へる玄妙論もあらんかなれども」とまで書いた。ところが、つづけて突然、「今日の実際に於て社会の組織は迚《とて》も俄《にわか》かに此説の実行を望むべからず」と反対の意向を表明して、福沢は、説得力のある論拠を提示しないまま、「離婚は人間世界の幸福にあらざること」、「当世社会の大悪事」などと決めつけて、議論を離婚の「弊害」やその「根治」の方向に転じているのである。

後者の場合も、「凡そ人間世界の道徳論は古来の習慣より生ずるもの多く」、離婚は「世界の視《み》る所にて醜なり不徳なり」として、「古来偕老同穴《かいろうどうけつ》は人倫《じんりん》の至重《しちょう》なるものとして既《すで》に已《すで》に其習慣を成し、社会全体の組織も之に由《よ》りて整頓したることなれば」ということを唯一の論拠として、「道徳の論は暗処《あんしょ》に屏息《へいそく》せざるを得ず……自由論の如きは心に思ふ可《べ》くして口に言う可《べか》らず、仮令《たと》ひ思ひ切つて口に云ふも断じて実際に行ふ可らず……最上の倫理……に背くものは人外《にんがい》の動物として擯斥《ひんせき》す可きものなり」と結んだ。福沢が離婚やフリーラヴに反対していたことは明らかである。

しかしこの場合も、前者の場合以上により多くの字数をついやして福沢が「自由愛情論」について、「男女相遇《あいお》ふて夫婦と為《な》るは愛情を以てするのみ、其情尽《つく》れば則《すなわ》ち相別《わか》る可し……歳月の間《あいだ》に変化なきを得ず、随《したがっ》て其交情にも自《おのず》から変化を生ずるは自然の数《すう》なるに、然《しか》るに今その既に変化したるものをして強《し》ひて室を同《おなじ》うせしめんとするは天然の約束に背《そむ》くものなり、愛情相投ずれば合《がっ》して夫婦と為り、其情の尽《つく》るを期して自由に相別れ、更《さ》らに他に向《むかっ》て好配偶《こうはいぐう》を求む可し」という「自由愛情《フリーラヴ》論」を丁寧に紹介して、それについて、「自《おのず》から聴《き》く可《べ》きが如くなれども」とか、「自由愛情《フリーラヴ》は天の命ずる所なり道理に背《そむ》くものに非ず」とか「道理の論」「心に思ふ可《べ》くして」などと論述していることは、興味深い。

つまり福沢は、「離婚の弊害」と「一夫一婦偕老同穴」の二論稿において、「離婚の自由」や「自由愛情」を「人外の動物」のする行為であり、結婚後不幸にして二人の愛がさめたからといって、あるいは夫が蓄妾や芸者遊びに狂ったとしても、離婚は「実行を望むべからず」、「断じて実際に行ふ可らず」と明確に主張していた。しかしその一方で、その論理展開の過程において、フリーラブや離婚の自由の方が「道理」や「人間の本性」や「人間の意の自由」に叶った「自然」と「天の命」に準ずる「道理の論」「玄妙論」であり、「離婚の自由」やフリーラブが認められる社会の方が「完全の人間社会」に近い社会であることを、それとなく強力に示唆していたのである。

だから、この議論を好意的に評価するとすれば、福沢は、自分の意に反する恋愛や離婚の自由の議論の正当性を丁寧に紹介することによって、その方向に社会が変わりうる可能性を暗黙のうちに示唆していた、と見ることもできよう。

しかし、明治「政府のお師匠様」福沢自身は、間違いなく「恋愛の自由」や「自分の意思による結婚」に反対の女性論を主張・展開していた。たとえば福沢は、明治民法が第四章第一節三八条において「子ハ父母ノ許諾ヲ受クルニ非《あら》サレハ《ば》婚姻ヲ為スコトヲ得ス《ず》」と彼の持論通りに規定したことを歓迎して、それを「世道《せどう》（社会道徳）人心の革命」と最大限に評価をした、そういう「思想」家であった。

8 「温和良淑、優美、柔順」の「美徳」養成の徳性教育論と男女共通教育反対
――女子の郷里外「遊学」反対論と男子の留学奨励

福沢の女子教育論の多くは、ミッション・スクールに代表される「西洋風」の教育にたいする批判論として展開された。八六年の「男女交際余論」（『全集』⑪）を見よう。

> 今の世間に行はるゝ女子教育の風を見るに、例の古学流にて、淑徳を修《おさむ》るなど云ふ奴隷主義にあらざれば、則《すなわ》ち全く其反対に出て、何か高尚なる学理の談論を教へて其精神を空《くう》に走らしめ、未だ台所の政事を知らずして天下の利害を喜憂し、塩噌《えんそ》節倹の法を語らずして社会の経済を喋々《ちょうちょう》するが如き、俗に所謂《いわゆる》生意気婦人を養成して、女生に固有する優美の本色《ほんしょく》を失ひ……婦人をして俄《にわ》かに学者の仲間に入らしめんとするに非《あら》ず……差向《さしむき》の処は他人と交際するに当りて談話応対に差支《さしつかえ》なく、尚《な》ほ進んで男女の間に文通も不自由なしと申す位《くらい》にて満足す

る者なり。

福沢が性別役割分業を自明の前提として、女性は家事・育児を「天職」として、「台所の政事」をはじめとする「家政への参与」の主体と考え、そのために「優美」という徳性や女性特有の「美徳」養成を期待していたことを確認できる女子教育論と言えよう。翌年、直接ミッション・スクールを名指して批判した次の「耶蘇《やそ》教会女学校の教育法」（『全集』⑪、一八八七年）も、同様の女子教育観の表明である。

今日耶蘇教会女学校の教育法……日本婦人実際の生活と正しく相背馳《はいち》して……日本の習字、読書、作文等は殆んど之を度外視……良家の貴女、貧困の賤女、孰《いず》れも同校同室に寄宿して起居飲食を同《おなじ》うすることなれば……果して女子温良の淑徳を傷《きずつ》くるの恐れなきか如何《いかん》。……今日の実際に於て女子は如何《いか》に父母に事《つか》へて夫婦長幼の関係は如何《いか》にするや……此等実際の徳行に関しては案外教授の不行届《ふゆきとど》きなる向き……要するに温和良淑の美徳を欠くの観あるが如し。

家事・育児を「天職」として家政に参与する女性を自明の前提とする福沢の女子教育論は、高等教育についての場合も、基本的に変わらなかった。女子高等教育における「裁縫」教育重視を論述した一八九二年の「女子教育」（『全集』⑬）の主張を見てみよう。

> 近来高等教育の進歩も亦殊《こと》に著しく……婦女子の高等教育を受くるもの多きは誠に喜ぶべき次第なれども……動《やや》もすれば学問の一方に傾き……我日本女子の為《た》めに其固有の美風を残《そこな》ふの恐なきに非ず。其一例を云はんに、古来我国の女流に最も重んずる所のものは裁縫の一事にして……女子の為《た》めに謀りて裁縫の事を後にするは教育の緩急《かんきゅう》軽重を誤るのみならず、文明の本意に背《そむ》くものと云ふ可し。……一家の婦人が衣服の事を主宰し……衣類を大切にするの感念は……夫妻親子の間柄に其情を厚ふするの媒介たる可し。左れば衣裳裁縫の事、小なりと雖《いえど》も、人情微妙の辺《あたり》に着眼すれば、一衣能《よ》く家人《かじん》和合の幸福を得せしむるものにして、此幸福は千金を擲《なげう》つとも決して買ふ可らず。……我輩は世間の婦女子に向て呉々《くれぐれ》も裁縫の大切なる所以《ゆえん》を勧告し、併せて父兄及び女子教育の任に当る人々に対し一片の猛省を促すものなり。

福沢が「古来我国の女流に最も重んずる」教養として裁縫を重視したのは、たんに家事労働の技術としてだけではなかった。彼は、妻＝母親の手づくりの裁縫と衣類の管理をとおして「夫妻親子の間柄に其情を厚ふするの媒介」、「衣裳裁縫の事……人情微妙の辺に着眼すれば、一衣能く家人和合の幸福を得せしむる」という妻＝母親の裁縫と衣類管理の自《おのず》からなる微妙な家族「和合」の効用を期待していたのである。

　五年後の一八九七年「女子の本位如何」（『全集』⑮）において、成瀬仁蔵の日本女子大学校の設立構想を論評した場合も福沢は、「大学設立の目的」が「善良の母」養成となっているのは「尤《もっと》も至極の説にして、其目的に異論はある可らず」と同意を表明しながら、それより先決のこととして彼が問題にしたのは、「賢母の徳化」を「無益の骨折」にする持論の「一夫多妻」の風習の問題であった。その風習こそが「男尊女卑の弊習」、「女権不振」の根本原因であり、「教育一偏を以《もっ》て女権を云々せんとするが如きは到底無益《むえき》の沙汰《さた》なり」という見解をくり返した三か月後の『福翁百話』の「女子教育と女権」（『全集』⑥）においても、福沢は、結局「婦人に限り家の内を治め又子を養育するの職分ありて外事に関係すること少なく……平均の処にて婦人の為《た》めに特に奨励す可きは、唯《ただ》普通の教育知見のみ」というみじめな見解に止まっていた。

もちろん福沢の女子教育論にも、一見すると前向きの積極的な主張が見られないわけではない。たとえば、女子教育における体育の重視や「法律・経済思想」の重視等がそれである。しかし彼が「教育普及の実」（『全集』⑮、一八九六年）において、「体育の如きは特に注意して大に勉《つと》めざる可《べか》らず」と主張した場合は、「抑《そもそ》も女子には懐妊《かいにん》出産の大役あるのみならず、中流以下の家に至りては幾人の子女を養育する其上に、親（の世話）から一切の家事を始末せざる可らず。其当局の婦人が吹かば倒れんとする如き有様にて如何《いかが》す可きや。本来婦人の健康如何《いかん》は国民の体力に大関係あるもの……国民の母たる可き女子を造るを目的」という、「国民の体力」に関係する「国民の母」育成策としての体育重視であり、それは女性の自立や全面的な発達とは無縁の議論であった。

「法律・経済思想」の重視の場合はどうか。第Ⅰ章の「2　福沢諭吉の女性論「定説」を批判する」ですでに考察した最晩年の『新女大学』（『全集』⑥、一八九九年）において、彼は次のように主張した。

殊《こと》に我輩が日本女子に限りて是非とも其智識を開発せんと欲する所は、社会上の経済思想と法律思想と此二者に在り。女子に経済法律とは甚だ異《い》なるが如くなれども、其思想の皆無なるこそ女子社会の無力なる原因中の一大原因なれば、何は扨置《さて》き普通の学識を得たる上は同時に経済法律の大意を知らしむること最も必要なる可し。之を形容すれば文明女子の懐剣《かいけん》と云ふも可なり。

この経済・法律思想の重要性を説く福沢の議論は、『新女大学』と同じ九九年の論説や著書、「女子教育の方法」、「婦人の懐剣」、『女大学評論』などにおいて、集中的に主張されている。しかし、女子社会不振の「一大原因」とまでいうこの議論の基本的な限界は、女子教育における経済・法律思想の重視という彼の構想が、女性の政治的・経済的主体としての自立や解放を目ざした教育論ではないということである。

『新女大学』の右の記述そのものが「妊娠出産に引続き小児の哺乳養育は女子の専任にして、為《た》めに時を失ふこと多ければ、学問上に男子と併行す可らざるは自然の約束」と同じパラグラフのすぐ後に続き、さらにその記述の次には「女性は最も優美を貴《とうと》ぶが故に……差出《さしで》がましく生意気なる可らず」、「優美を貴《とうと》ぶと云へば、遊芸は自《おのず》から女子社会の専有にして、音楽は勿論《もちろん》、茶の湯、插花《いけばな》、歌、俳諧、書画等……等閑《なおざり》にす可らず」という二つのパラグラフが続いている。つまり、女性は学問的に男性と対等ではなく、女性には「優美」という美徳に対応する特性教育が必要であるという専業主婦養成の女子教育論の枠組みのなかでの経済・法律重視論であることに、まず留意しなければならない。

　また福沢のこの議論は、『新女大学』の「生計不如意の家は扨置《さてお》き、苟《いやしく》も資力あらん者」は「娘の結婚には衣裳万端支度《したく》の外に相当の財産分配」を勧めるという限られた資産家の娘への財産分与を前提にした構想である。つまり、この「婦人の懐剣」ともいうべき分与された「財産の権利及び其処置法の事は平素より一通《ひととお》り心得しめ」（「婦人の懐剣」『全集』⑯）る、という意味での経済・法律知識の学習の提案である。したがってそれは、圧倒的多数の「下等社会の貧民」（「女子教育の方法」『全集』⑯）婦女子には無縁の、また社会を批判的に把握する社会科学としての経済学や法学の学習という意味とは異なり、「経済法の大略を学び、法律なども一通り人の話を聞《きき》て合点する位の嗜《たしな》み」（『女大学評論』『全集』⑥）程度の経済、法律知識の習得という提案であった。

　福沢のいう「文明の家庭を主宰する」婦人の「文明の教育」というのは、「女子に衛生、経済、法律等の思想を養はしめ、男子を助けて居家処世の務に当らしむる」（「一歩を退く可し」『全集』⑯、一八九九年）というものであり、育児・家事を「天職」とする有産階級の女性が、夫を「助けて居家処世の務」に当たるための経済、法律知識の習得という構想に過ぎなかった（山川菊栄の評価では「ブルジョア的奴隷の養成法」としての女子教育）。

　福沢の女子教育論の何が問題なのか？　端的に言って、福沢の教育論には（女性が、保守的な明治社会の現状に疑問や批判をもって、その現状の変革を志向するという）「変革の主体形成」の視点がまったくないことである。「信《しん》の世界に偽詐《ぎさ》多く、疑《うたがい》の世界に真理多し」という文章で始まる『学問のすゝめ』第一五編において福沢は、J・S・ミルの女性論に言及して、「男子は外を務め婦人は内を治《おさむ》る」という男女「関係」そのものをミルが打破しようとしていることを紹介した。しかし福沢がそうしたのは、性別役割分業の打破の呼びかけではなく、「文明の進歩」とは「世上に普通にして疑を容《い》る可《べか》らざるの習慣に疑を容るゝ」ことで可能になるという社会法則を説明する一つの事例として、ひきあいに出しただけのことであった（『全集』③、一八七六年）。

福沢自身は「男子は外を務め婦人は内を治《おさむ》る」という「世上に普通にして疑を容《い》る可らざるの習慣」に一歩も「疑を容《い》るゝ」ことをせず、逆に、明治家父長制社会を維持するために、女性が現状に疑問や不満をもつことなく、家事・育児を「天職」として「男子を助けて居家処世の務に当らしむる」存在に、ひたすら適応させようとしたのである。つまりそれは、右の『学問のすゝめ』の論理からいって、福沢は、女性に対して「文明の進歩」を否定する役割を果たしているのである。

具体的には福沢は、日本女性「固有」の「温和良淑、優美、柔順」の「美徳」をはじめとする「女らしさ」の神話と、「男は禽獣」の神話（公娼制の不可欠性）を振りまき、他方で「心身共に薄弱な日本女性には、「先進国」の女性のように「殖産に従事」することは困難と説き、性別役割分業の男女の間には「聊《いささ》かも尊卑軽重の別」はないという、抽象的な男女の「同等」性、「同格」性をもっぱら強調し続けたのである。ここまで確認すれば、福沢の女子教育論における以下のあらわな女性差別に驚くことはない。

「大日本帝国憲法＝教育勅語」体制確立から二年後の九二年の社説「婦人社会の近状」（『全集』⑬）において福沢は、女生徒が故郷を離れて下宿や寄宿舎に身を寄せて上級学校に「遊学」することに、次のように反対の意向を表明した。

> 近年来日本の社会にては西洋風の輸入と共に頻《しき》りに活発簡易の風を催ほし、古来の習慣風俗は総《すべ》て因循姑息《いんじゅんこそく》なりとして之《これ》を擯席《ひんせき》する其流弊《りゅうへい》は、軽々《けいけい》に看過《かんか》す可《べ》からざるものあり。而《しこう》して婦人の社会に於て特に甚だしきを見るが如し。抑《そもそ》も日本の風習に於て、良家の子女は妄《みだ》りに門より出づるを許さず。其出づるや必ず同伴のものなきを得ず。……我婦人社会の風儀を維持して徳操の潔きを見たるは、風習の宜《よろ》しきを得たるが為めに外ならず。然《しか》るに近来……良家の子女にして或は下宿屋に居るものあり、又は学校に寄宿するものあり、単身途上を徘徊《はいかい》するは尋常の事にして、夜中人の家を問ふも之を怪しまず、甚だしきは三々五々相会して骨牌《こっぱい》（カルタ）を弄《もてあそ》び、又は銘々《めいめい》に醵金して茶屋酒楼に飲食を催ほす事さへありと云ふ。活発と云へば活発……斯《かか》る風習の間に生活して能《よ》く婦人たるの徳操を損ずるの恐はなかる可きや否や。

欧米の文物導入の先頭に立っていた福沢が、こと女子教育に関しては「西洋風」の教育に一貫して反対していること自体が驚くべき事実であり、注目されよう。福沢の女子教育への差別的な姿勢の原点を探るべく、彼が一番早い時期に「西洋風」女子教育への反対を論じた一八七六（明治九）年「女子教育の事」（『家庭叢談』『全集』⑲）を見ておこう。

> 大事の秘蔵娘を切り崩して（「世帯持の奥の手」に反する）袋物に仕立て、二度目の用立《ようだち》に間に合はぬ様なる不都合千万《せんばん》の物に仕込むものあり……女子の教育……の仕方……横文字の変則学を習はしむること、今一段上等なるものは女異人に附けて西洋の女風を学ばしむること、尚も一段飛んだ所で遠く西洋風の本家に送りて純粋の西洋風に仕立ることとなり。……其教へる箇條を見れば、通弁（通訳）の稽古なり、ピヤノーの鳴らし方なり、時々は又犬の立ち吠へとでも云ひそふな奇《ヲツ》な音声をしぼりだして歌を唄《うた》はせるなり……多分世帯持てずのお天馬《てんば》娘を生ずることならん。……詰《つま》る所何《いず》れへ行くも持て余《あま》しものにて、日本人の細君《さいくん》となるの間《ま》には合はぬことならん。……余輩は気の毒ながら是等の父母を評して娘を袋にするの親達と云はざるを得ず。

「西洋風」の教育を受けさせることを「秘蔵娘を……袋物に仕立て」、「不都合千万の物に仕込む」教育と言い、西洋音楽の指導は「犬の立ち吠へとでも云ひそふな奇な音声をしぼりだ」す教育と、よくもここまでと言いたくなる悪態ぶりである。福沢は、娘に外人女性の家庭教師をつけたり外国留学させることを、「西洋の婦人に附けて西洋女を習はしむるとは何事ぞや。夫《そ》れのみならず遠く洋外に遣《や》り放《はなち》て純粋の西洋風に仕立てんなぞとは果して何の洒落《しゃれ》ぞや。」とはげしく非難しているのである。

問題は、福沢がこの論稿に前後する同じ時期に、二人の息子（一太郎、捨次郎）には「異人」の家庭教師をつけており、さらに二人を「遠く西洋風の本家」アメリカに留学させていることである。息子の場合には、むしろその教育が日本の現実から遊離した欧米風であるからこそ家庭教師につけて学ばせ、さらに海外留学に出している。ところが、同じ教育の対象が娘になると、途端に同じ行動をはげしく非難するのである。

つまり福沢は、わが子をふくめて、女性の教育をあらわに差別（福沢の主観では区別）したのである。一番身近な家族の証言を見ておこう。「福沢諭吉は男の子の教育には大変熱心だったけど、女子教育には関心がなかった」（西川俊作・西澤直子編『ふだん着の福沢諭吉』慶應義塾大学出版会）という孫の証言にあるように、福沢は、四人の息子と娘（次女）の夫（福沢桃介）の教育には熱心で、長男と次男を約五年半アメリカに留学させ、養子の桃介も同じ米国留学に送り出している（三男、四男も留学を経験）。

対照的に、「福沢諭吉は婦人の教育を一向にしなかったという話ね。志立のおばさま（四女）は学校にはとうとう行かなかったんじゃない」、「そうなの、一、二か月横浜の学校に行ったら、福沢のおばあさま（妻）が寂しいって、三人（次女、三女、四女）行ったのにみんな（外泊を認めない）寄宿舎から呼び帰されちゃった」（同右）という証言がある。福沢を「日本におけるウーマン・リブの先駆」、「終始一貫して婦人解放の問題を考えていた」という、手放しに大甘の福沢評価を提示している武田清子も、「多少、問題と考えられることは、女性の高等教育には消極的な態度である……慶應義塾は男子のための塾で、女子の塾をつくらなかったのは、なぜか？　なども考えさせられる」（前掲『婦人解放の道標』）と書いている。戦前の慶應は、小学校にあたる幼稚舎においてさえ男女共学を実施しなかった（西澤『福沢と女性』は、一八七九年から二年足らず、幼稚舎に福沢の娘ら数名が在籍した事実をもって、「福沢は女子に対する教育も試みていた」と記述しているが、身びいきの弁護的評価であろう）。

男女共学さえ発想できない福沢であってみれば、男女共通教育を発想どころか夢想さえできるはずのないことは明らかである。ところが、第I章の2の(2)「実体をこえた読みこみ」「読みかえ」の思想史研究」において、中村敏子が『日本婦人論　後編』に対し、「実体をこえた読みこみ」を行い「福沢は、男女は……基本的には同様の教育を受けるべきだと考えた」と妄想していたので、その誤りを示す論拠を列挙しておこう。

福沢が男女共通教育を発想できない規定要因は、以下のように、あまた見られる。男女性別分業観、女性の参政権と労働権の否定、男女同権反対論、「学問上に男子と併行《へいこう》す可らざる」男女の能力差、「女らしさ、男（禽獣）らしさ」の神話、「大日本帝国憲法＝教育勅語」体制など。

逆の女子特性教育論の具体的様相としては、「温和良淑、優美、柔順」の「美徳」養成のための遊芸、茶の湯、插花《いけばな》、歌、俳諧、書画などのカリキュラム（山川菊栄は、明治「二十年代に入り、……欧化主義に対する一大反動期が出現……一時世間を風靡《ふうび》した束髪《そくはつ》洋装がすたれて高島田大丸髷《まるまげ》さては振袖までが勢力を恢復し、茶の湯、活花《いけばな》のごとき封建的遊戯が再びブルジョア婦人必修の学課目となった」と記述)、「文字《もんじ》を教へ針持つ術《わざ》を習はし、次第に進めば手紙の文句，雙露盤《そろばん》の一通りを授けて、日常の衣服を仕立て家計の出納《すいとう》を帳簿に記して」の「女子教育の通則」、女子高等教育における「裁縫」教育の重視、「嗜み」程度の経済・法律知識、福沢の息子(養子)と娘の教育履歴の天地の差など。

9　男女平等は発想の転換あるのみ
——女性への二重の罪業

福沢の女性論の中には、結婚の際の夫妻の姓とは異なる新苗字創出のアイデア以外にも、必ずしも彼独自のものとは限らないが、個々的には人目を惹《ひ》く目新しい提案や前向きの主張が見られる。

1. 『日本婦人論』において、彼は「社会の圧制」が日本の女性の「春情の満足」を抑圧していることが、「日本の女子をして常に憂愁を抱かしめ、其感覚の過敏を致して遂に身体を破壊し、以て今日の虚弱に至らしめ」(『全集』⑤、一八八五年)ているという興味ある指摘をした。そして同書は、「人種の改良」による「良子孫を求」めるためという国権主義的発想からではあったが、偕老同穴論者の福沢が「女性の快楽自由」をうながすことを求め、たとえば「節婦両夫に見《まみ》へず」の古言を排撃して、寡婦については「再婚の自由」を主張したのである。そして、晩年の『新女大学』にいたるまで、彼はしばしばこの寡婦の「再縁を主張する」持論をくり返した。

2．ウェーランドに学んだと思われるが（伊藤正雄『福沢諭吉論考』）、同じ『新女大学』において、妻の妊娠出産の際は、夫も「其苦労を分《わか》ち、仮令《たと》ひ戸外の業務あるも事情の許す限りは時を偸《ぬす》んで小児の養育に助力し、暫《しばら》くにても妻を休息せしむ可し」（『全集』⑥、一八九九年）と、（現代の「イクメン」論の先駆とも評価しうる）提言を福沢は書いた。

3．『男女交際論』において、日本の男性の晩婚と「花柳《かりゅう》の醜行」にたいする対策として、彼は「男女両生（性）の交際を自由ならしめ」ることを提唱し、「必ずしも文学技芸の益友を求るなど理屈のみを云ふに及ばず……其事柄の大小軽重有用無用を問はず、只こゝろおきなく往来集会して談笑遊戯相近づき相見るの仕組を設《もうく》るより外に手段ある可らず」（『全集』⑤、一八八六年）と助言した。

4．『新女大学』において、「文字《もんじ》の如く舅姑《しゅうと》は舅姑にして嫁は嫁なり……之を近づくれば常に相《あい》衝《つ》きこれを遠ざくれば却《かえっ》て相引《あいひ》かんとするは舅姑と嫁との間なり」と書いて、難しい「舅姑と嫁」問題について福沢は、「故に女子結婚の上は夫婦共に父母を離れて別に新家《しんか》を設くるこそ至当なれども……せめて新夫婦が竈《かまど》を別にする丈《だ》けは我輩の飽《あ》くまでも主張する所なり……同一の家屋中にても一切の世帯《しょたい》を別々にして」（『全集』⑥、一八九九年）という、夫妻単位の市民的小家族の勧めを書いた。

しかしながら、福沢の女性論を総体として評価すると、1．性別役割分業を自明の前提として、2．労働権や参政権は問題外であり、3．女子が「学問上に男子と併行」できないのは「自然の約束」であって、4．「温和良淑」「優美」「柔順」という日本女性「固有」の「美徳」養成の特性教育論が必要であるという内容は、水田珠枝『女性解放思想の歩み』（岩波新書）が解明したJ・J・ルソーと共通する近代民主主義社会の典型的な女性差別思想である。

さらに、明治の日本社会の具体的様相に即した福沢の女性についての発論を見ると、5．明治日本の「女権不振」「男尊女卑」の「本当の大原因」は蓄妾などの一夫多妻制であるが、6．その男子の不品行の是正は「趁跛に迫りて走るを促がす」ほど難しい行為であるから、7．国家の体面上「立国の脊梁骨《せぼね》ともなる可き人物」は、せめて「不品行を犯すも……世間に隠す」べきである。8．しかし男性一般大衆は娼妓を買ってもよいし、日本の対外進出のために娼妓の海外「出稼」ぎは推奨する。9．日本の「女権不振」「男尊女卑」の解消の実現は「数十百年の後に好結果を待つのみ」とのことであり、10．いずれにしても、「男女の間を同権にする」ことは「衝突の媒介たる可きのみ」と、まとめることができよう。

以上の明治日本社会に即した福沢の女性論、女性解放論は、a．一夫一婦制を主張しながら公娼制は積極的に容認・賛成する基本的な矛盾、b．国家の体面上、「立国の脊梁骨」「上流の士君子」は蓄妾・妻妾同居の事実を隠し、遊廓は「封建時代の穢多村の如く」隔離せよと主張しながら、「賤業婦」の海外出稼ぎは「公然許可」せよという矛盾・混乱、c．「濁世のマルタル」「仁者」ともちあげる娼妓を「破廉恥の下等婦人」「非人」「夜叉鬼女」と蔑む混乱、d．「立国の脊梁骨」「上流の士君子」は不品行を隠すが、「馬鹿と片輪」の一般大衆の公娼制度利用は隠さなくてもよい、というモラルの階級的な使い分け、e．「女権不振」「男尊女卑」の「本当の大原因」は「一夫多妻」制と分析し、それに「返す言葉があるなら反駁して見ろ。日本国中の者を相手にして、私が独《ひと》りで……はね飛ばして」みせるとまで息巻いて、福沢の女性解放論のメインテーマは蓄妾・妻妾同居の「一夫多妻」制批判かと思わせながら、彼はその不品行を正すことは「趁跛に迫りて走るを促がす」ほどに絶望的に困難と早々に診断をくだした。福沢の出した処方箋は「不品行の痕跡を隠して表を装ふ」ことの勧めであり、結論として「女権不振」の「本当の大原因」の「一夫多妻」制の廃止・解消は、「数十百年の後に好結果を待つのみ」といういい加減で支離滅裂の女性解放論であった。

福沢は「醜業婦とも何とも名の付けやうのない芸者共が、公然立派なお席に罷出《まかりいで》て喋々喃々《てふてふなんなん》、男子は之に戯《たわむ》るゝ」日本の「宴会」のあり方について、「不潔不養生乱暴滅茶苦茶《めっちゃくちゃ》」（『福沢先生浮世談』『全集』⑥、一八九八年）だと非難したことがある。以上の福沢の女性解放論の全体像は、論理矛盾と混乱、支離滅裂と階級的な使い分けだらけの中途半端ないい加減のものであり、福沢女性論の論理こそ、右記の彼の言葉を借りて言えば、「不潔……乱暴滅茶苦茶」の論理と言うべきである（山川菊栄は、福沢女性論の全体を「それは今日われわれの目から見て、その所論が幼稚不徹底とせられ、歴史的意義のほか、将来に対して考うべき何ものをも持たぬと断ぜられる事実を如何ともすることはできない」と、結論づけている)。

一体全体、福沢諭吉は、明治日本の女性に男女「軽重の別あるべき理《ことわり》なし」、「高低尊卑の差なし」、「男も人なり女も人なり」という男女の「同等」性、「同格」性を、何によって納得させようとしたのか。残されているのは、発想の転換あるのみであった。

女性の「好《よ》き友」福沢諭吉は、こう説いた。

> 日本国の婦人には権力なしと言ふ。此言《このげん》誠に然《しか》り。……又一方より視《み》るときは、人の窺《うかが》ひ得ざる所に自《おのず》から女権の大なるものあり。……日本婦人の男子に対して卑屈なりと云ふは其形の上に於て最も著《いちじる》しく見る可《べ》きなれども、内実の真面目《しんめんぼく》に至りては外面の如く甚だしからざるのみか、時としては女権強大にして十分の勢力を逞《たくまし》うするものなきに非ず。……一家の母が子に臨《のぞ》むの権力は殆《ほと》んど無限にして、如何《いか》なる男子も母の意見には従はざるを得ず、……之を西洋諸国の習慣に比《ひ》して我女権に一種の特色あるを見る可《べ》し。……内実は自《みず》から家事を左右して……衣服時様《じよう》の選定、食物の淡濃辛甘《たんのうしんかん》等、いつしか内君《ないくん》の好嗜《こうし》に化して、……日本女子の男子に対して卑屈なるは相違なしと雖《いえど》も、其外形に見るが如く甚だしからず、事柄に由《よ》りては其内実の勢力却《かえっ》て西洋婦人の右に出《いず》ることもなきに非《あらざ》れば、女権論を論ずる人も篤《とく》と此辺に注意して漫《みだり》に騒立《さわぎた》つことを止《や》め、……妻《さい》を呼ぶにも其名を呼捨《よびすて》にせずして何《なに》さんと云ひ、……我女権の不振は専ら其形に在るが故に、改良の道、断じて至難に非ざるなり。

これは、六四歳の福沢が一八九七年刊行の『福翁百話』第三六話として書いた「男尊女卑の弊は専ら外形に在る者多し」のほぼ全文である。かつて『文明論之概略』（『全集』④、一八七五年）において「一国独立」を至上最優先の課題に提起しながらも、「文明の本旨」をふまえた「一身独立」等の課題も「第二歩に遺《のこ》して、他日為《な》す所あらん」と書いて、福沢は日本の近代化の発展に期待をもたせた。しかし福沢は、結局、「一身独立」確立に向けての努力は生涯封印したまま、「愚民を籠絡《ろうらく》する」欺術としての神権天皇制とアジア侵略路線を先導することになった。読者はまた、右の福沢の「男尊女卑の弊は専ら外形に在る者多し」という文章に、すでに老衰しはてた彼のみじめな姿を見ないだろうか。

もちろん、ここにいう老衰は、（「人生僅か五十年」時代の）六四歳という年齢を意味しない。初期啓蒙期から男女「軽重の別あるべき理なし」、「男も人なり、女も人なり」という男女「平等」の抽象的な原則を一貫してくりかえし、『文明論之概略』の「文明の本旨」追求の場合と同様の期待を持たせた福沢が、結局、男女「平等」を構成する内実を政治・経済・教育・道徳のいずれの範疇においても明瞭に提示しえない女性論の歩みをくりかえしてきた。そして、ついにひらきなおったというのが、右の文章である。そういう意味における思想家福沢の老衰である。

自身、「女権」の具体的確立を探求する思想的努力を怠ってきた福沢は、いまや日本女性の「女権」はその「内実の真面目《しんめんぼく》」において、現状でも「強大にして十分の勢力を逞う」していると言って、読者に男女「平等」についての発想の転換を求める。

日本の子どもが母の意見をよく聞き入れる姿、各家庭の「衣服時様の選定」から「食物淡濃辛甘等」にいたるまで、当然ながら大抵が母の「好嗜」によって決められている姿、こういう姿の中に福沢は、日本の妻・母親の「権力」の無限性や「主権を専《もっぱら》に」している事実を読みとらなければならないと、読者に要求し、説教しているのである。

そして、あとは夫が「唯外面の礼儀」を改めて、「妻を呼ぶにも其名を呼捨に」しないように努めれば（山川菊栄は、こうした福沢の努力を「男女不平等の基礎的原因に何ら触るるところなく、単なる形式の、皮相の改革に止まり現状に対するきわめて些細な、無力な抗議にすぎない」と批判した）、日本における男女「同等」性は完成するのであり、その意味で、日本の「女権の不振」改善の道は「断じて至難に非ざるなり」と、断言しているのである。

つまり、福沢の説く女性「解放」論は、女性自身が自ら立ち上がって自己の権利や地位を要求、獲得するという主体的な解放の路線ではなく、（『日本婦人論 後編』の「家の男子を政府に喩へ女子を人民に喩へ」た男女の「間柄」を前提にして）、「政府」たる男子が「自ら一歩を譲りて」、「人民」たる「女子の発達を正道に導」き「活動の便を与へ」るという、支配者の理解と温情にすがるパターナリズム的な女性「解放」論であった。また、同じ『福翁百話』第六〇話「智愚強弱の異なるは親愛の本なり」（『全集』⑥、一八九七年）において、既述したように、福沢が「男女の間を同権にする」ことに反対した場合は、彼が次のような明確な判断をもっていたからであった。

西洋諸国の婦人が家計の豊《ゆたか》なるが為めに教育を受ること男子より高くして、……夫妻の間兎角《とかく》穏《おだやか》ならざる者多しと云ふも、智強と智強との衝突に外ならず。……（各種の人間関係において）其相互《あいたがい》に親愛するは本来の地位才能に強弱智愚の同じからざるものあるが故なり。……人間世界に強弱智愚相匹敵《あいひってき》して相親愛するの例は殆《ほと》んど絶無と云ふ可《べ》し。……左《さ》れば人間社会の小は一家族の内より大は公衆の交際朋友《ほうゆう》の間柄に至るまでも、人々の智愚強弱いよ〳〵懸隔《けんかく》すればいよ〳〵親愛の情を深くし、之に反するものは衝突《しょうとつ》を免《まぬ》かれず。

以上によって、福沢の期待した近代日本女性像は、次のようにまとめられよう。日本の女性は、参政権のような政治的主体としての自立は必要がなく、また、各種の職業分野に社会的進出をすることによって、経済的主体としての自立をめざさなくてもよい。女性は家庭内にあって、家事・育児等の「天職」を専ら担当し、この「家政参与の権」の行使において、「主権を専らに」すればよい。その点において、女性は社会で活躍する男性と「対等」な関係にある。役割分担に「内外の別」はあっても、そこにはなんらの「尊卑軽重の別」つまり、差別はない。「一切万事対等の心得を以て」、女性は自信を持って「天職」に専念すればよい。

つまり福沢は、男女に〈差異はあれど差別なし〉というそれ自体女性論の進歩と反動の両極を担いうるテーゼに対しては、「差異」の意味をかつて自らが書いた「男女格別に異なる所は唯生殖機関のみ」というラディカルな意味に発展させず、男女の固有の役割分担を前提として、その内外異なる役割を担う点において、男女はともに「同等」「同格」「平等」であると主張したのである。この福沢の男女「平等」論が〈差異はあれど差別なし〉のテーゼの反動の極を代表し、むしろその抽象的なテーゼをテコにして、女性の被差別の現状を合理化・肯定しようとした、典型的に差別的な男女「平等」論であることは、明らかである。言いかえれば、被差別の現状を「奴隷」と思わなくてもよいという論理まで用意・提示した点において、福沢は、近代日本の女性に二重の罪業を重ねたのである。

IV

福沢諭吉の「独立自尊」を検証する

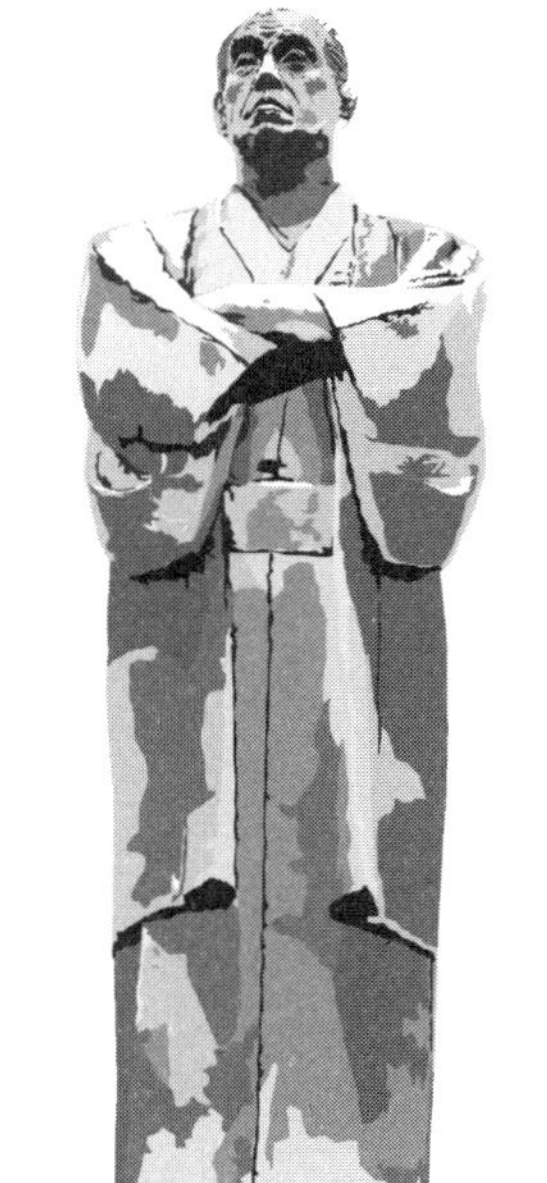

1　「修身要領」の編纂——福沢の最後の仕事

(1)「修身要領」の編纂経緯と反響

福沢諭吉に残された最後の仕事は、脳溢血発症からほぼ一年後、全快祝いを兼ねて園遊会を開催した一八九九年一一月頃から、彼自らが発案し着手した「修身要領」の編纂である。それは、日本が日清戦争に勝利し、帝国主義・(台湾)植民地支配の時代となり、条約改正にともなう内地雑居も始まる(九九年七月)という時代を迎えて、「現時の社会に適する」新たな修身処世の綱領を編纂し、普及をはかる仕事であった。以下では、①慶應義塾『福沢諭吉事典』(二〇一〇年、慶應義塾)、②小股《おまた》憲明『明治期における不敬事件の研究』(同年、思文閣)、③宮地正人『国民国家と天皇制』(二〇一二年、有志舎)の三著を参考にして、「修身要領」の編纂過程とその内容・問題点を確認・検討しよう。

福沢の主要門下生が編纂作業を進めた「修身要領」は、全二九条の条文中の六割近い一七条に「独立自尊」という語句が(一八回)使われているように、福沢の「独立自尊」の精神を説いたものである。一年前の脳溢血発症時に「殆ど絶望」という見立てで、小幡篤次郎が福沢の「戒名」として（『福翁百余話』第八話「智徳の独立」中に使われている）「独立自尊」を選んだという事情もあって、「修身要領」の編纂以後、「独立自尊」という語句が（「天は人の上に……」に次ぐ）福沢の代名詞のように有名になった。

しかし、「修身要領」以前の『福沢諭吉全集』では「独立自尊」という語句は二度しか登場しておらず、一度目の一八九〇年「尚商立国論」（『全集』⑫）の場合は、「修身要領」中の「独立自尊」とは無縁の表現であった。また「修身要領」編纂過程においても、「独立自尊」が「要領」の基本精神を表わす言葉として確定するまでには、幾度もの紆余曲折があった。

慶應『福沢諭吉事典』によると、「独立自尊」の四字熟語を中心概念とする「修身要領」全二九条は「『(福翁)百余話』の延長線上のもの」と評価されている。この評価は、九七年『福翁百余話』の中に「修身要領」同様の「独立自尊」が初めて使われている事実と、『百余話』の計一九話の題目中七話の表題に「独立の忠」「独立の孝」などと、「独立」の文字が繰り返し使われている事実から、妥当な見解と言えよう。

経過としては、土屋元作の「独立主義の綱領」草稿を第一次案として、小幡篤次郎、石河幹明、福沢一太郎（長男）、土屋の四人で検討が始められ、次に一太郎の「独立自重主義の綱領」一七条の二次案をめぐって、鎌田栄吉や門野幾之進が加わり、さらに九九年末からは、福沢の希望で日原昌造が新たに参加して検討が続けられた。その日原が二六項目の「綱領」草稿を用意し、彼の「独立自尊（或は自重）」主義という発案もあって、「綱領」の基本精神を表す語句が最終的に「独立自尊」となった。

この綱領の表題「修身綱領」が福沢の意見で「修身要領」と変更になった後、石河と小幡が案文の修正を行い、日原の「要領」二六項目が三〇項目となった。それに対して福沢が、最初の第一項目を独立させて「修身要領」の「前文」にするという重要な変更を加え、結局「修身要領」は前文と二九項目からなり、一九〇〇年二月の紀元節の日に完成した。「要領」は、その後も前文の「帝室」の前に「万世一系の」の加筆等があり、同年六月、福沢が揮毫したものが最終的な「修身要領」の決定稿となった。

確定した「修身要領」（『全集』㉑）前文は、「凡《およ》そ日本国に生々《せいせい》する臣民は男女《なんにょ》老少を問はず、万世一系の帝室を奉戴《ほうたい》して其恩徳を仰がざるものある可《べか》らず。此一事は満天《まんてん》下《か》何人《なんぴと》も疑《うたがい》を容《い》れざる所なり……徳教は人文の進歩と共に変化するの約束にして」とあり、「愚民を籠絡する」欺術としての天皇制を（追記によって）不動の「万世一系」の存在と念押ししながら、後半で「徳教は人文の進歩と共に変化する」ものとして、新たな帝国主義の時代に相応《ふさわ》しい「修身処世の法」の必要性を主張したものである。

目にとまったいくつかの条文についてメモしておこう。男女関係を問題にした第八、九条で、福沢の女性論に対応して、「男尊女卑」は「野蛮の陋習《ろうしゅう》」であり、「文明の男女」は「同等同位」であり、「一夫一婦」制が「人倫の始」とされているが、男女の「同権」規定のないのは当然であろう。

また、親子関係の第一〇、一一条では「子女も亦独立自尊の人」としながら、「子女たるものは父母の訓誨《くんかい》に従《したがっ》て孜々《しし》勉励、成長の後独立自尊の男女として世に立つ」としていたのは、福沢が子どもの自由や主体性を考えておらず、子どもは「父母に事《つか》」へ親に「孝行」する存在と考えていたことに対応していた。

第二二〜六条の国民道徳では、『学問のすゝめ』同様に、国民の基本的人権の確立・擁護から国家の存在理由を問う姿勢はなく、福沢の〈天賦国権・国賦人権〉的な近代化路線に対応して、「国民は軍事に服し国費を負担するの義務あり」とか「国法を遵奉するは国民たるものゝ義務」とか「日本国民は……生命財産を賭《と》して敵国と戦ふの義務」等という一方的な条文が並んでいた。

宮地正人『国民国家と天皇制』は、「第二六条は中々興味深い」と特筆して、条文全体を引用して、福沢の排外主義批判を評価している。しかし「地球上立国の数少なからずして各《おのおの》その宗教言語習俗を殊《こと》にす……等しく是《こ》れ同類の人間なれば……独《ひと》り自《みずか》ら尊大にして他国人を蔑視《べっし》するは独立自尊の旨に反するものなり」という他民族蔑視を戒めた条文が、宮地正人の高い評価にもかかわらず、典型的な「建て前」論に過ぎないことについては、後述する。

この「修身要領」への反響と評価をめぐって、三つの問題点がある。

第一に、世評では「福沢翁の修身要領」と呼ばれたこの「修身要領」に対して、先ず、同時代の保守陣営からきびしい批判が寄せられた。〈「修身要領」への猛攻撃〉という見出しのもとで、〈右からの批判が福沢の進歩性の証というニュアンスで〉その詳細を紹介している宮地正人前掲書により、その代表的な批判を見てみよう。筆頭は井上哲次郎の「独立自尊とは何か、それは個人主義の異名にして自由主義の別称」という俗耳に入りやすい決めつけと、「福沢の『修身要領』は一切忠孝を説かず……「分明に教育勅語と相背馳せり」」という一方的な批判である。枢密院顧問官・鳥尾小弥太の演説の「其全篇ヲ通観スルニ一辞ノ忠孝ニ言及スルモノナシ」「修身要領ナルモノハ全ク教育勅語ニ反対スル道徳論」というのも、同類の批判である。これらの攻撃や批判が見当はずれのものであることについては、本章「2 「修身要領」の評価をめぐって」で論じる。

第二は、既述したように、戦後日本の福沢研究では長年「反儒教主義は殆ど諭吉の一生を通じての課題」という丸山眞男による福沢神話が信奉されてきた問題とかかわる。丸山自身は死の前年に福沢が教育勅語に積極的に賛同した『時事新報』社説の存在を認識したが、宮地は「丸山諭吉」神話の虚構を論証するその決定的に重要な事実には委細構わず、「福沢の最も対決したのは他ならぬ日本国内の儒教主義、国家主義と忠孝主義が結合した教育勅語イデオロギー」であるとして、右記の鳥尾枢密院顧問官の「忠孝の教えと独立自尊主義が……背反する」という発言に対しては、括弧書きで「(これは正しい指摘である)」と加筆し、『東京日日新聞』の朝比奈知泉記者の「忠孝に関し一切の言及なく、天皇の為に死ぬという道徳をも説いてはいない」という(見当はずれの)批判に対しては「流石《さすが》に知泉だけあって本質を突いた攻撃」と評価している。

つまり、明治の同時代人の保守陣営が、福沢の「独立自尊」は教育勅語と忠孝思想に「背馳」「背反」していると批判をしているのに対して、奇妙な構図であるが、戦後日本の「民主主義陣営」も、福沢とその「独立自尊」主義は、教育勅語と忠孝思想に相容れないとして、エールを交換しているのである。

第三の問題点は、「修身要領」の曲折にとんだ編纂過程が示唆するように、「要領」の「独立自尊」という語句とその精神は、福沢自身も『福翁百余話』で初めて使った馴染みのない言葉であるうえに、「要領」の基本精神自体が「独立主義」→「独立自重主義」→「独立自尊」（または「独立自重」）と三度推移したように、福沢の主要門下生にとっても、「独立自尊」という概念が、理解しがたい理念であったという問題である。

つまり、福沢の「独立自尊」という理念が曖昧かつ不分明であったために、福沢自身は教育勅語に積極的に賛同し、「我輩は寧ろ古主義の主張者なり」と儒教主義を擁護しているのに、まず1．明治の保守陣営が「独立自尊」は勅語と忠孝思想に反していると攻撃し、次に2．戦後日本の「民主主義」陣営が、「そうだ「独立自尊」は勅語と忠孝思想に相容れない」と、井上らの攻撃に同調しながら、逆に「独立自尊」を擁護し、さらに現在、3．かつて「戦後レジームからの脱却」をスローガンとし、今は「強い日本を取り戻す」と呼号して首相となった安倍晋三がその初の施政方針演説の冒頭で、福沢の「一身独立して一国独立する」を引用し、さらに「独立自尊！　私は経済を立て直す！」と呼号し（『週刊新潮』58巻第1号）、また今日の政治家の中でも最右翼を自認する石原慎太郎が、その街頭の衆院選挙演説で安倍同様に「独立自尊」を叫んだように、保守の政治家たちが福沢語録をもてはやしているのである。

以上の三つの問題点を検討し「要領」理解を深めるために、福沢自身の（もっぱら儒教主義反対論と誤解されている）徳育論の推移を復習し、日清戦争の戦勝後、とりわけ西園寺公望文相を中心として、一時期、教育勅語に代わる新たな道徳論を模索する動きが盛り上がった時代状況に即して、「要領」の正しい評価と位置づけを試みることにしよう。

(2) 福沢徳育論の推移と「修身要領」への道

安川『福沢諭吉と丸山眞男』のII章1「福沢の忠孝思想」で詳しく解明したように、（六六年の生涯の前半生を封建社会で過ごした）福沢にとって、「君に忠を尽」し「親に孝行」することは、生涯、自明の徳育であった。しかし、「封建世禄の臣」が藩主「一筋に国君一身の為」に殉死するような（『学問のすゝめ』楠公権助論も問題にした）行為は「所謂愚忠」であり、「元禄の忠孝世界」への復古であるという、封建時代そのままの忠孝思想に対する（森有礼、井上毅、西園寺公望各文相ら明治政府開明派に共通する）批判は、福沢の場合も生涯一貫していた。

「修身要領」に近い福沢の徳育論は、一八八二（明治一五）年の『徳育如何』（『全集』⑤）における「自主独立の一義、以《も》つて君に仕《つか》ふ可し、以て父母に事《つか》ふ可し」に姿をみせている。しかし忠孝思想を「自主独立論の中に包羅」するという同書の発想自体は理解し難く、その徳育論は福沢自身においても定着せず、広く一般に受け入れられるには至らなかった。

翌八三年「徳教之説」において、「我日本国士人の為」の「尽忠報国」を提起し、「諸外国に誇る可き一系万代の至尊を奉戴し……日本国民は唯この一帝室に忠を尽して他に顧る所のものある可らず」と主張した福沢が、「教育勅語」を積極的に歓迎し、勅語の「仁義孝悌忠君愛国の精神」を学校教育で貫徹させるように要求する社説を書かせた福沢自身の思想的道のりについては、本書第Ⅱ章の「7　「報国致死」の私学の「建学の精神」と私学経費三分の一論」において詳述した。

その福沢が日清戦争後の新たな時代状況をふまえて、石河幹明記者に指示して書かせた九五（明治二八）年七月の三日間の社説「道徳の進歩」「道徳の標準」「忠義の意味」（『全集』⑮）は、それなりの波紋をもたらした。三篇を通して「道徳も亦是れ変遷進歩的のもの」として、「彼《か》の殉死の如き」古人の「単純なる忠孝仁義」を推奨するのが誤りであるという指摘は従来通りであるが、新たに「文明の道徳は緻密広大」なものであると主張した。依然として、「忠義その物」の必要性はもちろん自明の前提であるが、殉死のような「非常の忠孝は正宗の宝刀」として「深く心に蔵《おさ》めて」、新たに「国家の富強」と「帝室の尊栄」を願う「人民平時の忠義」を考えよ、という主張である。

翌月九日の社説「文部大臣の教育談」（『全集』⑮）は、西園寺公望文相が修身科について、この『時事新報』社説に呼応するかのように、「変に処し君主の馬前に討死」するような「忠臣」を「模範」的人物像とするのではなく、「順境に在て功を奏したる偉人の伝を加へ」「文明の化を助《たすけ》たる所謂良臣の言行を採らんことを希望する」と語った事実を紹介して、「我輩平素の主義と相合《あいがっ》したる」ものとして喜んだ。また福沢は、「日清戦争の結果は日本国人の襟度《きんど》を闊大《かつだい》ならしめて、逡巡躊《しゅんじゅんちゅう》躇《ちょ》の狐疑心《こぎしん》を一掃し、世界進歩の大勢に目を注ぐに至りたる其時勢の変化」を歓迎した。

ところが西園寺文相は、福沢よりさらに一歩進んで、「あの教育勅語一本だけでは物足らない。もっとリベラルの方へ向けて教育の方針を立つべき」と考え、条約改正や日清戦争後の新しい国際的、国内的状況に応じて「第二次教育勅語」制定の必要性を感じ、明治天皇にその旨「奏請」して内諾を得て、(一旦は)伊藤総理も了解して、第二次教育勅語「草案」を作成し、閣議提出の手前まで至っていた(西園寺については小股前掲書)。しかし、保守派の反対と伊藤内閣の交替で実現に至らなかった。文相以外にも、同じ時期に、「中島徳蔵の教育勅語撤回風説事件」、天皇に提出された「教育勅語追加」案、「文部次官某の『教育勅語撤回』説」の三件の教育勅語再検討の動きがあった。

小股が九六年三月頃の執筆と推定している西園寺の第二次教育勅語「草案」は、「人生ノ模範ヲ衰世逆境ノ士ニ取リ其危激《きげき》ノ言行ニ倣《なら》ハントス……スルカ如キ……皆是青年子弟ヲ誤ル所以《ゆえん》ニシテ……今ヤ列国ノ進運ハ日一日ヨリ急ニシテ、東洋ノ面目ヲ一変スルノ大機ニ臨《のぞ》ム。而《しか》シテ条約改訂ノ結果……此時ニ当リ、朕《ちん》ガ臣民ノ与国《よこく》ノ臣民ニ接スルヤ丁寧親切ニシテ、明ラカニ大国寛容ノ気、象ヲ発揮セザル可カラズ。抑《そもそ》モ今日ノ帝国ハ、勃興発達ノ時ナリ。藹然《あいぜん》社交ノ徳義ヲ進メ、欣然《きんぜん》各自ノ業務ヲ励《はげ》ミ……学術技芸ヲ練磨シ、以テ富強ノ根柢《こんてい》ヲ培《つちか》ヒ、女子ノ教育ヲ盛ニシテ其地位ヲ嵩《たか》メ、夫ヲ輔《たす》ケ子ヲ育スルノ道ヲ講セサル可カラズ」というものであった。

西園寺の文相在任中の諸学校卒業式の「演説」や『教育時論』誌上の談話を見れば、当時の彼の持論がそのまま勅語「草案」に盛り込まれていたと言える。とりわけ「我が国民たる者は、常に宇《う》内《だい》列国の形勢に注目し、世界の文明に伴いて、国運を長進せしむることを図《はか》らざる可《べか》らず……唯《ゆい》我独尊《がどくそん》の気象によりて、他の国民を凌蔑《りょうべつ》し、又は世界の文明と共に発達することを忘るるときは、必ず国家に不幸なる結果を来《きた》す」という他国民蔑視と排外主義を戒めた見解は、帝国主義時代に相応しい国民の資質を求めた、良識的な教育論と言えよう。

ただし、西園寺のこれらの発言は、国粋派・保守派からは「世界主義」「フランスかぶれ」、福沢・楠公権助論の再来などと非難された。しかし、森有礼文相が「今の世に孔孟の教を唱ふるは迂闊」として文部省の儒教主義復活路線を修正し、仁義忠孝の修身教科書使用を差し止めた事実や、西園寺の前任の井上毅文相が「或ハ矯激《きょうげき》ニ流レ中庸ヲ失ヒ、又ハ変ニ処スルノ権道ニシテ、歴史上ノ美談ト為ス」ような「小学校修身教授上ニ関スル注意訓令」（九三年）を発令した事実を想起すると、西園寺文相は、森・井上ら明治政府「開明派」に共通する一員であることが理解できよう。

この西園寺文相への期待を寄せて福沢は、彼の二期目の短期文相在任中の九八年三月中旬に、「内地雑居掛念に堪へず」「排外思想の系統」「儒教主義の害は其腐敗に在り」「我輩は寧ろ古主義の主張者なり」（『全集』⑯）など六篇の一連の社説を書いた。福沢は、「学校の校長教師輩の中にも外国人を指して毛唐《けとう》、赤髯《あかひげ》など唱へ」るなどの「排外主義」や復古的な「儒教主義」が復活・存続しているとして、それらの事象をもっぱら文部省のかつての儒教主義復活政策の責任とする年来の持論を繰り返した。また、民権運動に対抗して「当時政府が古主義の回復に熱心なりしは隠れもなき事実」で、その結果「古流の主義に立返り、忠孝仁義、以て卑屈柔順、唯命是従ふの風」となっていることを批判した。以上の批判は、西園寺文相の姿勢を支え、彼に同調する発論と言える。

しかし後半の議論は、意外にも「我輩は寧《むし》ろ古主義の主張者」という表題が示唆するように、むしろ儒教主義をふくむ「古主義」を福沢が積極的に擁護する展開となっていた。「儒教主義の害は其腐敗に在り」において、自分が「儒教主義を排斥」するのは、それが「腐敗し易き性質を具《そな》へ」ているからという見解を示しながら福沢は、「純粋無垢《じゅんすいむく》」の本性では「周公孔子の教は忠孝仁義の道を説きたるものにして一点の非難もなきのみか、寧《むし》ろ社会人道の標準として自から敬重す可きもの」とした。

六篇の最後の「我輩は寧ろ古主義の主張者なり」が、なかでもその意向を積極的に押し出したものである。「扨《さて》我輩が前日来引続きて儒教主義の事を論じたる其所謂《いわゆる》儒教主義とは、特に周公孔子の教のみを指したるに非ず。古来我国に行はれたる神儒仏等の古主義を一括して儒教主義の名を下した」ものと断って、福沢は「一般の道徳を導くの一段に至れば、孰《いず》れの教《おしえ》も……其効能を同うせざるを得ず」と指摘し、この古主義が「純粋無垢の本性」において「社会の道徳を維持するの効能、必ず疑ふ可らず」と主張した。そして、福沢は論説の最後を「吾輩の目的は……実際に其実を行はしめんとするの一事にして、此一段に至れば我輩は啻《ただ》に古主義を排斥せざるのみか、寧《むし》ろ其主張者を以て自から居るもの」と結んだ。この意外性をもった主張は、なにを意味するのか。

丸山らが作り上げた福沢神話の世界では、「自主独立」や「独立」の徳育という福沢の言葉に飛びついて、福沢の「自主独立の徳育」論は、生涯にわたる「反儒教主義」闘争をもたらした「「独立自尊」の市民的精神」を意味するものと積極的に評価されてきた。しかし、「我輩は……寧《むし》ろ其（古主義の）主張者」という福沢の主張は、定説的な福沢の徳育論理解が、むしろ誤りであることの確認を迫っているのである。

第Ⅱ章の「7　報国致死」の私学の「建学の精神」と私学経費三分の一論」で見たように、啓蒙期から「君に忠、親に孝」を「人たる者の当然」と考えてきた福沢は、中期保守思想の確立とともに、「日本国士人」の「尽忠報国」の道徳に対して、「下流の人民・群民」の道徳には「宗教の信心与《あづかり》て大に力あり」という、ダブルスタンダードの徳育路線の道を歩んだ。殖産興業・強兵富国の近代化を推し進めるうえで、儒教主義では「実学思想の発達」を期待できないとか、「対外認識」の視点がないとか、主君のための殉死のような「愚忠」「非常の忠孝」ではなく「平時の忠義」が必要などという、儒教主義への批判と注文を出しながら、「忠孝仁義」そのものへの福沢の支持は、生涯不動であった。

四年後の「政略」においても、忠孝一体の「旧日本流の道徳主義」を自明視した福沢は、帝国憲法発布時の「従順温良、卑屈、無気力」の国民性を「我日本国人の殊色《しゅしょく》」と評価し、翌年の「教育勅語」の発布も積極的に受容した。日清戦争を迎えると福沢は、「深く鞘《さや》に納め」てきた「非常の忠孝」の「正宗の宝刀」を抜き放ち、激烈な社説「日本臣民の覚悟」を書いて、「あらん限りの忠義」「忠勇義烈」と「人の種の尽きるまでも戦ふ」覚悟を、日本の「臣民」に求めた。

一方、「馬鹿と片輪に宗教、丁度よき取合せ」と書いて、下流人民向けには宗教教化路線を歩んだ福沢は、神社・仏閣を中心とする宗教振興論を説き続けてきた。福沢が長年にわたり懸念してきた通り、日清戦争後の一八九七年に各種の労働組合が創立されると、同年八月の日原昌造宛て書簡で、「世の中を見れば随分患《うれ》ふべきもの少なからず……遠くはコンムニズムとレパブリックの漫論を生ずることとなり、是れは恐るべきことにして、唯今より何とか人心の方向を転ずるの工風《くふう》なかるべからず」と書いた福沢は、七月「宗教は経世の要具なり」(『全集』⑯)において「世に同盟罷業などの騒ぎを生ずるも偶然に非《あら》ざるなり。而《しか》して今この理屈張《ばり》たる民情を緩和《かんわ》し……衝突を防ぐに有力なるものは、独《ひと》り宗教あるのみ」と、改めて宗教へのつよい期待を表明した。

『福翁百余話』における福沢の「独立自尊」「独立の忠」「独立の孝」論の展開と、その徳育論を受けた「修身要領」の編纂は、一方で内地雑居や日本の帝国主義的発展を展望しながらも、右のような労働運動・社会主義運動や足尾銅山鉱毒事件への福沢の不安・懸念が深まる時代状況のさ中にとり組まれたものである。

それを示唆するのが、「修身要領」編纂の年の年末に石河幹明記者が福沢の意を受けて執筆した、二つの論説「我国に於ける貧富の衝突は極めて激烈なる可し」と「今の富豪家に自衛の覚悟ありや否や」(『全集』⑯)である。両論説において、「我国に於ける社会問題の争《あらそい》は西洋と大《おおい》に其趣《おもむき》を異《こと》にして、其性質必ず激烈なるものある可し」、「貧民対富豪の……衝突……早晩到来して意外の惨状を」という懸念が表明されたのである。

その懸念を裏付けるように、一八九八年一〇月に安部磯雄、片山潜、幸徳秋水らが結成した社会主義研究会は、一九〇〇年一月には、社会主義を「我邦に応用する」目的をもった実践志向の社会主義協会に改組された。同年三月制定の「治安警察法」によるきびしい弾圧により労働組合運動は全般的に衰退に向かうが、知識階級を中心とする社会主義運動は逆に活発化し、翌年五月、安部磯雄、片山潜を中心に木下尚江、幸徳秋水らが日本最初の社会主義政党「社会民主党」を結成し、宣言書を発表した。

以上の前提的な考察をふまえて、「独立自尊」の徳育を表明した「修身要領」の「独立の忠」「独立の孝」という福沢の忠孝思想の分析・検討に移ろう。

(3)「独立自尊」の「忠孝」思想とその破綻

「独立自尊」の徳育分析の最初の作業として、『福沢諭吉事典』が「修身要領」のもとになったという『福翁百余話』計一九話のなかで、ただ一度だけ、問題の「独立自尊」という語句が登場する第八話「智徳の独立」から見よう。

> 第八話　智徳の独立
> 独立は単に肉体のみに非ずして精神の独立こそ更《さ》らに大切なれ。衣食足りて独立成ると云ふが如きは断じて許す可《べか》らず。……他人に教へらるゝに非ず、他人を憚《はばか》るに非ず、……要は唯《ただ》

自尊自重独立して人間の本分を尽《つく》すの一点に在《あ》るのみ。仁義忠孝の道……特に之を徳義として特に之を尊重するは、却《かえっ》て人の品位の尚《な》ほ未《いま》だ高からざるを表《ひょう》するに足る可《べ》し。人生本来禽《きん》獣《じゅう》に非ず、……高尚至極霊妙《こうしょうしごくれいみょう》至極《しごく》の位《くらい》に在りと……悟るときは、不仁不義不忠不孝の如き恰《あたか》も白痴瘋癲《はくちふうてん》の所業《しょぎょう》にして之を学ぶの念は発起《ほっき》す可《べか》らず。……

……彼《か》の仁義忠孝の如き固《もと》より人事中の条項なれども、特に之を勉《つと》めずして自分の言行は自然に之に適し、自《みず》から徳義と知らずして身は徳義の人と為《な》る可《べ》し。独立自尊の本心は百行《ひゃくこう》の源泉にして、源泉滾々《こんこん》到らざる所なし。是《こ》れぞ智徳の基礎の堅固《けんご》なるものにして、君子の言行は他動に非ず都《すべ》て自発なりと知る可し。

これを見れば、福沢のいう「独立自尊」とは、人が「仁義忠孝の道」を実践するのは、人間としての「徳義」だからとか、人の目を憚《はばか》ってとか、或は他から教えられ促されて「他動」的に実践することではなく、「徳義と知らずして身は徳義の人と為《な》る」ように、「自発」的に「人間の本分を尽す」という「精神の独立」した能動的な姿勢を、指しているようである。しかしこの説明は、まるで「聖人君子」の道を説いているような印象で、義塾関係者にも理解し難い理念であったと思われる。「衣食足りて独立成る」というのが、普通に理解しやすい世の常識と思えるが、それを「断じて許す可《べか》らず」と否定した非常に観念的な発想である。加えて、「仁義忠孝の道」を「特に之を徳義として特に之を尊重する」ことは望ましくないという注文も難解である。

おそらく福沢自身も、自分が初めて正面から説いたこの「独立自尊」の理念は、義塾関係者にも理解しがたいものと懸念した、と思われる。そこで福沢は、「社会人道の標準として自から敬重《けいちょう》す可《べ》き」徳義と考えている「仁義忠孝」の実践に即して、「独立自尊」の道の説明を試みることにした。それが、この『福翁百余話』第八話に続く第九話の「独立の忠」と第一〇話の「独立の孝」に即しての具体的な説明である。

なお、多くの福沢研究者たちはそろって福沢が儒教と忠孝思想に生涯、「格闘」「対決」「反対」「抵抗」したと主張しているが、ここで見落とさないでほしいのは、福沢自身は、「修身要領」編纂の最晩年においても、「忠孝仁義の道」を「社会人道の標準として自から敬重す可きもの」と主張し、「吾輩は寧ろ古主義の主張者」という念押しの論説までを書いた上で、さらに以下において、「人間の本分」「人の精神」をふみ行いさえすれば自動的に人は「忠臣孝子」となりうるというほどまでに、忠孝道徳を、帝国主義の時代においても、人間にとって身近でかつ普遍的な道徳であるという主張を展開しようとしていることである。

第九話　独立の忠

人として自《みず》から禽獣《きんじゅう》に異《こと》なるを知り、其精神の高尚至極《しごく》霊妙至極なるを悟りて、人間の本分に安《やす》んずるときは、其霊心の発する所、仮令《たと》ひ自《みず》から知らざるも正《まさ》しく忠孝の旨《むね》に適して、其人は純粋の忠臣孝子たらざるを得ず。之を独立の忠孝と云ふ。例《たと》へば一国に君主を仰ぐ所以《ゆえん》の本来を尋《たずぬ》れば、……不完全なる民心をして帰《き》する所を一《いつ》にせしむるが為めの必要……君主の地位は容易に動かす可《べか》らず。……君位の動揺は取りも直さず民心の動揺にして、……独立の士は一身の小利害を言はずして必ず平和の方針に向ひ、時としては生命財産を犠牲にしても此《この》方針を守る可《べ》し。否《い》な……其平生《へいぜい》に於ても人心を高尚に導き、……社会の変乱を其未《そのいま》だ発せざるに予防して、世安《せあん》維持の天職を勤めんとするものなれ……而《しこう》して其士人の進退は、必ずしも時の君王の厳命に接して止《や》むを得ず事に当るに非ず、又その殊恩《しゅおん》を蒙《こうむ》りて報恩の為《た》めにするに非ず、……唯《ただ》自尊自重、人たるの本分を忘れず、其本心の指示する所に従ふて自《おのず》から忠義の道に適するのみ。忠義の心自動にして他動ならざるを知る可《べ》し。

第一〇話　独立の孝

我父母は如何《いか》なる者ぞと尋《たづぬ》れば、我れを産んで我れを養ひ、我れを教へ我れを助け、凡《およ》そ人力《りょく》のあらん限りを尽して我為《わがた》めにしたる所の恩人にして、他に比較す可《べ》きものはある可《べか》らず。左《さ》れば此《この》大恩人の恩を忘れずして我力《わがちから》のあらん限りを尽さんとするは、他に促《うなが》されて始めて悟るに非《あら》ず、又特に自《みず》から勉《つとむ》るにも非ず、唯《ただ》最近最親の関係よりして自然に発する所の至情のみ。……父母に孝行は固《もと》より美事《びじ》に相違なしと雖《いえど》も、其由《よっ》て発する所の根本を求《もとむ》れば、人間の高尚至極《しごく》霊妙至極なる本心に在《あり》て存《そん》す。苟《いやしく》も其本心を我至宝として傷《きずつく》ることなく、自重自尊、大切に之を守るときは発して孝と為《な》り忠と為り仁と為り義と為り、……凡百《ぼんぴゃく》の徳行備《そな》はらざることなきに至る可し。……父母に孝なればとて自《みず》から誇るに足らざるは無論、傍《かたわら》より誉《ほむ》るにも足らず。……孝行は驚くに足らず、驚く可きは唯《ただ》不孝のみ。而して此至情《しこう》の発する泉源は万物中の至尊《しそん》又至霊《しれい》たる人の精神に在《あり》て存《そん》す。

一体全体、これら「独立の忠」「独立の孝」がどうして「(独立自尊の) 市民的精神」と評価できるのか、私には理解できない。「自主独立の一義、以つて君に仕《つか》ふ可し、以て父母に事《つか》ふ可し」という「自主独立」の忠孝思想を説いた八二年『徳育如何』の半年前に、福沢はすでに『帝室論』を著わし、「数百千年来君臣情誼《じょうぎ》の空気中」に生活してきた「我日本国民」の「精神道徳」は「唯この情誼の一点に依頼」しなければならないとして、彼は、天皇制を「日本人民の精神を収攬《しゅうらん》するの中心」にすえた。以後、福沢はその「愚民を籠絡《ろうらく》するの一欺術」としての民衆の精神支配の天皇制による政治構想を生涯変えることはなかった。

げんに、「独立自尊」の精神を説いた「修身要領」の場合も、福沢自身の指示によって、当初の第一条規定が独立して、「凡《およ》そ日本国に生々《せいせい》する臣民は男女老少を問はず、万世一系の帝室を奉戴《ほうたい》して其恩徳を仰がざるものある可《べか》らず」という天皇制規定が、「修身要領」全体を制約する重要な前文となったのである。

つまり、福沢の説く臣民の「独立の忠」「独立の孝」または「自主独立」の忠孝は、第一に、「君臣情誼」という制度的枠組みの中での「自動」「自発」的な (報恩) 行為という意味であり、独立自由な「市民的精神」とはおよそ無縁の、（「万世一系の」）天皇に（「恩徳を仰」ぐ）従属した「臣民」、つまり非独立の市民の「忠」であり「孝」なのである。したがって非独立者の「独立」や「自主」や「独立自尊」という理念自体、ほんらい形容矛盾としか言えない。

だからこそ福沢は、第二に、「禽獣」とは異なる「高尚至極霊妙至極」の「人間の本分に安ん」ずれば、「其人は純粋の忠臣孝子たらざるを得ず」とか、「至尊又至霊たる人の精神」や「人間の高尚至極霊妙至極なる本心……を我至宝として……之を守るときは発して孝と為り忠と為」る、つまり禽獣と異なる万物の霊長たる人間は、「人間の本分」「人の精神」をふみ行えば自動的に「忠臣孝子」となりうるという、理解困難で無理な説明・主張を展開しているのである。

この説明・主張の無理を自覚していたからこそ、福沢は、さらに第三に、「君主の厳命」や「報恩の為め」や俸禄《ほうろく》による「衣食の返礼」のためという「他動」的な理由からではなく、臣民が「自動」的「自発」的に「自から忠義の道」を実践することを求めた。その（論理的な）根拠として、君主は「民心をして帰」一せしむる社会装置であるから、「独立の士」は、「生命財産を犠牲にしても」この「君主の地位」を守らなければならないと主張した。しかし、君主制でなくとも「民心帰一」の社会制度は別にありうるのに（げんに福沢自身が共和国の憲法のことを注記している）、なぜ中期以降の福沢は、臣民に「万世一系の宝祚《ほうそ》」を生涯おしつけ続けたのか、という反論が容易に成立する。

また福沢は、親が「人力のあらん限りを尽して」子どもを養育した「大恩人」だからという無理な理由（手抜きの育児は珍しくない）、つまり「他動」的な「報恩」によって、親孝行を「自然に発する所の至情」と説明する、あらわな自己矛盾をおかしている。市民社会では、子どもの養育は普通「無償の愛」と説明され、「報恩」の見返りを期待しないのが常識である。同様にして、福沢が「修身要領」の前文に日本臣民は「万世一系の帝室を奉戴《ほうたい》して其恩徳を仰がざるものある可《べか》らず」を加えたことは、天皇への臣民の独立自尊の「忠誠」心を「他動」的な「恩徳」への「報恩」として期待している点において、同じ自己矛盾を繰り返している。つまり、福沢「修身要領」の「独立自尊」の忠孝思想は、その形容矛盾や自己矛盾によって、明らかに破綻しており、意味をなしていないのである。

第四に、福沢の「独立の忠」「独立の孝」が「人間の本分」「人の精神」とは無縁の形容矛盾・論理矛盾の「他動」的な徳育とならざるを得ない根本的な原因は、「愚民を籠絡する」欺術としての天皇制とアジア侵略路線を突き進んだ〈天賦国権・国賦人権〉の日本の近代化路線そのものにあることは言うまでもない。

2 「修身要領」の評価をめぐって
――当時と現在

(1) 教育勅語と相呼応する「修身要領」

「修身要領」の前文は、「万世一系の帝室を奉戴して其恩徳を仰」ぐ日本国「臣民」規定に次ぐ後半において、「徳教は人文の進歩と共に変化する」ものだから「日新文明の社会」に対応する新たな「修身処世の法」が必要と説いた。これは日清戦争後の「外には商権を拡張し、内には内地雑居」を受け入れた日本の国民が「常に宇内《うだい》列国の形勢に注目し、世界の文明に伴いて、国運を長進せしむることを図《はか》」る時代を迎えているという、西園寺文相談話に見られるとおり、時代の常識と言えよう。

「偏局卑屈ノ見解ヲ以テ、忠孝ヲ説」く徳教を批判する西園寺文相に呼応して、「卑屈柔順、唯命是従う」同様の旧来の忠孝仁義を批判した福沢は、『福翁百余話』において、「君主の厳命」や「報恩の為め」の「他動」的な理由による忠孝仁義でなく、自発的に「自から忠義の道」を行う「自動」的な「独立の忠」や「独立の孝」を主張した。「教育勅語」より「もっとリベラルの方へ向け」た改革を志向した西園寺文相を支持しながら、なお「吾輩は寧ろ古主義の主張者なり」と言って、「自主独立」の忠孝仁義を主張した福沢と西園寺の違いは、なにか。それは、日本の貧富の衝突が「早晩到来して意外の惨状」、「社会問題の争は……必ず激烈」という労働運動・社会主義運動への強い懸念が、日清戦争後の労働組合運動、足尾銅山鉱毒事件、社会主義研究会などの現実となってきた事実への明治「政府のお師匠様」福沢の危機意識の表れであったと思われる。

なお、「前文」後半で「修身要領」も「徳教は人文の進歩と共に変化する」ものとしながら、「前文」前半の「帝室」の前に「万世一系の」の一句を加筆した事実は、天皇制の「徳教は人文の進歩と共に変化する」ものではないという天皇制の不変不動性についての福沢の意思表明と解釈すべきであろう。

ところが、その「独立自尊」の忠孝道徳を解明した『福翁百余話』をふまえた修身要領には、「独立の忠」や「独立の孝」の忠孝規定は採用されなかった（そのために保守陣営の非難・攻撃を招いた）。それはなぜか？　福沢の思想に即して、考えられる理由を並べておこう。

第一は、福沢の指示で「万世一系の帝室を奉戴して其恩徳を仰がざる者」なしの「臣民」規定が前文に置かれたことによって、福沢の天皇制構想の「恩徳」への報恩として、臣民の「忠誠」規定は保障されていた。

第二に、臣民の忠孝道徳はすでに「教育勅語」で規定されているから、帝国主義と内地雑居の「現時の社会に適する」新たな「修身要領」にあらためて忠孝道徳を条文化する必要はなかった。その教育勅語を「感泣《かんきゅう》」を以て受容し、教育によって「仁義孝悌忠君愛国の精神」を貫徹させよと要求した「吾輩」(=福沢・時事新報社)の「教育勅語」評価を、福沢は生涯変えることはなかった。

第三に、福沢の「独立自尊」は、門下生にとっても理解が困難な概念であり、また「独立自尊」の忠孝思想は、理論的にも破綻した形容矛盾・論理矛盾の「他動」的な徳育論であったことも、条文化されなかった消極的な理由として考えられよう。

なお、「修身要領」に「孝」道徳も条文化されなかったことについては、「教育勅語」が存在しているという理由に加えて、福沢にとって、それを許容できる別の条件があった。それが、「要領」第一一条の「子女の独立自尊」規定である。もともと「子女」は、成人後に「独立自尊」が問題になるという規定であり、福沢の指示で、さらに枠をはめる念押しがされていた。「修身要領」について福沢は、「あれはチャンと立派に思想の固まった者が一身を処する上のことで、幼い子どもが独立自尊などと……親の命令にも従わない、教師の教訓をも守らないなどと云うことになっては以《もっ》ての外」と心配して彼は、義塾の小学生が「独立自尊」を誤解しないように、自ら「今日子供たる身の独立自尊法は、唯《ただ》父母の教訓に従って進退す可きのみ」という訓示を、わざわざ揮毫して書きあたえた。その福沢の指示による「幼稚舎修身十個条」第六条では「父母を親み敬ひて其心に従ふべし」と規定されていた。つまり、福沢の訓示と幼稚舎修身要領によって、子どもは自由や自主の主体ではなく、「父母に事《つか》」へ親に「孝行」する存在であることが、より明確になっていたのである。

(2) 宮地正人の福沢評価

宮地『国民国家と天皇制』(第三章) は、「修身要領」編纂時の福沢が依然として「教育勅語イデオロギー」と最も対決した「英米流個人主義・自由主義イデオロギー」を保持しているという誤った理解を前提にしている。宮地は、「修身要領」が「猛攻撃」を受けさらに「挫折」した理由を、そのためであるとしている。

その解釈の無理の第一は、戦前・戦後の二度、福沢の伝記を書き、慶應義塾の塾長と文相も務めた高橋誠一郎が、戦後、慶應義塾が「要領」制定七〇年を記念して「修身要領」覆刻《ふっこく》の企画をたてた際に反対したのは、「修身要領」前文冒頭が「教育勅語の、皇室中心主義の道徳への接近を思はせるもの」があるためであったという証言によって、ひとまず簡単に理解できるであろう (安川『福沢諭吉と丸山眞男』第Ⅰ章2c「「修身要領」の評価――「独立自尊」と天皇制」)。宮地が未だに踏襲している福沢が教育勅語反対論者であるという理解は、丸山による福沢神話で創作された最大の虚構である (丸山は学士院において、「福沢死後の『修身要領』にも、そういう教育勅語の忠君愛国的なものは全然でておりません」という、明らかに「前文」を無視した虚偽の報告をしていた)。

第二は、宮地が「福沢の門下生達が全国各地で「修身要領」の普及を試みるも、受け容れられる土壌は存在しなくなっていた」と指摘し、「筆者には福沢にとってはいい時期 (「要領」の翌年) に死んだと思えてならない」とまで書いている問題である。

しかしこれは、「修身要領」発表の翌日に徳富蘇峰の『国民新聞』が全文を掲載し、三月にかけては黒岩涙香の『万朝報』、『東京日日新聞』『東京朝日新聞』『中外商業新報』などが社説にとりあげ、三月以降の『中央公論』『太陽』『教育学術界』『哲学雑誌』などの雑誌も「修身要領」に論及したという「修身要領の反響」や、以後四〇年近い長期間にわたって、全国各地で「修身要領」普及の講演会が開催された「修身要領の普及活動」の事実を無視した評価である。

第三に、慶應義塾では、作成されたばかりの「修身要領」を、皇太子（大正天皇）の結婚祝いに小幡篤次郎が絹地に「謹書」して、鎌田塾長が、教職員学生の総代として東宮御所《とうぐう》に「奉呈」し、同年、福沢は宮内省から三〇年来の学術・教育活動に対し五万円の「恩賜金」を「下賜」された。

『文明論之概略』第九章までは天皇制への冷静な判断と明確な批判意識を表明していた福沢は、中期保守化を転機に、天皇制の本質を「愚民を籠絡する」欺術と見ぬいたうえで、それを主体的に選択した保守の「具眼の識者」であった。以後福沢は、「英米流個人主義・自由主義」とはおよそ無縁の天皇の尊厳・神聖のキャンペーンの先頭に立ち、（大本営での明治天皇の日清戦争の戦争指導を筆頭とする）天皇の政治関与・指導（宮地は、福沢の天皇制構想を丸山同様に「政治から皇室を絶縁」と誤解）のたびに「感泣」した福沢は、当然のごとく、（憲法発布当日を含め）天皇の奉迎に義塾の「幼稚舎生・大人生」を動員した。もちろん日清戦争の勝利については、「実に今上《きんじょう》陛下の御功業は神武天皇以後……之を世界古今に求むるも……斯くの如き非常絶大の大偉蹟を収めさせられたる例はある可らず」と、「世界中に比類なき」「神聖無比の国君」（の政治関与）への感泣と「敬愛尊崇」の念の表明を、福沢はくり返していた。

『福沢諭吉と丸山眞男』第Ⅳ章1「素顔の福沢諭吉」で紹介したように、生涯爵位勲章を「謝絶」したことを自負していた福沢も、石河『福沢諭吉伝』Ⅰによると、「其栄誉の発源」が皇室の場合は別であった。「先生の家の二階は、遠望ではあるが此競馬場を見下す位置に在ったので、御臨幸のある場合にはかりそめにも見下すことは畏《おそ》れ多いとて其二階を閉ぢて、家人及び使用人のこれに入ることを固く誡《いまし》められるのが常」という日常をおくってきた福沢は、晩年、右記の五万円の「恩賜金」を「下賜」された時や、九八年の脳溢血発症時に「両陛下並に皇太子殿下より御見舞品を賜った」時は、「諭吉に於て身に余るの光栄……感泣の外なき次第……只恐懼《きょうく》の外なし……転《うた》た歓喜の情に堪へざるなり」「畏《おそ》れ多くも数ならぬ微臣の病気を御心《みこころ》に掛けさせられ給ひたるは、諭吉の身に余る光栄……声涙共に下り言葉も途切れ勝に御礼を申述べられた」とのことである。

天皇制を「愚民を籠絡する」欺術と見抜いて積極的に選択した「具眼の識者」福沢とはあまりに懸隔したこの晩年の姿に、筆者は、半ば信じ難いことであるが、自ら長年作為的な帝室の尊厳神聖のキャンペーンを重ねているうちに、彼自身が「我帝室の尊厳神聖」性に自縄自縛され、「惑溺《わくでき》」し、老残の姿をさらけ出したものと見ざるを得ない。

(3)「修身要領」への的外れの批判・攻撃

「修身要領」の「独立自尊とは何か、それは個人主義の異名にして自由主義の別称」、「全ク教育勅語ニ反対スル道徳論」という井上哲次郎に代表される保守陣営の批判を、私は、「俗耳に入りやすい決めつけ」と批判した。そう書いた私は、丸山の福沢神話によって、「一身独立して一国独立する」という「定式」が福沢思想の代名詞となった場合と同じ問題の再現を想定・意識していた。

『学問のすゝめ』の目次の「一身独立して一国独立する」という表現は、字面自体は「一身独立」の重要性を示唆した前向きの言葉であると、日本語的には十分解釈できる表現である。しかし、「一身独立」を「民権の確立」などと解釈することは、彼が「一身独立」を「国のためには……一命をも抛《なげうち》て惜むに足ら」ない「報国の大義」と主張している（だからこそ「極右」安倍首相も施政方針演説の冒頭に引用した）事実を無視した、「福沢研究史上最大の誤読」事例であった。

人間の独立・自尊を表現した「独立自尊」という言葉の場合も、字面自体は、儒教主義、国家主義、忠孝主義あるいは集団同調、付和雷同等とはおよそ無縁の、人間の「自立・自主」を表わす魅力的な表現であり、井上の「それは個人主義の異名にして自由主義の別称」という決めつけを見ても、それほど違和感の生じない表現である。

しかし「独立自尊」は、「一身独立して一国独立する」の場合と同様に、福沢自身の言葉である。

福沢研究においては、福沢自身の意味している主張を離れて、「独立の忠」「独立の孝」を説く「独立自尊」を勝手に反忠孝主義、個人主義、自由主義などの思想表現と解釈することはできない。

先に1の(3)で考察したように、福沢の主張する「独立自尊」とは、「社会人道の標準として自から敬重す可き」徳義の「仁義忠孝」を、「君主の厳命」や「報恩」という他動的な理由からではなく、自ら進んで「忠孝の道」をふみ行うことであった。つまり「独立自尊」は、「万世一系の帝室を奉戴して其恩徳を仰」ぐ日本の「臣民」が、自ら進んで「自動」的に「君に忠義を尽」くし「親に孝行」することであり、およそ「英米流個人主義」や「自由主義」とは無縁の概念であった。

「要領」へのもうひとつの攻撃は、(宮地が強く共感・同調している)朝比奈記者の「忠孝に関し一切の言及なく、天皇の為に死ぬという道徳をも説いてはいない」という批判である。これが福沢へのおよそ見当はずれの非難であることはこれまで紹介してきたことからも明白である。それは、日本の軍人が「帝室の為に生死するものなりと覚悟を定めて、始めて戦陣に向て一命をも致す可きのみ」という『帝室論』の主張に始まって、福沢が、「日本国民は唯この一帝室に忠を尽して他に顧る所のものある可《べか》らず」、「其君を尊崇敬愛すること神の如く父母の如く……此習慣は国人の骨に徹して天性を成し」と言い立て、日清戦争時の「日本臣民の覚悟」では、全国民が「同心協力してあらん限りの忠義を尽し……人の種の尽きるまでも戦ふの覚悟」を呼びかけ、福沢自身も「深く鞘《さや》に納め」てきた「古学流儀の忠勇義烈又は排外自尊の主義」の「正宗の宝刀」を抜き放った――こうした福沢の熱烈な忠君ナショナリズムの言説をすべて無視した的外れの批判である。

さらに福沢は「軍人たる者は……出陣の日は即ち死を決するの日……叡慮を安んじ聖体を安んじ奉らんとの精神を起さざるを得ず。此精神たるや実に我万里の長城」、「三軍の将士は皆御馬前に討死の覚悟を以て復《ま》た身命を顧るに遑《いとま》あらず」と、軍人の忠死の覚悟を呼びかけただけでなく、「日本臣民の覚悟」の場合と同様に、「殊に一般臣民の帝室に忠誠なるは世界に其類を見ざる所……苟《いやしく》も帝室の為めとあれば生命尚ほ且つ惜むものなし」と書いて、日本国民の天皇のための死を自明のものとしていた。

「要領」前文で日本の「臣民」は、その「万世一系の帝室を奉戴して其恩徳を仰」ぐ存在と規定したうえで、第二四条で「日本国民は男女を問はず……生命財産を賭して敵国と戦ふの義務ある」と規定しているのであるから、やはり朝比奈記者の批判とそれへの宮地の同調は、(「独立自尊」という語句自体は、「一身独立」同様の、個人主義的、利己主義的なイメージの表現であることに便乗した)的外れの非難・攻撃というほかない。

(4)「修身要領」で説かれた男女関係

次に、「修身要領」の男女関係規定を問題にしよう。すでに本書で福沢女性論の詳細な考察を終えている筆者は、その結論をふまえて、第八条「男尊女卑は野蛮の陋習《ろうしゅう》なり。文明の男女は同等同位、互に相敬愛《あいけいあい》して各《おのおの》その独立自尊を全《まった》からしむ可《べ》し」に即して、「修身要領」が典型的な「建て前」論で、いかに空しい規定（家父長制の下での虚構の男女「同等同位」性）になっているかを、列挙・指摘するにとどめたい。

先ず、「男尊女卑は野蛮の陋習なり」と断定している場合の福沢の「男尊女卑」の中身の大半は、封建社会の貝原益軒作とされている『女大学』のあらわな性差別「三従七去《さんじゅうしちきょ》」や明治社会の一夫多妻制のことであり、福沢女性論にとっては、同時代の1．家事・育児を女性の「天職」とする性別役割分業、2．女性の参政権と労働権の欠落、3．売買春の公娼制度擁護、4．「温和良淑」「柔順」の女子特性教育論、5．女子の郷里を離れた「遊学」反対論などは、野蛮な「男尊女卑」の性差別事象ではないのである。

また、福沢が（最も派手に）闘ったのは、蓄妾・妻妾同居の「一夫多妻」制であるが、この場合も、その不品行を止めさせることは「趁跛《ちんば》に迫りて走るを促す」ほどに絶望的に困難な課題であるとされ、その解決には「数十百年の後に好結果を待つのみ」という「物分かりの良い」お粗末な結論が出されていたに過ぎなかった。

次の「文明の男女は同等同位……各《おのおの》その独立自尊を全《まった》からしむ可し」については、福沢が男女「同権」に強く反対していたから、「要領」が「男女は同等同位」と表現することは福沢の意に叶うことであった。しかし問題は、その「同等同位」性の意味と中身である。福沢の男女「同等同位」性論の特徴は、男女「軽重の別あるべき理《ことわり》なし」、「高低尊卑の差なし」、「男も人なり女も人なり」等という抽象的な原則の列挙にとどまり、なんら男女の平等・同権や「同等同位」性を保証・

主張するものではなかった。

第Ⅲ章の「2　福沢の男女「平等」論の抽象性」で紹介した「男も人なれバ、女もまた人なり」と主張する同じ今泉定介が「妻ハ夫ニ順《したが》フ」ことを当然視していたように、〈差異はあれど差別なし〉という一見ラディカルな定式は、そう強調することによって、差別の現状を否定・隠蔽・糊塗する定式として利用される場合が多いというのが、差別論の常識である。ただ福沢の場合は、（自分が男女「平等」論者であるという誤った自負があるために）正直なところがあり、一つのパラグラフの冒頭で「扨《さて》学問の教育に至りては女子も男子も相違あることなし」と断定的に主張しながら、同じ段落の中で「女子は……学問上に男子と併行《へいこう》す可《べか》らざるは自然の約束」と、矛盾することを平気で書くのである。また彼は、「男女格別に異なる所は唯生殖の機関のみ」と大胆に書きだしながら、結論では「婦人女子に家政参与の権を与へ度《た》きものなり」という矛盾した結論を平気で提示するのである。

　戦後日本の主流の社会科学は、男性中心の「二分の一民主主義」の学問であったために、〈女性が家事・育児を「天職」として、「家政参与の権」を認められ、「男子を助けて居家処世の務に」つく性別役割分業〉というフランスのルソーや日本の福沢に代表される女性観こそが、近代社会の典型的な性差別事象であることを認識できなかった。その結果として、（性差別不感症の）先行福沢研究者たちは、福沢本人が〈「妻が内の家事を治」め、「夫が戸外の経営に当」たるという「夫婦……其間に聊《いささ》かも尊卑軽重の別な」し、つまり、妻と夫は「同等同位」〉と主張しているから、福沢は男女「同等同位」論者、男女「平等」論者である、と結論することが、誤りであることに気づかなかっただけの話である。

家父長制下の夫妻が「同等」「同位」と福沢が主張しているからといって、妻に参政権も労働権もなく、「女子は……学問上に男子と併行す可らざるは自然の約束」という理由で、郷里を離れての女子学生の高等教育機関への進学が反対され、大学でも裁縫重視の女子特性教育を推奨され、公娼制は推奨・公認され、「離婚の自由」は認められない、という性差別の家父長制社会の妻が、夫と「同等」「同位」であるはずはないというのが、「女性革命」（男女平等参画）の時代の常識である。

次に、「修身要領」第九条「結婚は人生の重大事なれば、配偶の撰擇は最も慎重ならざる可らず。一夫一婦終身同室相敬愛して互に独立自尊を犯さゞるは人倫の始なり」については、まず、「西洋流の自撰結婚」反対論者の福沢の場合、前半は子どもの「恋愛結婚の自由」を制約する差別的規定であった。後半については、福沢が「偕老同穴」論者であることから、「一夫一婦終身同室」という表現自体は許容できよう。しかし見落とせない重大な問題点は、福沢が同時に積極的な公娼制賛成論者であることと、「離婚の自由」反対論者であるために、夫婦が「終身同室」することや、「相敬愛して互に独立自尊を犯さざる」という夫婦の平等的な関係性を保障することは論理的に不可能であり、その意味で誤った規定になっていることである。

（女性の労働権が確立せず）女性の性が商品化される売買春を国家が公認する公娼制度こそが、一夫多妻、妻妾同居等の性差別を許容・合理化する根源であるのに、娼婦の海外「出稼ぎ」を含め、公娼制を積極的に支持・推奨している福沢が、「一夫一婦制」を支持し、一夫多妻制に反対することは基本的な矛盾である。

また、福沢が夫婦の「終身同室」を主張し、「離婚の自由」に反対していることは、彼自身が「相愛するの情は時に或は変化せざるを得ず……人間の本性より論ずればフリー・ラヴの方道理に適して」、夫婦「其情尽れば則ち相別る可し……強ひて室を同うせしめんとするは天然の約束に背くものなり」等と、(「終身同室」の無理や「離婚の自由」の承認の方が「人間の本性」に合致していると)記述しながら、離婚は「人外の動物」の行為であり、「断じて実際に行ふ可らず」と主張していることは、矛盾した無理無体の要求である。したがって、福沢女性論によっては、「要領」第九条の夫婦「相敬愛して互に独立自尊を犯さざる」という関係性は、所詮、「絵に描いた餅」としか言えない(宮地の福沢女性論理解は、論拠は不明であるが、「独立独歩の自立した男女の個的確立を総ての根底に据える発想は明治初年以降、一九〇一年に没するまで微動だにしていない」である)。

(5) 建て前論の「他国人蔑視の戒め」

次に、宮地が「中々興味深い」と特筆している「要領」第二六条の他国人「と交《まじわ》るには苟《いやしく》も軽重厚薄の別ある可らず。独《ひと》り自《みずか》ら尊大にして他国人を蔑視《べっし》するは独立自尊の旨に反するものなり」が、典型的な「建て前」論であるという問題に言及しよう。日清戦争に勝利し「外には商権を拡張し、内には内地雑居を実施する」時代を迎えて「唯我独尊の気象に依りて、他の国民を凌蔑し、又は世界の文明と共に発達することを忘」れることを戒め、西園寺文相が、第二次教育勅語「草案」で、他国の「臣民ニ接スルヤ丁寧親切ニシテ、明ラカニ大国寛容ノ気象ヲ発揮セザル可カラズ」と規定したように、表向き他国人への蔑視を戒める姿勢は、(すでに)時代の常識となっていた。したがって「要領」が、同様に「独り自ら尊大にして他国人を蔑視する」行為を戒めたこと自体は、特筆するような出来事ではなかった。

特筆に値するとすれば、むしろ「能《よ》く世と推し移り、物に凝滞せざるは、君が本領」と徳富蘇峰が批判した(一〇二頁参照)変説・融通無碍《むげ》の思想家福沢のあまりの豹変ぶりである。アジア諸国の「野蛮」「頑陋」の強調がアジアへの侵略の容認・合理化につながるとして、福沢は「朝鮮人は未開の民……無気力無定見」「支那人民の怯懦《きょうだ》卑屈」などと朝鮮・中国への丸ごとの蔑視・偏見・マイナス評価をたれ流してきた。

とりわけ日清戦争時には、侵略戦争の推進と勝利のために「チャン〳〵……皆殺しにするは造作もなきこと」、「清兵……豚尾児、臆病なり」、「朝鮮……軟弱無廉恥……四肢麻痺して自動の能力なき病人」、「台湾の反民……無知蒙昧の蛮民」などと、アジア蔑視の「排外主義」呼号の先頭に立ってきた福沢が、右記の時流に乗って、(加えて日清戦争の敗戦で「近来支那上下の人心一変して頻《しき》りに我国に依るの傾向を呈し」、日本に大量の留学生を派遣するようになった変化を喜んで)一八九八年三月の福沢にとっては例外的な社説「支那人親しむ可し」で、そういう中国人を「決して因循姑息《こそく》を以て目《もく》す可《べか》らず。況んやチャン〳〵、豚尾漢など他を罵詈《ばり》するが如き」態度を戒めた、福沢の余りに突然の豹変ぶりである。

つまり、戦争中には中国人を「チャン〳〵、豚尾児」呼ばわりの先頭に立っていた福沢が、戦勝後一転して「チャン〳〵、豚尾漢」と罵詈《ばり》することを戒め、「修身要領」でも他国人蔑視《べっし》が「独立自尊の旨に反するものなり」と規定したのである。宮地正人が特筆する大国主義的なアジア蔑視自粛の時流にのった福沢のこの社説と、他国人蔑視を戒めた「修身要領」を、筆者はなぜ典型的な「建て前」論と決めつけるのか。話は単純明快である。

右記の社説の翌月以後も、相変わらず『時事新報』社説は、台湾征服戦争に抵抗する台湾人の「土匪《どひ》」「烏合の草賊輩」呼ばわりを続け、「朝鮮人……の頑冥不霊は南洋の土人にも譲らず」「支那人の狂暴……その無智無謀の愚を憐れむのみ」とアジア蔑視観の羅列を続け、義和団鎮圧戦争で連合国中最大の二万人余を派兵した時に（福沢の差配で石河記者が書いた社説でも）「支那兵の如き、恰《あたか》も半死の病人」であり、その戦争は「豚狩の積りにて」と書きたてた。もちろん、これらが福沢の脳溢血発症後の社説記者たちの、先の福沢の「良識」社説を無視した暴走でないことは、最晩年の一八九九年刊の『福翁自伝』自身もアジア蔑視観を書きたてているからである（『福沢諭吉の戦争論と天皇制論』第Ⅲ章「6　福沢の愚民観とアジア蔑視観」）。

その『福翁自伝』中で、封建時代の藩士を批判的に描いた福沢は、「本藩に対しては其卑劣朝鮮人の如し」という見出しをつけて、「義理《ぎり》も廉恥《れんち》もない其有様は、今の朝鮮人が金を貪《むさぼ》ると何《なん》にも変つたことはない……丸で朝鮮人見たやうな奴《やつ》」と、「朝鮮人」そのものを「卑劣」の代名詞におきかえ、「支那の文明望む可らず」の見出しでは、「満清《まんしん》政府をあの儘《まま》に存《そん》して置《お》いて、支那人を文明開化に導くなんと云ふことは、コリャ真実無益な話だ。……百の李鴻章《りこうしょう》が出て来たつて何《なん》にも出来《でき》はしない。」と書いていた。

V

近代日本の道のり総体の「お師匠様」

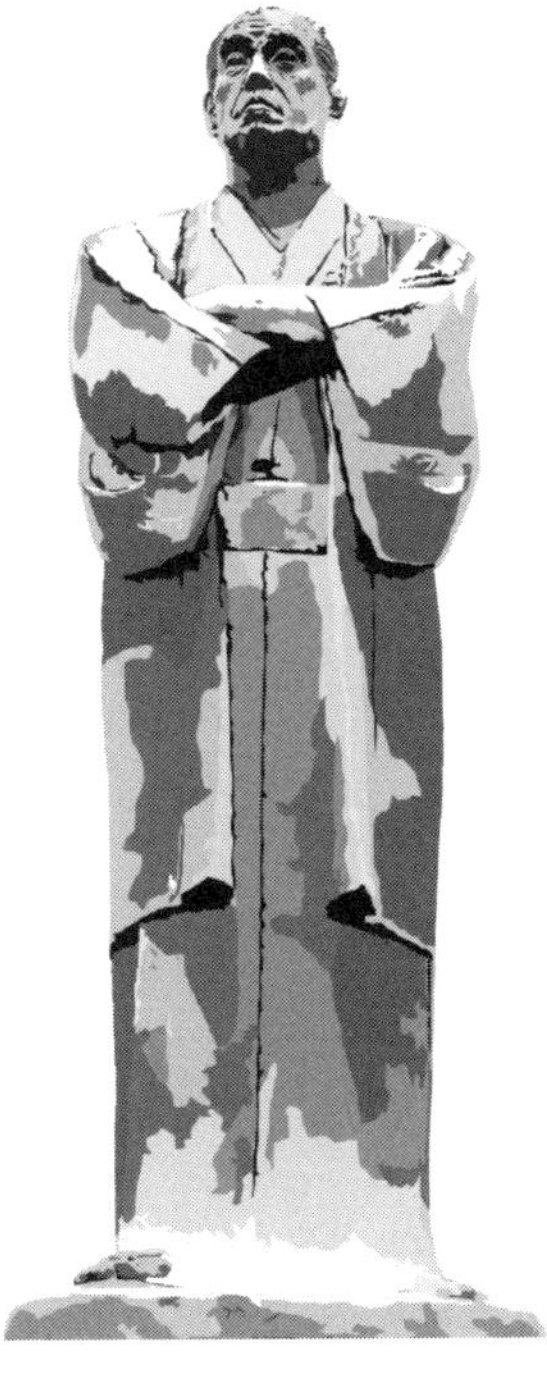

1　福沢諭吉は何を「啓蒙」したのか

丸山眞男は一九四五年の敗戦からまもなく発表した論文「超国家主義の論理と心理」で軍部独裁の昭和前期の政治体制を「超国家主義」と規定し、一方、明治前期を「福沢諭吉から陸羯南へと連なる」「デモクラシーとナショナリズムの結合」した「健全なナショナリズム」の時代と規定した。この丸山の提示した図式を、司馬遼太郎はわかりやすく〈「明るい明治」と「暗い昭和」〉と表現した。しかしこの二項対立史観では、なぜ「明るい明治」が大正期をはさむわずか二〇数年で「暗い昭和」へと転落したのか、論理的・実証的に説明することはできない。

この分断史観に対し、私は、明治「政府のお師匠様」（一八九七年「勲章などは御免」〈『全集』⑳〉）を自負した福沢を、日本近代化の道のり総体の「お師匠様」と位置づけなおすことを通して、「明るい明治」ではなく、「明るくない明治」と「暗い昭和」のつながりを解明しようと努めてきた。残念ながら、現在においても宮地正人のように丸山眞男が作り上げた福沢諭吉神話、すなわち「丸山諭吉」神話をそのまま信奉・踏襲する研究が続いている。そのことも考慮して、「暗い昭和」につながる可能性をもった福沢の思想の道筋の解明を最大限に意識して、私の半世紀の研究で明らかにされた福沢の思想の生涯をふり返ることにしたい。

その際の留意点として、「天は人の上に……」の『学問のすゝめ』冒頭句が、維新当初の日本人にとって衝撃的で鮮烈な響きをもっていたために、民権家や民権運動の思想形成にインパクトを与え進歩的な影響や役割を果たしたことと、『学問のすゝめ』自体は「天賦人権論」の主張ではなく、むしろ明治の人民が自由や平等に生きてはならないことを説いていた事実は、厳密に区別しなければならない。同様にして、「一身独立して一国独立する」や「独立自尊」は、福沢自身がいかなる意味や論理を表現しようとしていたかの確認・考察と離れて、その定式や語彙の字づらや日本語的な意味に勝手な「読みこみ」をしてはならない（例えば自己批判以前の家永三郎は、「一身独立して一国独立する」の定式を、字づら通りに「民権の確立の上にのみ国権の確立が可能となる所以」の定式と誤読した）。

「途上国」日本の近代社会では一般に思想が自生的な形成史をもたず、「先進国」の理論や思想が水先案内的理論として輸入・受容されてきたために、先進的な言葉や語句や定式だけが独り歩きする可能性が高くなる。それだけに、その思想史研究においては、数多の先行研究のように、著述の中で用いられている用語や定式を、全体の論理や文脈から切り離して、それだけを取り出して解釈・評価してはならないのである。

とりわけ福沢研究の場合は、1．一九九〇年代以前の戦後民主主義時代の日本では、研究者主体の戦争責任意識がきわめて希薄という傾向があり、2．丸山眞男の「学問的」名声や権威への研究者の拝跪・追従の姿勢までが加わり、3．全体の論理や文脈を無視した「実体をこえた読みこみ」

を繰り返すことによって、福沢の思想の果たした進歩的な影響や役割なるものが一面的に、かつ誇張して語られてきたのである。

福沢の平易でわかりやすく歯切れのよい文章による啓蒙があたえた影響が大きければ大きいほど、彼の思想全体の枠組みが、逆に日本の民衆の意識変革を制約した側面（山路愛山の「寧ろ世運を牽制する点に於て其長所を発揮」）に注目し、その果たした消極的、保守的、否定的役割こそが、あわせて論じられなければならない。

以上のような諸点に留意をしながら、時代の順を追って、「暗い昭和」につながると思われる福沢の思想の歩みを総括的・列挙的に並べてみよう。

1．初期啓蒙期の福沢は、国家の存在理由を国民の基本的人権の確立・擁護とするアメリカ独立宣言を見事に名訳しながら（『西洋事情初編』）、肝心のその国家の存在理由を棚上げしたまま、「自国の独立」確保を最優先の民族的課題に設定した。そのため、社会契約思想を恣意的に利用して、『学問のすゝめ』において、一方的な「国法」への服従・遵法の内面的自発性を啓蒙し、国民を国家の客体におしとどめたまま、いきなり「国のためには財を失ふのみならず、一命をも抛《なげうち》て惜むに足らない滅私奉公の「一身独立」（＝「報国の大義」）を要求した。つまり福沢は、欧米流の「天賦人権、人賦国権」の近代化路線ではなく、（河上肇のいう）「天賦国権、国賦人権」の国権主義的な近代化路線を選択したのである（『旧著』前篇第二章）。

『文明論之概略』終章において「第二歩に遺して、他日為す所あらん」と公約していた貴重な「一身独立」の課題を、結局生涯棚上げしたままの福沢の近代化路線は、遠く離れたアジア太平洋戦争期の日本人の政治意識の最大の問題点、つまり「暗い昭和」期の日本人が、(「愚民を籠絡する」天皇制に美事にたぶらかされて)「訓練された政治的白痴」(小松茂夫)とでもいうべき存在につくられ、労働者・農民だけでなく知識人までが、「〈国家〉の本質、起源、存在理由」への「問いは、ひとびとの意識の上に、絶えて浮ば」ないまま(同時代の連合軍諸国民のイギリスで五万九千人、アメリカで一万六千人の「良心的兵役拒否」者に類する行動は発想さえできず)、進んで侵略戦争遂行に協力するという悲劇的な帰結へとつながった。同様の帰結として、同じ枢軸国でありながら、イタリアの青年が『イタリア抵抗運動の遺書』(冨山房百科文庫)を遺し、ドイツの学生が反ナチ「白バラ」抵抗運動の『白薔薇は散らず』(未来社)を遺したのに対し、日本の青年は、天皇制とアジア侵略戦争を基本的に疑うことのできないみじめな『きけわだつみのこえ』しか書き遺さなかった。

日本が世界に誇り得る「憲法九条」をもつ国であり、現在七千五百を超す「九条の会」が全国で組織されていながら、私の年来の〈大学生アンケート調査〉結果では、第一次世界大戦以来の貴重な世界的な「良心的兵役拒否」の思想と運動のことを、日本の青年は学校でほとんど(九割以上)教えられていないという残念な「平和教育」の現状がある。

それに対し、(西)ドイツは、徴兵制を復活した際に、憲法に「何人も、その良心に反して、武器をもってする戦争の役務を強制されてはならない」という「良心的兵役拒否」を規定した。ドイツの長い戦後史の幾多の変遷を経ての結果であるが、現在、ドイツの青年は六割を超す多数者が「良心的兵役拒否」を選択する時代を迎えている。このドイツの現実は、世界的な徴兵制廃止の趨勢とともに、人類が戦争を廃棄・克服するジョン・レノンとオノ・ヨーコの「イマジン」のうたった世界が、夢想や妄想でない可能性を示唆しているものと理解できよう。

2．自由民権運動の高揚に遭遇した福沢は、「第二歩に遺し」た「一身独立」の貴重な公約に背を向け、一八八一年『時事小言』で「無遠慮に其地面を押領して、我手を以て新築」する「強兵富国」のアジア侵略の対外路線を、翌年の『帝室論』で「愚民を籠絡する」欺術としての天皇制の対内路線を提起して、不動の保守思想を確立した。

その転換をもたらしたのは、七九年『民情一新』におけるモデルの欧米「先進」諸国が社会主義・労働運動で「狼狽《ろうばい》して方向に迷ふ」という新たな認識であり、福沢は、当初のイギリス流立憲君主制ではなく、プロイセン流の君主制への軌道修正を始めることになった。福沢の選択したアジア侵略路線は、明治の同時代人（吉岡弘毅）からは、「我日本帝国ヲシテ強盗国ニ変ゼシメント謀ル」道のりであると指摘され、その道のりは「不可救ノ災禍ヲ将来ニ遺《のこ》サン事必セリ」という適切な批判を受けていた。

3．「文明」に誘導するという名目で侵略を合理化した福沢は、アジアの「野蛮」や「頑迷固陋《ころう》」の強調が武力行使の容認につながるとして、「朝鮮人は未開の民……無気力無定見」「支那人民の怯懦《きょうだ》卑屈は実に法外無類」等と、朝鮮・中国への丸ごとの蔑視・偏見・マイナス評価のたれ流しを開始した。

家永三郎『太平洋戦争』（岩波書店）は、日本の民衆が侵略戦争を阻止できなかった重要な要因として「隣接アジア諸民族に対する日本人のいわれのない侮蔑意識」をあげている。福沢はそのアジア蔑視の「帝国意識」を近代の日本人の「心性」になるまでに仕上げる役割を果たした（「韓流ブーム」以前の日本では、韓国系の芸能人はその出自の隠蔽を余儀なくされた）。その結果、「暗い昭和」の時代の日本軍兵士・近藤一は、福沢から直接口伝えされたかのようにアジア蔑視観を継承していた（『ある日本兵の二つの戦場』社会評論社）。近藤は、自分が罪の意識なしに中国人を平気で殺せる「東洋《トンヤン》鬼《キ》」になったのは「小学校の時から中国人はチャンコロで豚以下」という日本社会の蔑視観のせいと証言している。

4．一八八二年の連載社説「東洋の政略果して如何せん」で幕末の外遊体験を想起しながら、福沢は「印度支那の土人等を御《ぎょ》すること英人に傚《なら》ふのみならず、其《その》英人をも窘《くるし》めて東洋の権柄《けんぺい》を我一手に握らん」、「日章の国旗以《もっ》て東洋の全面を掩《おお》ふて、其旗風《はたかぜ》は遠く西洋諸国にまで」と書いて、大英帝国に比肩する帝国主義強国日本建設の未来像を描き出していた。それはそのまま、アジア侵略を繰り返す近代日本の進路となった。だからこそ福沢は、日清戦争の勝利を手放しで喜びながらも、その壮大な未来展望の故に『福翁自伝』において、「実を申せば日清戦争何《なん》でもない。唯是《ただこ》れ日本の外交の序開《じょびら》き」に過ぎないと戒めて、次の（日露）戦争への日本の道のりをさし示した。

5.「暗い昭和」期のキャッチ・フレーズとなった「満蒙は我国の生命線」という勝手な主張の先駆は、山県有朋首相の議会演説ではなく、その三年前（八七年）の論説「朝鮮は日本の藩屏」（『全集』⑪）の日本列島の「最近の防禦《ぼうぎょ》線を定むべきの地は必ず朝鮮地方」の福沢発言である。また彼の『時事小言』の「亜細亜東方の保護は我責任」の「首魁盟主」発言は、「大東亜共栄圏」の「盟主」思想の先駆となり、彼の八三年「徳教之説」の「尽忠報国」は近衛内閣の国民精神総動員運動のスローガンの一つとなった。さらに、「今、日本の国力を以てすれば、朝鮮を併呑《へいどん》するが如きは甚だ容易にして、一挙手一投足の労に過ぎざれども……我に利する所少なきが故に先づ之を見合せ」という九五年論説「朝鮮の改革に外国の意向を憚《はばか》る勿《なか》れ」（『全集』⑮）は、生前の福沢が一九一〇年の「韓国強制併合」の可能性を予告したものと解釈できよう。

6.英国流の議員内閣制に反対し「独逸《ドイツ》も亜米利加《アメリカ》も共に西洋にして……独逸《ドイツ》風に従はんと云ふも、其実は西洋の文明を脱社したるに非ず」と主張して、プロイセン流の外見的立憲君主制路線を支持した福沢は、大日本帝国憲法を「完全無欠」「完美なる憲法」と手放しで賛美した。憲法発布直後の重要連載社説「日本国会縁起」において、長年の封建社会の歴史によって「先天の性」となった日本人の「従順温良、卑屈、無気力」の「順良」な性格・気質をむしろ「我日本国人の殊色《しゅしょく》」

と賛美し、彼はこの国民性に依拠して近代日本の資本主義的発展を展望することになった。したがって福沢は、帝国憲法の翌年の「教育勅語」の（明治天皇による）「下賜」を「感泣」をもって歓迎し（彼は勅語の三年前の論説ですでに日本人の徳育の「標準」として「忠臣は孝子の門に出る」忠孝一体の「旧日本流の道徳主義」を主張していた）、学校での「仁義孝悌忠君愛国の精神」貫徹を要求する社説を石河幹明記者に書かせた。また、翌九一年の内村鑑三の「教育と宗教の衝突」大論争事件と、翌々年の久米邦武「神道は祭天の古俗」事件をめぐる論争、つまり近代日本黎明期の「思想、良心、信教の自由」「学問の自由」の弾圧・蹂躙という深刻な事態に、論説主幹福沢は、完全沈黙を通すことによって、キリスト教の退潮と神権天皇制の確立に大きく寄与した（これは、東京・大阪等の暴力的な「日の丸・君が代」強制に象徴される、今なお精神的な「一身独立」を確立できない過剰集団同調の二一世紀の現代日本の精神的風土に道をひらいた福沢の先駆的罪業である）。

7．「一身独立」確立の課題を放置し、アジア侵略路線を選択した福沢は、「内国政府の処置の如きは唯是れ社会中の一局事」（『通俗国権論』）、「内の政権が誰れの手に落るも……此政府を以てよく国権を皇張するの力を得れば、以て之に満足す可し」「吾輩畢生の目的は唯国権皇張の一点」（「藩閥寡人政府論」）のみと、もっぱら国権拡張を呼号するようになった。そのための権謀術数として、福沢は「敵国外患は内の人心を結合」、「内国の不和を医するの方便として故《こと》さらに外戦を企て、以て一時の人心を瞞着《まんちゃく》するの奇計」等の提言を繰り返した。『わが異端の昭和史』の故石堂清倫は、遺著『20世紀の意味』で、福沢の無数の権謀術数発言が「満州侵略実行の首謀者」石原莞爾《かんじ》の「国内ノ不安ヲ除ク為ニハ対外進出ニヨル」という国防論策の教本になったと指摘している。

8.「文明開化の進歩を謀る」日清戦争を迎えると、福沢は、挙国一致の戦争協力を呼びかける激烈な論説「日本臣民の覚悟」を書き、自身全国第二位の巨額軍事献金を含め、「報国会」組織の先頭に立った。論説では「我国……四千万の者は同心協力してあらん限りの忠義を尽くし……財産を挙げて之を擲《なげう》つは勿論、老少の別なく切死して人の種の尽きるまで戦ふの覚悟」を呼びかけ、「内に如何なる不平不条理あるも之を論ずるに遑《いとま》あらず」と主張した。その思想の内実は、「暗い昭和」期の「一億玉砕」と「滅私奉公」と同類の思想という評価も当然であろう。

福沢は「三軍の将士は皆御馬前に討死の覚悟を以て」、「帝室の為に進退し、帝室の為に生死」、「一日も早く叡慮を安んじ聖体を安んじ奉らん」との天皇制ナショナリズムで兵士を激励するとともに、次の「干戈（戦争）」に備えて、兵士に「以て戦場に斃《たお》るるの幸福なるを感ぜしめ」るための靖国神社の軍国主義的政治利用も提言した。

新聞人福沢は、日清戦争の不義・暴虐を象徴する朝鮮王宮占領・旅順虐殺事件・王妃（明成皇《ミョンソンファン》后《フ》〈閔妃《ミンビ》〉）殺害・雲林虐殺事件について、もっぱらそれを隠蔽・擁護・合理化・激励する戦争報道を担った。とりわけ自紙の特派員報道も報じた旅順虐殺事件を、彼が「実に跡形もなき誤報・虚言」と全面否定し、伊藤首相・陸奥外相らの隠蔽工作に加担したことは、確実に「暗い昭和」の南京大虐殺事件への道を敷設する役割を果たした。また九四年九月の「目に付くものは、分捕品の外なし……北京中の金銀財宝を掻《か》き浚《さら》へ……チャン〳〵の着替まで」の私有物強奪の勧めを説いた福沢の漫言は、日本軍の「ハイエナ顔負けの掠奪行為」（白井久也『明治国家と日清戦争』）と「現地調達」の伝統の形成に寄与した。

9．纐纈厚《こうけつ》『侵略戦争』（ちくま新書）によると、天皇制の軍隊が賦役そのものの徴兵制軍隊であったために、（戦闘中の）個々の兵士の自発性や積極性に依拠することができず、無条件的な服従を強いる組織となったことが、兵士を無差別の暴力や残虐行為へと駆り立てる原因になったという。「具眼の識者」福沢の軍制にかんする唯一の著書『兵論』は、この日本軍の限界と特質をよく見抜き、それに相応しい皇軍構想を提起していた。彼は「専制政府の下に強兵なし」の正論を退け、「圧制の長上《ちょうじょう》に卑屈の軍人を付して却《かえっ》てよく功を奏する」という皇軍構想を選択した（「軍人勅諭」の「上官ノ命ヲ承ルコト、実ハ直ニ朕カ命ヲ承ル儀」という絶対服命の軍隊構想と対応）。

私がこの問題にこだわるのは、この皇軍構想が第一に、日本軍兵士の旅順・平頂山・南京大虐殺などの無差別の暴力や残虐行為への心理的誘因となったことと、第二に、「性的慰安所」、つまり日本軍性奴隷制の創設につながったという纐纈厚の前掲書の分析に積極的に賛同するからである（私は『福沢諭吉のアジア認識』終章「アジア太平洋戦争への道のり——福沢諭吉に敷設された「暗い昭和」への軌道」で、タブーを承知で、「福沢が同時代に存命していたならば日本軍性奴隷制構想に反対することはなかったであろう」と書いた)。

加えて第三の重大な問題として、私は同じ軍隊組織のあり方が、戦後日本社会の戦争責任意識の絶望的な希薄さにつながっていると考えている。つまり、軍人勅諭と福沢の絶対服従の軍隊構想のもとでは、兵士の自発性や責任意識は、はなから期待されておらず（逆に、連合軍の兵営内には、軍からの離脱につながる「良心的兵役拒否」の勧めのパンフが置かれていた例もある)、アジア太平洋戦争期の日本軍兵士は、(もともと）戦争責任を問われる立場には置かれていなかったという問題である。

10．早い時期から「先進」諸国の労働運動・社会主義運動への不安・懸念をもった福沢は、憲法発布翌月の論説「貧富智愚の説」において、この世で「最も恐るべきは貧にして智ある者なり」という予見的な認識を表明し、その「貧智者」が将来「同盟罷工」、賃上げ、労働時間短縮等を要求し「社会党」や「虚無党」を組織するようになると警鐘をならした。以後、資本主義体制の守護者を任じる福沢は、「破壊主義東漸《とうぜん》の虞《おそれ》」や「我政治社会に過激主義の現出すること意外に迅速なるやも」という懸念をくりかえし表明し、体制擁護のための宗教の奨励、慈善事業の勧め、移民の奨励などと並んで、「最も恐るべき」貧智者が生じないように、貧民子弟を中・高等教育機関から排除する方向の「日本教育全般の組織」改革を熱心に提唱した。
その主張の正当性を裏付けるために福沢が、保守的な「遺伝絶対論」と「学問・教育＝商品論」を展開した事実については、第Ⅱ章の「3 遺伝絶対論と学問・教育＝商品論」で詳述した。同じ福沢が九七年の明治政府による労働者保護の工場法立案に資本家意識まる出しの理由で反対し、無教育の工場労働の学齢児童の義務教育保障に反対した件についても、続く第Ⅱ章の「4　新『学問のすゝめ』と工場労働児童」で紹介した。

11．「韓国強制併合」の可能性を予告した論説を書いた一八九五年の五月、三国干渉によって遼東半島返還が決まると福沢は、「唯堪忍《かんにん》す可し」ほかの論説で、「ならぬ堪忍を堪忍するとは此事」「其不平不愉快こそ奮発の種」として「唯国力の増進を謀る可きのみ」（『全集』⑮）と呼びかけ、持論の「日本国をして東洋は愚か世界に於ても屈指の軍国たらしむる」（『全集』⑮）大国主義的な軍備拡大の要求を再開した。とりわけ海軍の軍備拡張と増税策をキャンペーンして、『時事新報』は「海軍の御用新聞」と呼ばれた。

日清戦争の敗北を契機に、九八年、ロシアが大連・旅順、ドイツが膠州湾、フランスが広州湾、英国が威海衛をと、その租借権を要求し、中国の半植民地化が進み、米西戦争で米国がフィリピン・グアム・プエルトリコを獲得するなど、世界は文字通り帝国主義戦争と植民地獲得の時代を迎えた。福沢は、六月「米西戦争及びフヰリッピン島の始末」（『全集』⑯）において、これらの帝国主義諸国による植民地獲得政策を「世界人道の為め」「文明平和の為め」の「非常の大功徳」と手放しで評価することによって、日清戦争に次ぐ日本のさらなるアジア侵略・植民地獲得の膨張主義への道を励ました。

12・日本の進路をめぐる分岐点の年として注目される一九〇〇年、国内では二月に足尾銅山鉱毒事件で最大弾圧の「川俣事件」がひき起こされ、田中正造が帝国議会で「民を殺すは国家を殺すなり……而《しこう》して亡びざるの国なし」の有名な「亡国演説」を行った。日清戦争後の労働運動・社会主義運動対策として、三月に治安警察法を制定した明治政府は、六月、中国の「扶清滅洋《ふしんめつよう》」を旗印とした反帝闘争「義和団」鎮圧の八か国連合軍の出兵で、帝国主義諸国の「尖兵・極東の憲兵」として、最多二万二千の兵士を出動させた。由井正臣『田中正造』(岩波新書)が指摘するように、「鉱毒被害民をはじめ資本主義発展のもとに苦吟《くぎん》する民衆を踏み台にこの時点で日本は帝国主義にむかって大きくカーブをきった」。

同じ時期、福沢は、樺山資紀内務大臣の鉱毒地視察を批判する社説を書き、被害農民の大衆的請願行動を「政府は断然職権を以て処分し一毫《いちごう》も仮借《かしゃく》する所ある可《べか》らず」(『全集』⑮、一九〇〇年)と弾圧を要求した。「鉱毒問題は日露問題よりも先決」と言い、天皇直訴まで敢行した同時代の田中正造とは対照的に、義和団鎮圧の「北清事変」への最多出兵を「世界に対し日本国の重きを成したるもの」と、帝国主義列強への仲間入りを喜び(田中正造は、東学農民戦争の指導者全琫準《チョンボンジュン》を称賛)、福沢は日本の後事を石河幹明記者たちに託して、翌一九〇一年二月に死去した。

13・日清戦争に勝利した九五年の書簡と「還暦寿莚《じゅえん》の演説」等において福沢は、「今や隣国の支那朝鮮も我文明の中に包羅《ほうら》せんとす。畢生《ひっせい》の愉快、実以て望外の仕合《しあわせ》」、「就中《なかんずく》去年来の大戦争に国光を世界に耀かして大日本帝国の重きを成したるが如きは……洸《こう》として夢の如く」、「日清戦争など官民一致の勝利、愉快とも難有いとも云ひやうがない。命あればこそ……左《さ》れば私は自身の既往を顧《かえり》みれば遺憾なきのみか愉快な事ばかりである」と、能天気に手放しの喜びを表明した。

つまり福沢は、「一身独立」の課題を「第二歩に遺《のこ》し」ながら「他日為《な》す所あらん」と公約した『文明論之概略』終章の視座からではなく、彼が保守思想確立宣言を行った『時事小言』の「専ら武備を盛にして国権を皇張」する強兵富国路線の視座から自らの人生の総括を行ったから、その評価は手放しの全面肯定となったのである。

14・「大逆事件」によって幸徳秋水らが死刑執行された一〇日後、時事新報社は福沢の遺志を汲んで諭吉の命日を選んで、天皇家の慈善事業を勧《すす》めた福沢の天皇制論『帝室論　尊王論』を、「我国近時の世態はますます帝室の尊厳神聖を維持する所以《ゆえん》」云々の全文赤字で印刷の社告を付して緊急出版した。日本近代化の道のり総体の「お師匠様」福沢は、このように死後にも日本社会を動かした。福沢の遺志とは、「人民の窒塞《ちつそく》を救ふて国中に温暖の空気を流通せしめ、世海《せかい》の情波《じょうは》を平《たいらか》にして民を篤《あつ》きに帰《き》せしむるものは、唯《ただ》帝室あるのみ」であり、明治政府は、阿吽《あうん》の呼吸で、直後の紀元節の日の「済生《さいせい》勅語」発布とともに「恩賜財団済生会」を創設した。

以上、『学問のすゝめ』＝『文明論之概略』が敷設した「天賦国権、国賦人権」の「明るくない明治」の「強兵富国」の日本の近代化路線が、「不可救ノ災禍ヲ将来ニ遺サン事必セリ」の「暗い昭和」へとつながった道のりをいささか強引に素描してみた。福沢は、本人が自負・自称していた明治「政府のお師匠様」ではなく、もっと大きな存在であり、私は、否定的な意味における日本の近代化の道のり総体の「お師匠様」であったと把握する。その評価の是非は、読者の皆様にお任せしたい。

私は、〈「明るい明治」と「暗い昭和」〉ではなく、〈「明るくない明治」と「暗い昭和」〉をつなげる、次の大沼保昭や弓削達の日本近代史の常識的な見方に、積極的に賛同する。大沼保昭は、アジア太平洋戦争を「アジアの盟主として欧米列強と肩を並べようという、脱亜入欧信仰に基づく無限上昇志向のたゆみない歩みの一環であり、近代日本の軌跡の行きつくところであった」（『思想』第七一九号）ととらえる。

アジア侵略路線を提示した『時事小言』の半年後の論稿「朝鮮の交際を論ず」で「文明」に誘導するという名目で武力行使を合理化した福沢は、同稿で早くも「亜細亜東方に於て此首魁《しゅかい》盟主に任ずる者は我日本なり……我既に盟主たり」と、アジアの「盟主」宣言を行っていた。また、三年後の「脱亜論」が福沢の「脱亜入欧」路線宣言であることは、（丸山眞男の見当違いの反発を別とすれば）定説的な理解である。さらに福沢の「無限上昇志向」は、大英帝国に比肩する帝国主義強国の未来展望として描かれていた。

つまり、大沼のいう「アジアの盟主として……脱亜入欧信仰に基づく無限上昇志向のたゆみない歩み」を力強く牽引し先導したのは、日本の近代化の道のり総体の「お師匠様」福沢諭吉その人であり、福沢こそが「近代日本の軌跡の行きつくところ」の「暗い昭和」への道案内者であった。

同様にして、「暗い昭和」のアジア太平洋戦争期の各種の事象や日本社会のあり方を、（丸山や司馬遼太郎のように）この時期特有の狂気や悲劇的な時代状況として把握するのも誤りである。

丸山や司馬のいう〈昭和前期の「超国家主義」〉や「暗い昭和」時代の様相については、弓削達が、「司馬が、栄光からの逸脱とみた昭和の歩みは、実は日清戦争以来の日本の歩みの強化にすぎなかったのではないか」と指摘して、中塚明『歴史の偽造をただす――日本軍の朝鮮王宮占領』（高文研、九七年）に論及しながら「日清戦争以後に見られるような日本軍による「正史」のわい曲と隠ぺいが、平気で行われるに至ったのには、福沢諭吉の強い思想的影響を挙げざるをえない」（九八年一月六日「朝日新聞・論壇」）と書いている。このように、「暗い昭和」への道を少なくとも「明るくない明治」の日清戦争以来の歩みの延長上にとらえなおす必要がある。

一八六八年明治新政府「国威宣揚」宣言→（蝦夷地併合）→征韓論議→七四年台湾出兵→七五年江華島事件→（「琉球処分」）→八二年壬午軍乱→八四年甲申政変→九四年日清戦争→一九〇〇年北清事変→〇四年日露戦争→一四年第一次世界大戦→三一年アジア太平洋戦争という、侵略の戦争に明け暮れた日本近代史総体の道のりを視野に入れて、右記の弓削達の指摘を借用して私なりに表現すると、「司馬が、栄光（〈明治前期の「健全なナショナリズム」〉）からの逸脱とみた（「暗い」）昭和の歩みは、実は日清戦争以来ではなく、初期啓蒙期から福沢が先導した「自国独立」確保最優先と国家への絶対服従・遵法を説いた「天賦国権、国賦人権」・「強兵富国」の近代化路線以来の日本の歩みの強化にすぎなかったのではないか」という、日本の近代史像を描きだすことができよう。

戦後日本の社会において、この「明るくない明治」から「暗い昭和」への日本の近代化の道のり総体を見えなくさせた出発点、つまり最初の躓《つまず》きの石が、福沢研究史上最大の誤読箇所となった、丸山眞男が主導した福沢神話による『学問のすゝめ』第三編の目次「一身独立して一国独立する事」の解釈であったことは、くり返すまでもない。

2 福沢が主導したアジア蔑視の「帝国意識」形成

アジア侵略の強兵富国路線を提起した八一年『時事小言』の翌年の連載社説「東洋の政略果たして如何せん」において、福沢は「印度支那の土人等を御《ぎょ》すること英人に傚《なら》ふのみならず……亜細亜の東辺に一大新英国を出現」させたいという、大英帝国に比肩する帝国主義強国日本の未来像を描き出していた。そして奇しくも、福沢は日英同盟成立の前年(ヴィクトリア女王と同じ年)に死去した。福沢研究の締めくくりとして、かつて「世界の陸地の四分の一を支配した」といわれる大英帝国の帝国主義史研究に関する木畑洋一の成果（『支配の代償―英帝国の崩壊と「帝国意識」』東京大学出版会、八七年、『イギリス帝国と帝国主義―比較と関係の視座』有志舎、〇八年）に学んで、帝国主義の世界史における福沢の思想のしめる位置を確認することにしよう。

『支配の代償』終章で木畑は、大英帝国が形成した「帝国意識」を次のように定義した。「「帝国意識」とは、自《みずか》らが、世界政治の中で力をもち、地球上の他民族に対して強力な支配権をふるい影響力を及ぼしている国、すなわち帝国の「中心」国に属しているという意識である。それは、自国に従属している民族への、しばしば強い人種的差別観に基づく侮蔑感と、それと裏腹の関係にある自民族についての優越感に支えられており、自民族による従属民族の支配を、「遅れた」人々を指導、教化し、「文明」の高みに引き上げてやっているのだとして正当化するパターナリズム（保護者意識）を伴っている」。木畑はまた『イギリス帝国と帝国主義』Iにおいて、同じ「帝国意識の要素」として、「民族・人種差別意識と性差別意識の重なり合い」も指摘していた。

つまり、木畑のいう「帝国意識」とは、a 自分が帝国の「中心」国に属しているという意識、b 従属民族への差別意識、c 自民族についての優越意識、d 従属民族の「文明化の使命」感、e 性差別意識から成り立っていた。この木畑のいう「帝国意識」を当てはめてみると、福沢は、その生涯をかけて文字通り近代日本社会の「帝国意識」の形成を先導し担ってきた思想家であるといえる。aからeのそれぞれの項目ごとに確認しよう。

欧米「先進」諸国の外圧のもとで開国を余儀なくされ、維新変革によって「国民国家」形成を始めた日本の場合は、aの「自らが、世界政治の中で力を持ち、地球上の他民族に対して強力な支配権をふるい……帝国の「中心」国に属している」という帝国意識は、（英国のように）いきなり「世界」が舞台になったのではなく、先ずそれは、アジアにおいて開国したばかりの日本の地位の問題であった。

司馬遼太郎『坂の上の雲』の冒頭は「まことに小さな国が、開化期をむかえようとしている」という文章で始まり、NHKスペシャルドラマ「坂の上の雲」は、毎回このナレーションで始まった。しかし日本は、あどけない「少年の国」などではなく、早くも一八七五年の江華島事件で武力を背景に朝鮮に押しつけた「修好条規」は、日本が欧米から強要されたものよりも、さらに苛酷な不平等条約を朝鮮に強要したものであった。（その前年の台湾出兵による「五十万テールの償金」獲得に喜びを表明していた）福沢は、後年（八五年）の論説でこの条約についても「明治九年我大日本国より使節を差立て、軍艦の武と説諭の文とを以て彼の睡眠を驚破して条約を結び……朝鮮国を開て之を文明に導きたるの功名は、永く日本に帰して世界万世に埋没《いんぼつ》せざること、北米合衆国の日本開国に於けるが如くなる可し」（『全集』⑩）と書いていた。

この論説中の「我大日本国」という尊大な表現が示唆するように、八一年『時事小言』でアジア侵略の強兵富国路線を提起し、八二年の朝鮮における壬午軍乱、とりわけ福沢自身がクーデターの武器弾薬まで提供した八四年の甲申政変に深く関与し、それへの最も強硬な軍事介入を主張することで、彼はアジアの侵略的政略に積極的に参与した。福沢は八二年三月「朝鮮の交際を論ず」において、「我日本」が朝鮮との「最旧の和親国にして、交際上の事に就《つい》て常に其首座《しゅざ》を占《しむ》るは」当然として、朝鮮「国の文明ならんことを冀望《きぼう》し、遂に武力を用ひても其進歩を助けんとまで……朝鮮の国事に干渉する」のは「我日本の責任」なりと表明して、「亜細亜東方に於て」、「首魁《しゅかい》盟主に任ずる者は我日本なり……我既に盟主なり」と、早くも東アジアの「盟主」宣言をした。

　つまりこれは、a「自らが（「亜細亜東方に於て」）力を持ち、（「亜細亜州中」）の他民族に対して強力な支配権をふるい影響力を及ぼしている国」という、福沢の東アジア諸国の「盟主」としての「帝国意識」を表明したものである。もちろんその後の福沢が、日清戦争の勝利に民間人としては最高に寄与・貢献し、さらに、木畑が「帝国主義国としての日本認知をいっそう進め、帝国主義世界体制における日本の立場を固めていく契機となったのが、一九〇〇年に起こった中国での義和団運動鎮圧に際しての日本の活動であった」という「北清事変」において、「我陸戦隊」が「先登《せんとう》第一の功を博したるは……世界に対し日本国の重きを成したるもの」（『全集』⑯）と、福沢は書き残し、翌年「新興帝国主義国日本……の地位を改めて国際的に宣揚する」（木畑）こととなる「日英同盟」調印を控える時点で死去したことは先述した。

　このように近代日本の「帝国意識」形成の先頭に立ってきた福沢は、八二年に大英帝国に比肩する帝国主義強国建設の夢を描いた通り、日清戦争に勝利し、やがて日英同盟が成立するという寸前まで、その夢を追い続けた「明治政府のお師匠様」であった。晩年、自らの人生を振り返って福沢が、「畢生の愉快、実以て望外の仕合《しあわせ》」、「想《おも》へば洸《こう》として夢の如く」と表明できたということは、一人の人間の人生としては、その限りで仕合せそのものの人生であったと言えよう。

　朝鮮人、中国人、台湾人を中心として、さらに印度、フィリピン、南洋の「土人」にまで及ぶ、b「従属民族への差別意識」という福沢の帝国意識については、この後で総括的に論及するので、ここでは省略しよう。

　cの自民族についての優越感という日本の帝国意識について、福沢の言説で確認すると、第一は、我帝室は「万世無窮の元首にして、世界中最も尊く、最も安《やすらけ》く、又最も永《なが》く」（「日本国会縁起」『全集』⑫、一八八九年）、「実に今上《きんじょう》陛下の御功業は神武天皇以後……之を世界古今に求むるも、僅々三十年……斯くの如き非常絶大の大偉蹟を収めさせられたる例はある可《べか》らず」（「御還幸を迎え奉る」『全集』⑮、一八九五年）という「世界中に比類なき」「神聖無比の」天皇中心の「国体」である。第二は、「我日本の如きは開闢《かいびゃく》以来一系万世の君を戴《いただき》て曾《かつ》て外国の侵凌を蒙《こうむ》りたることなく、金甌《きんおう》無欠は実に其字義の如く」（「神官の職務」『全集』⑧、一八八二年）という日本の「金甌無欠」性であった。

　dの従属民族の「文明化の使命」感という帝国意識について、木畑前掲書は「自民族による従属民族の支配を、「遅れた」人々を指導、教化し、「文明」の高みに引き上げてやっているのだとして正当化するパターナリズム（保護者意識）」と説明しているが、遅れて帝国主義世界に登場した日本の福沢の場合は、冒頭を「自民族による他民族への侵略と従属民族への（植民地）支配」と補正する必要があろう。

　そう補正すれば、福沢が日清戦争に際して「朝鮮の文明を推進せしむるが為め」、「東洋の先導者として亜細亜の一天に文明の光を」、「隣国の文明開進」等と、侵略と植民地支配を合理化するために、日清戦争に際しての論説において「文明」という言葉を乱舞させた福沢の行為は、d 従属民族の「文明化の使命」感という帝国意識そのものであった。

帝国意識の構成要素としての福沢のe 性差別意識については、「修身要領」の「男女は同等同位」規定に即した検討において、男女「同権」に反対する家父長制下の福沢の女性論が男女の「同等同位」も保証できない惨めな男女不平等論であり、帝国主義の時代においても家父長制の性差別が強固に維持されたことを確認した。木畑前掲書では「「劣った」存在とみなされる他者を女性とみなし、それに優越する自己を男性と表象する」性差別意識が民族・人種差別意識と重なり合っていることを問題にしている。しかし福沢の場合は、帝国主義の時代を迎えても「一身独立」の道を閉ざされたまま、高率小作料と低賃金・長時間労働に耐え、天皇＝国家の前にひたすら小さくなって自己の命も「鴻毛《こうもう》よりも軽しと覚悟」させられている奴隷的な帝国主義的「臣民」の、「男子を助けて居家処世の務め」にあたるという女性の、（「主人」を支え助ける）役割こそが、帝国意識として期待されていたものと考えられよう。

以上のように福沢は、a アジアの「盟主」意識、b アジア諸国民への差別・蔑視感、c「万世一系」「世界中に比類なき」「神聖無比」の「帝室を奉戴して其恩徳を仰」ぐ「金甌無欠」の国という大国主義的ナショナリズム、d 従属民族の「文明化の使命」感、e「一身独立」できない帝国主義的「臣民」男性を支え「助けて居家処世の務めに」あたる女性という性差別意識、という近代日本の差別的な帝国意識の形成に奮闘した。その帝国意識の中身は、文字通り「人の下」に人を造り、「人の上」に人を造る差別主義的な帝国主義的「臣民」の意識形成であった。

ところがその福沢諭吉は、戦後民主主義の時代の「丸山諭吉」神話によって、日本国民の「常識」として、「天は人の上に人を造らず……」という人間平等論を主張した、近代日本の民主主義思想の偉大な先駆者であると理解され、その国民的常識が今も定着している。

半世紀近い私の福沢研究を締めくくるにあたって、その「丸山諭吉」神話によっていまだに続く日本国民の常識が、（啓蒙思想家、慶應義塾創設者、「時事新報」社言論人という三重の役割によって）近代日本人の人間形成に圧倒的な影響を及ぼした巨大な（広義の）教育者であった福沢その人の実際の思想と日常の素顔に対比して、いかに遠く隔たっているかを確認したい。そのために、福沢が「天」にかわって圧倒的多数の「人の下」の人と、一握りの「人の上」の人（天皇と華族）を造りだし、差別主義的な近代日本人の「帝国意識」形成の先導者であったことの一覧表をつくっておこう。

❖日本の一般大衆

日本の民衆を福沢は、「土百姓」、「下民」、「愚民」、「無気無力の愚民」「百姓車挽《くるまひき》」、「無智の小民」、「馬鹿と片輪」、「百姓町人の輩《はい》」、「下等社会素町人土百姓の輩」などと蔑称した。あわせて、単なる蔑称のリストではなく、その裏の人間観をうかがわせる表現のいくつかを並べてみよう。

★「馬鹿と片輪に宗教、丁度よき取合せならん」、★「所謂百姓町人の輩は……社会の為に衣食を給するのみ……獣類にすれば豚の如きものなり」、★維新当初の徴兵制・地租改正・学制反対一揆に参加した農民は、「馬鹿者」「賊民」「愚民」「無知文盲の民」、★民権運動家は「無智無識の愚民」、「無分別者」、「神社の本体を知らずして祭礼に群集するに似たり」、「狂者も多く、非常なる愚者も多く」、★天皇制の本質を「愚民を籠絡するの一欺術」と認識した醒めたリアリスト、★「元来三行半《みくだりはん》と申《もうす》は、下等社会素町人土百姓《すちょうにんどびゃくしょう》の輩《はい》が……求ることなり」、★（長男一太郎の）初婚の相手は下等社会素「町人にても不苦《くるしからず》と存候処」失敗したが、再婚の相手の「今度は医師（士族）の娘だから「今度は必ず永久致候事と存候」と、福沢は、姉宛の書簡に書いた。

❖朝鮮人・中国人・台湾人

〈朝鮮〉★「朝鮮……小野蛮国にして……彼より来朝して我属国と為るも之を悦ぶに足らず」、★「朝鮮人は未開の民……極めて頑愚……凶暴」、★「朝鮮人……頑冥倨傲……無気力無定見」、★「朝鮮国民……露英の人民たるこそ其幸福は大なる可し」、★「東学党……烏合の衆……百姓一揆の類」、★「朝鮮人……上流は腐儒の巣窟、下流は奴隷の群集」、★「朝鮮……軟弱無廉恥《れんち》の国民」、★「朝鮮国……国にして国に非ず」、★「朝鮮……人民は正しく牛馬豚犬」、★「朝鮮人……の頑冥不霊は南洋の土人にも譲らず」、★「朝鮮国は……四肢麻痺して自動の能力なき病人の如く」、★「卑劣朝鮮人の如し」。

〈中国〉★「支那……東洋の老大朽木」、★「支那人民の怯懦《きょうだ》卑屈は実に法外無類」、★「チャイニーズ……恰も乞食穢多《えた》」、★「支那人……奴隷と為《な》るも、銭さへ得れば敢て憚《はばか》る所に非ず」、★「良餌《りょうじ》」、★「剛愎《ごうふく》の支那人」、★「チャン〳〵……皆殺しにするは造作もなきこと」、★「銭に目のないチャン〳〵」、★「老大腐朽の支那国」、★「支那……腐敗の中に棲息する其有様は、溝に孑孑《ぼうふら》の浮沈するが如し」、★「支那人は……頑迷不霊」、★「清兵……豚尾児、臆病なり」、★「軍律なき軍隊は烏合の衆……乞食流民隊」、★「豚尾兵と名《なづ》くる一種の悪獣」、★「支那兵の如き、恰も半死の病人にして……実は豚狩の積り」、★「林則徐と云ふ智慧なしの短気者」、★「支那人を文明開化に導くなんと云ふことは、コリヤ真実無益な話だ……百の李鴻章が出て来たって何にも出来はしない」。

〈台湾〉★「台湾の反民……烏合の草賊……無知蒙昧の蛮民」、★「頑冥不霊は彼等の性質にして……殲滅の外に手段なし」、★「未開の蛮民……無智頑迷の輩」、★「土匪の騒動……烏合の草賊輩」。

❖「発展途上国」

★「「アフリカ」の黒奴」、★「南洋の土人」、★「印度支那の土人等を御すること英人に傚《なら》ふのみならず」★「フィリッピン島……彼の未開の土人輩に独立の力なき」。

❖アイヌ先住民

★「北海道の土人の子を……辛苦教導するも……慶應義塾上等の教員たる可らざるや明なり……遺伝の智徳に乏しければなり」。

❖障がい者

★「趁跛《ちんば》に迫りて走るを促がす」、★「不忠不孝の如き恰も白痴瘋癲《ふうてん》の所業」。

❖被差別部落問題

★「公然遊廓と名《なづ》くる区域を設」け、「社会より之を視《み》ること恰も封建時代の穢多《えた》村の如く」。

❖性差別

★家事・育児を「天職」として「男子を助けて居家処世の務《つとめ》」につく性別役割分業、★女性に参政権・労働権なし、★娼婦の海外「出稼ぎ」を含む公娼制度必要論、★「美徳」養成の女子特性教育論、★女子学生「遊学」反対論、★「離婚の自由」否定の「偕《かい》老同穴」論、★「男女の間を同権にするが如き……以て衝突の媒介たる可きのみ」。★公娼制度賛成の福沢は、娼婦を「身を棄てて衆生済度」につくす親鸞・日蓮上人同様の「濁世《じょくせ》のマルタル」「仁者」と呼びながら、他方で、売買春を「人類の最下等にして人間社会以外の業」と呼び、同じ娼婦を「人倫の大義に背きたる人非人」「無智無徳破廉恥の下等婦人」「夜叉《やしゃ》鬼女」「人間以外の醜物」と蔑称した。★（元士族の）男乞食に対する場合と異なり、「先生が……女乞食の一群に銭を恵まるる（時は）……決して彼等の掌に与えらるることは無かった。ぽとぽとと道路上に落さるるのであった」。

❖子ども差別

★「西洋流の自撰結婚」反対論、★「今日子供たる身の独立自尊法は、唯父母の教訓に従って進退す可きのみ」、★福沢は一七〇〇篇におよぶ「教育論」説を語りながら、子どもの「学習権」「教育権」の発想や、それを支える「教育の機会均等」「教育の自由」の原理などは皆無であった。

❖天皇崇拝

★「帝室は……我日本国民の諸共《もろとも》に仰ぎ奉り諸共に尊崇し奉る所にして、之に忠を尽すは……万民熱中の至情」、★「日本国民は唯この一帝室に忠を尽して他に顧る所のものある可らず」、★「帝室は……万世無窮の元首にして、世界中最も尊く、最も安《やすらけ》く、又最も永《なが》く、実に神聖無比の国君」、★「実に今上《きんじょう》陛下の御功業は神武天皇以後……之を世界古今に求むるも、僅々《きんきん》三十年間の御治世に於て、斯くの如き非常絶大の大偉蹟を収めさせられたる例はある可《べか》らず……誰れかます〱感激して報効を思はざるものあらんや」、★「日本の帝室は決して西洋の王室と同一視す可らず……万世一系、宝祚《ほうそ》の盛なる天壌と与《とも》に極りある可らず。殊《こと》に一般臣民の帝室に忠誠なるは世界に其類を見ざる所にして、苟《いやしく》も帝室の為めとあれば生命尚ほ且つ惜むものなし」。

日常の福沢は、★「先生の家の二階……（馬場への天皇の）御臨幸のある場合にはかりそめにも見下すことは畏《おそ》れ多いとて其二階を閉ぢて……入ることを固く誡《いまし》められるのが常であった」、★（脳溢血発症時の天皇家の見舞に対して）「畏《おそ》れ多くも数《かず》ならぬ微臣の病気を御心に掛けさせられ給ひたるは、諭吉の身に余る光栄……声涙共に下り言葉も途切れ勝に御礼を申述べられた」。

❖華族制度―帝室の藩屏《はんぺい》

「愚民を籠絡する」欺術として神権天皇制を選択した福沢にとっては、その「帝室の藩屏」として「国家無二の重宝」の華族制度を政治的に利用することは、自明の前提であった。したがって、★勲功ある官僚、軍人、政治家、実業家などを新華族（勲功華族）に加えることも問題ではなかった。ただ、新華族の創出によって「働き次第にて誰も此仲間に入る可しとありては、恰も華族全体の古色を奪去《うばいさ》る」ることになるので、「経世の為めに聊《いささ》か不利」があるという理由で、新華族制度に消極的な意向を表明したり、「彼《か》の社会主義、共産主義などの類」の「過激主義の現出すること意外に迅速なるやも」という不安から、一時、新華族の「全廃」を主張した時もある。

しかし、日清戦争に勝利して資本主義生産の急速な躍進を見通す段階になると、福沢個人としては「爵位の如き唯是れ飼犬の首輪に異ならず」という、さすがに「具眼の識者」らしく冷めた意識はもちながら、同じ授爵をするなら資本主義発展に有効に利用すべきであるとして★「富豪金満家の輩には思ひ切て顕爵高位の栄誉を授け」よと、爵位のバーゲン・セール（？）を提案した。このように、福沢は原理原則や思想のあり方というものには極度に融通無碍《むげ》な人物であった。

筆者は、福沢をことさらに貶《おとし》めようとして、以上のリストをつくったのではない。「天」にかわって「人の上」の「万世一系・尊厳神聖」な帝室と、「帝室の藩屏」としての「国家無二の重宝」華族制度を支持し、「人の下」の人としてアジア諸国民を筆頭に、女性をはじめ多数の被差別者集団の創出・維持に貢献することによって、福沢は「明るくない明治」の差別主義的な「帝国意識」の人間観の形成を主導するとともに、自らもその差別と逆の尊崇的な人間観に自縄自縛され「惑溺《わくでき》」した、並みの「明治の男」に過ぎなかったこと（さらには、その人物をいまだに最高額面紙幣の肖像にしていることの恥ずかしさ）を確認するために、あえてこのリストを作成・提示した。

3　福沢諭吉の最高額面紙幣の肖像からの引退を！

一九八四年に福沢が日本の最高額面紙幣一万円札の肖像に初めて登場した時、福沢の旧居から徒歩一分の至近距離に住み、福沢の暗殺を企てた増田宗太郎を主人公にした「反・福沢諭吉伝」の『疾風の人』（朝日新聞社）を七九年に刊行していた（『豆腐屋の四季』で有名な）松下竜一は、一一月三日の『毎日新聞』に「一万円札フィーバーの中で気にかかること」を寄稿した。松下は「脱亜論」の内容を引用して、「近隣諸国蔑視者、侵略主義者」の福沢が「東アジア」諸国の人々の眼にどう映るかに懸念を表明し、「そのような人物を「国の顔」に選んだということは、傍若無人と受けとめられても仕方ない」と書いた。

同様にして、『朝日新聞』（一一月一四日）「声」欄には「アジア軽侮の諭吉なぜ札に」という題で、「アジアに対して強硬な侵略的国権論者であった」福沢諭吉起用の関係者の「国際感覚の欠如は理解に苦しむ。私は新札の廃止を切望する」という投書が掲載された（筆者・木村万平が京都の「革新陣営」の知名人であることは、後日に認識した）。投書内容は、有名な「支那帝国分割之図」を掲載した論説「東洋の波蘭《ポーランド》」（『全集』⑩、一八八四年）や「脱亜論」に言及し、甲申政変の際には明治政府より強硬な侵攻論を主張した事実にも触れた的確な福沢認識であった。これらは『福沢諭吉全集』を繙《ひもと》けば誰でも知りうる福沢像であるが、福沢の著書を直接読んだことがある読書人の場合でも、せいぜい『学問のすゝめ』、『福翁自伝』、『文明論之概略』どまりの日本人の中では、松下竜一と木村万平のそれは超例外的で的確な福沢諭吉認識であった。

じじつ、「丸山諭吉」神話の圧倒的な支配下にある日本のマスコミは、（二〇年後の）二〇〇四年秋に紙幣の肖像が一斉に入れ替わったのに、福沢のみが変わらないという（韓国の新聞は問題視した）異例の出来事（八四年の場合は全肖像が一斉に入れ替わった）を、ただの一紙もなんら問題にしなかった。つまり、戦争責任と植民地支配責任意識の絶望的に稀薄な戦後日本の社会では、「最高の文化人」福沢が最高額面紙幣の肖像であるのは当然のことであり、「天は……」で知られる福沢が近代日本を代表する偉大な民主主義の先覚者であるというのが、国民的常識として定着しているからである。

しかし問題は、近隣アジア諸国との友好が今ほど求められている時はないのに、同じ福沢をアジア諸国民がどう認識しているか、である。

韓国民主化運動のリーダーの一人の白基晥《パクキウオン》『抗日民族論』の「わが国の近代化の過程を踏みにじり、破綻へと追いやった、わが民族全体の敵」という七一年の評価を筆頭にして（同じ七一年のソウル大学の姜光植《カングアンシク》の修士論文は、福沢が「韓国の植民地化を志向」と結論）、きびしい福沢評価が並ぶのは当然である。（『抗日民族論』も紹介している）高崎宗司『「妄言」の原形』（木犀社、九〇年）の紹介している福沢評を並べてみよう。

教科書記述問題で日本がアジア諸国から一斉に非難をあびた八二年、国際政治学者・金学俊《キムハクチュン》は、教科書問題が「韓国と韓国人に対する日本人の根深い侮辱意識、あるいは優越意識から出たものである。日本人は自分達が韓国人より精神的に優秀であるという驕慢《きょうまん》心から、韓国と韓国人を見下す心理構造」を持ち続けてきたと、敗戦後にも続く日本人の強固なアジア蔑視の帝国意識を批判し、その思想的源流を福沢「脱亜論」と指摘した。

翌年四月、「朝鮮日報」東京特派員李度珩《イドヨン》は、同紙に、福沢を「支那・朝鮮を征服しろ、と叫んだ帝国主義的拡張論者にすぎない」として、「福沢を紙幣にすることにした今日の日本の支配層は、それほど遠くない昔に……韓国・韓国人をどれほどひどいめにあわせたかについてまったく無神経であり、その無神経さを異常だとも反芻《はんすう》してみようとも考えていない」と書いた。国文学者・鄭《チョン》漢模《ハンモ》も同年の雑誌で、「偉大な先覚者として……巨人のような存在として、日本での福沢に対する評価は、今日でも」不変と指摘して、その「肯定的な評価を、はたしてわれわれがそのまま受け入れられるか」と問いかけて、「もちろんできない」と結んでいる。

台湾征服戦争で福沢からくりかえし「殺戮」「掃蕩」「殲滅」の対象とされた台湾人の評価が同様であることは『福沢諭吉のアジア認識』序章「福沢諭吉研究の七不思議」で触れた。元日本兵とされた台湾人は「台湾人にとっては最も憎むべき民族の敵、福沢」であり、殷允芃《インユンペン》『台湾の歴史』（藤原書店、九六年）のコラム「日本文明の父・福沢諭吉」では、「朝鮮侵略、台湾占領の鼓吹者……福沢が求めたのは「文明」ではなく「覇権」にほかならなかった」という、至極当然の評価を記述している。

とりわけ具体的な指摘で、私の胸に一番つよく響くのは、日本軍性奴隷問題の告発に先駆的にとり組んできた（その関係で日本にも多くの友人をもつ）尹貞玉《ユンジョンオク》（元梨花女子大教授）の「日本の一万円札に福沢が印刷されているかぎり、日本人は信じられない」と、かの女が常々語っている事実である。

一番深刻な問題は、福沢諭吉が「わが民族全体の敵」（韓国）、「最も憎むべき民族の敵」（台湾）、「韓国の植民地化を志向」した「帝国主義的拡張論者」などと、アジアの近隣諸国から非難・批判・憎悪されている事実そのものを、現代の日本人が福沢諭吉神話のためにほとんど知らないという痛ましい事実である。つまり、同じ福沢諭吉をどう見て、どう評価するかは、アジアと日本の「歴史認識の溝は、のぞき込めばのけぞってしまうほどに深い」（海野福寿）と言われる、アジアと日本の歴史認識の深刻な亀裂の象徴である。

もちろん、ここにいう日本人というのは、「戦後民主主義」と「平和と民主主義の教育」で育った戦後の日本人のことであって、既述したように、福沢諭吉の論説や発言を直接見聞していた明治の同時代人の場合は、「法螺を福沢、嘘を諭吉」と福沢を揶揄し、強兵富国の福沢の近代化路線を、日本を「強盗国ニ変ゼシメント謀ル」路線と見抜き、それは「不可救ノ災禍」を必然的に招く道のりである、と適切に懸念・批判していた。

私の半世紀に及ぶ福沢諭吉研究の成果をふまえた本書の結びとして、近隣アジア諸国との和解と共存の道のりを模索する大前提として、いま紹介したように、福沢がアジアから非難・批判・憎悪されているからという他律的な理由からではなく、日清戦争以来の日本の戦争責任と植民地支配責任の清算の象徴として、私たち日本人自身の主体的選択として、日本の近代化の道のり総体の「お師匠様」福沢諭吉の最高額面紙幣の肖像からの引退を目ざすことを提案したい。

『福沢諭吉の戦争論と天皇制論』についてのお詫び―「補論」の一部訂正

『福沢諭吉の戦争論と天皇制論』「終章」に次ぐ「補論」後半の三六六頁一二行目から三七一頁にかけての記述は、水澤壽郎からの「天は人の上に人を造らず……」の出典が『東日流《つがる》外《そと》三郡誌』であるという古田武彦説の教示を受けて執筆した内容である。ところがその後、水澤自身を含む四人もの読者から『東日流外三郡誌』の偽書説が寄せられ、仔細に検討した結果、『東日流外三郡誌』の偽書説を否定できないことが判明した。

この書の重版の際に、この五頁足らずの記述において、『学問のすゝめ』冒頭句の出典が『東日流外三郡誌』であるという「古田説を基本的に支持する意向を表明」したことを誤りと自己批判し、その意向を撤回する意思を付記することで、出版元・高文研の了解を得た。しかし残念ながら重版に至っていないので、本書において、その趣旨を次のように付記させていただくこととする。

1. 古田武彦が「天は人の上に人を造らず……」の出典が『東日流外三郡誌』であると主張している五つの論拠のうち、第二の「……と云へり」という伝聞態表現、第三のアメリカ独立宣言などに直接「天は……」の「原文」がみられないこと、第五の「天は……」の「冒頭の一句は、福沢の思想になじまない」という三つの根拠については、「積極的に同意できる」と書いた通り、訂正は不要である。

2. 問題は、「天は……」の出典が『東日流外三郡誌』であるという古田武彦の主張を前提にして、「なぜ生涯、福沢がその出典の由来その他を語らなかったのかという「謎」」について、「西欧文明の精神」こそを価値としていた福沢にとって、「明治以前の日本の文明」に帰属する『東日流外三郡誌』が出典であることは自慢・広言の対象にならなかったという解釈をふまえて、同書が「天は……」の出典について、（従来の）定説的解釈を私が踏襲することを止めたことについては、誤りとして撤回したい。

3．ということは、福沢が「天は……」の出典に生涯触れなかった理由については、以下のような常識的解釈に戻すことになる。

つまり、福沢が「天は……」の出典に言及しなかったのは、『東日流外三郡誌』が出典だったからではなく、『学問のすゝめ』初編（全）執筆の時点において、福沢は、アメリカ独立宣言にヒントを得たことと、「天は……」の「天賦人権」思想に同意・同調していない、という二つの重要な事実を表現するために、「……と云へり」と『学問のすゝめ』冒頭の句を結んでいたからである（つまり、釈明の必要性はもともとなかった）。

それに加えて、『福沢諭吉と丸山眞男』第Ⅱ、Ⅲ章でくわしく論証したように、『文明論之概略』終章を転機として、（『時事小言』において）「権道」の「人為の国権論」を選択し（未発の課題としていた「一身独立」を結局、生涯凍結し）、アジア蔑視・侵略の方向へ保守化して以降の福沢は、天賦人権思想に積極的に反対する思想形成を推し進めていったのであるから、彼にとって、「天は……」の出典・由来を語ることは、結局、生涯、自負や自慢の対象とならなかったからである。

4．『福沢諭吉の戦争論と天皇制論』執筆の時点で、十数年来の『東日流外三郡誌』をめぐる真偽論争の情報の存在に、私がまったく無知であった事実は反省している。しかし、同書で古田武彦の研究に論及しながら、「天は……」の由来を再論したこと自体については、悔いていない。なぜなら最後に書いたように、この問題をめぐる「一番の問題は、……『「天は……」の句が『学問のすゝめ』全体の精神の圧縮的表現』という（戦争責任意識の希薄な）福沢美化の「丸山諭吉」神話が創作・継承されてきたことが、本質的で重要な（誤った）戦後日本社会の歴史意識の問題だからである」。

つまり古田は、偽書『東日流外三郡誌』を依拠史料として利用した点で誤りを犯したとしても、日本の戦後民主主義を代表する丸山の「福沢諭吉」神話とその追従者の誤りは見事に克服して、「福沢の場合、それはしょせん、「借り物」であり、福沢思想の全体系」に「決してなじまない」という貴重な結論を、解明・主張していたからである。

【マ行】

【ヤ行】

【ラ行】

人名索引

※◆は外国人

あとがき

『福沢諭吉のアジア認識』、『福沢諭吉と丸山眞男』、『福沢諭吉の戦争論と天皇制論』と書き継いできた私の福沢諭吉研究は、本書をもって終了する。

人文書の出版不況が極まっているということで、今回初めて高文研から初稿の大幅な縮小を求められた。これまでの三冊をすべて無条件で自由に執筆させてもらったという思いがあるので、申し出を全面的に受け入れ、（断腸の思いで）約四割方初稿原稿を削除した。本書四三頁に補記したように、割愛した原稿の一部を社会思想史学会誌の独立論文に仕立てた。二〇一三年九月に活字になるこの論文は、ＦＡＸ（専用〇五二―七八三―二二九一）で「四三頁論文所望」と申し出ていただければ、全員に別刷りを送れるように手配したので、どなたも気軽に申し出てください。

（一九九七年秋に私の「高嶋教科書訴訟」の横浜地裁証言を傍聴して、即座に『福沢諭吉のアジア認識』の執筆を依頼した）元高文研代表の梅田正己さんと高文研の皆さんには、定年退職後、十数年にわたり、至福の福沢諭吉研究を続けさせていただいたことに、あらためて心からの謝意を申し上げます。幸福でした。

『福沢諭吉と丸山眞男』以来、松浦勉さんと異色の数学講師の川村利秋さんに、原稿への協力を願った。川村さんには、今回も人名索引の作成、ルビふり、引用文のチェックなどの協力をいただいた。さらに今回は、四年前までは一面識もなかった雁屋哲さん（『美味しんぼ』原作者）と杉田聡さん（帯広畜産大学教員、哲学）にも、助言をもらうことができた。二人は、気づいてみれば、私にとっては福沢諭吉研究の最強の「戦友」である。（二人にはまだ話していないぼくの勝手な夢で）いつか三人で「福沢諭吉の最高額面紙幣の肖像からの引退を！」促す合同講演会のツアーの実現を勝手に夢想している。

福沢研究がようやく完了したので、（多くの読者からのかねてからの注文に応え）『旧著』（新評論）をふくむ五冊の研究書の成果を、簡便にまとめたブックレットの作成を考えている。当面は、二〇一〇年に作成して三〇〇〇部運用した講演レジュメ〈「韓国併合・大逆事件」一〇〇年と「坂の上の雲」―福沢諭吉の全面的な見直しを通して〉の改定版の作成を予定している。

また、これまでにも書いてきたように、交通費の実費さえいただければという条件で、福沢諭吉の見直しを通じて、日本の近代史像や戦後民主主義の問い直しの講演・講義の個人的な市民運動＝出前活動は続けたい。定年の一九九八年以来の数字で六千人をこす聴衆と出会っているが、当面、一万人との出会いを目標としたい。本書の刊行を契機に「福沢の女性論」や「福沢の教育論」の講演テーマを追加したい。

直近の経験では、二〇一三年六月下旬に、長年待望していた福沢諭吉の故郷の大分県中津市（翌日は福岡県北九州市の「葦平と河伯洞の会」）での講演を体験した。諭吉の旧居から徒歩一分の至近距離で生活した松下竜一の「第九回竜一忌」の講演会だったが、市立図書館が会場で、中津市民の参加も期待できるとのことで、レジュメの構成に苦労した。講演テーマは「日本の近代史を問い直そう―福沢諭吉神話の解体を通して」。地元の五紙が「諭吉神話に一石投じる」（『朝日新聞』）などの予告記事を書いたこともあり、二〇〇〇円の入場料で、二〇〇名（九割は竜一忌関係者か）もが参加し、『アジア認識』の韓国語訳二冊をふくめ四六冊もの私の福沢本が（「田中正造の会」に次いで二番目に多く）売れた。

なによりも私の福沢諭吉論への反響・反応を気にしていたが、やはり五紙が写真入りで報道し、「諭吉はアジア侵略の先導者」という見出しをふくめ、「福沢諭吉神話を覆す興味深い講演」、「福沢が「帝国主義強国をめざしたアジア侵略戦争の先導者」「実はアジア侵略と蔑視思想の先導者」「「脱亜論」などのアジア観が、近隣諸国から蔑視的と批判されている」などと語ったことが、正確に報じられていた。そうなったのは、本書二七〇頁で紹介したように、福沢が一万円札に登場した時に、松下竜一が「近隣諸国蔑視者、侵略主義者」の福沢の起用に異議を唱えていた稀有な日本人であることを私が紹介したからという事情もあった。五紙の中の一番大きな見出しは、「松下さんの見識「見事」」（『西日本新聞』）となっていた。

また、『暗闇に耐える思想』を説き、日本の戦争責任に応え、アジアとの和解と連帯の思想を表明し、『底抜けビンボー暮らし』を通した松下さんの評価が、「光輝く人生」を歩んだ諭吉と逆転しようとしている旨（『毎日新聞』『西日本新聞』）を語ったことも伝えてくれた。参加者の声としては「あの時代は、やむを得ないのでは、と思っていたが、それを超える侵略の意識があったのだと分かった」（『朝日新聞』）「…「学問のすすめ」に励まされて勉強した人も多く、難しい問題ですね」（『西日本新聞』）という二人の声が紹介されており、直接の反発はなかった。

二〇一三年四月には、「高校無償化」政策からあらわに差別されている愛知朝鮮中高級高校で、全校生対象の授業を経験した。「ヘイトスピーチ」に象徴される排外主義的ナショナリズムが横行する日本の社会で、「在日」コリアンとして生きることが、なぜ息苦しく、悔しく、腹立たしいかを理解するには、一万円札の福沢が、日本人のアジア蔑視の「帝国主義」意識形成を先導してきた日本近代史の学習が必要と判断して、喜んで引き受けた。

翌五月には、かつて九年間勤務した埼玉大学での四年目の講義〈「戦争の記憶」「平和の思想」と出会う〉を二回担当した。本書一七六頁で言及した大学生の〈歴史認識と男女平等意識を探るアンケート〉を（非常勤の女子大でも）継続している。アンケート結果の日本の学生像は依然深刻そのもので、調査結果は「日本の大学生のみじめな歴史認識と未熟な男女平等意識」（B４紙四枚、希望者にはコピー進呈）と題して、学生に講義した。

九割近い学生が旧枢軸国の国名を知りながら、〈そのドイツとイタリアでは、戦後、（侵略戦争を反省して）国旗と国歌を改めている事実を、高校までの学校で教えられたことがありますか？〉の設問に対して、この四年間、「ある」と答えた比率は、わずか五・三％↓六・三％↓七・一％↓九・三％であり、これではなぜ「日の丸・君が代」が日本の社会問題になるのか、学生たちには理解できない。また、「九条の会」が全国で七五〇〇も組織されている日本であるのに、〈第一次世界大戦以来の貴重な「良心的兵役拒否」の思想や運動について、教えられたことがありますか？〉の設問に「ある」と答えた埼大生は、一〇・八％↓一一・六％↓一一・一％↓一四・四％に過ぎない。さらに、アジア太平洋戦争（＝十五年戦争）の「敗戦の日」は七、八割近い埼大生が答えられるのに、「開戦の日」の正解（一九三一年九月一八日）は、二〇〇〇年以来一貫して日本の全大学（名古屋大、椙山女学園大、日本福祉大、岩手大、新潟大）において毎年ゼロであり、埼玉大も二年間は同様であったが、昨年、異例の正解者が三名（三・五％）、今年四名（四・一％）現れた（「敗戦の日」より侵略戦争「開戦の日」とそこに至る経過を教えることの方がより重要と考えられる）。

同じアンケートの〈福沢諭吉は「天は人の上に人を造らず、人の下に人を造らず」という人間平等論（天賦人権論）を主張した思想家である〉に対して、「そう思わない」埼大生が昨年三三・三％、今年三四・〇％もいるという事実は、（一九九〇年代の名古屋大生の九二％が「丸山諭吉」神話を信奉していた事実に対比して）福沢についての教え方には、一定の変化が生じていることが示唆されているようである。

しかし、（一七六頁でも言及した）言わずもがなの「未熟な男女平等意識」に加えて、「良心的兵役拒否」やドイツ・イタリアの国旗・国歌改正の事実を九割近い学生が（侵略戦争「開戦の日」はほとんど全員が）知らないという事実（その他、主権者意識や戦争責任意識の希薄さ、靖国神社の役割や「日の丸・君が代」強制や制服強要の意味についての無知や無自覚、伝統重視の傾向）を確認すると、「一体全体、日本の社会科教育は、いまどうなっているのか？」という思いが気になって仕方がない。

最後は「愚痴」の多い「あとがき」になってしまった。愚痴のある限り、まだ死ぬわけにはいかない、と老体に鞭打つ日々である。

二〇一三年七月

安川 寿之輔

安川 寿之輔（やすかわ・じゅのすけ）

1935年、兵庫県に生まれる。1964年、名古屋大学大学院教育学研究科博士課程修了。近代日本社会（教育）思想史専攻。宮城教育大学、埼玉大学教育学部、名古屋大学教養部・情報文化学部に勤務。98年、定年退職し、わだつみ会、不戦兵士・市民の会などの市民運動に参加。

現在、名古屋大学名誉教授、教育学博士、不戦兵士・市民の会副代表理事。

著書：『福沢諭吉のアジア認識』『福沢諭吉と丸山眞男』『福沢諭吉の戦争論と天皇制論』（いずれも高文研）『増補・日本近代教育の思想構造』（新評論）『十五年戦争と教育』（新日本出版社）『女性差別はなぜ存続するのか』『日本の近代化と戦争責任』『日本近代教育と差別（編著）』（明石書店）『大学教育の革新と実践』（新評論）など。

福沢諭吉の教育論と女性論

●二〇一三年 八 月一五日——第一刷発行

著　者／安川 寿之輔

発行所／株式会社 高文研
東京都千代田区猿楽町二—一—八
三恵ビル（〒一〇一—〇〇六四）
電話０３＝３２９５＝３４１５
http://www.koubunken.co.jp

印刷・製本／シナノ印刷株式会社

★万一、乱丁・落丁があったときは、送料当方負担でお取りかえいたします。

ISBN978-4-87498-524-3　C0010